21 世纪高等院校教材

现代物流系统建模、仿真及应用案例

马向国　刘同娟　编著

科学出版社
北　京

内 容 简 介

本书力求从理论和工程案例两个角度对物流系统建模、仿真的方法和工程应用进行比较全面的介绍，既强调建模和仿真的方法和技术，又立足于物流系统的管理决策问题的解决。尤其是列举的生产物流、离散流水线、配送中心、自动化立体库以及分拣作业的案例都是作者在长期科研、校企合作和教学中积累的具有代表性的案例。通过上述案例，可以充分培养学生使用物流系统仿真软件综合设计和优化物流节点的能力，对丰富实践教学、促进学科发展以及培养学生理论联系实际的能力具有很好的指导作用。随书配有电子课件以及书中所有案例模型，以方便读者使用。

本书适合物流管理、物流工程、系统工程、管理科学与工程等专业的本科生或研究生作为教材使用，也可供其他领域的学生、学者及科技人员参考。

图书在版编目（CIP）数据

现代物流系统建模、仿真及应用案例 / 马向国，刘同娟编著. —北京：科学出版社，2012.12

21 世纪高等院校教材

ISBN 978-7-03-035984-1

Ⅰ. ①现… Ⅱ. ①马…②刘… Ⅲ. ①物流－系统工程－高等学校－教材 Ⅳ. ①F252

中国版本图书馆 CIP 数据核字（2012）第 265506 号

责任编辑：张　宁 / 责任校对：刘文娟
责任印制：徐晓晨 / 封面设计：蓝正设计

科 学 出 版 社出版
北京东黄城根北街 16 号
邮政编码：100717
http://www.sciencep.com

北京中石油彩色印刷有限责任公司 印刷
科学出版社发行　各地新华书店经销

*

2012 年 12 月第　一　版　开本：B5（720×1000）
2021 年 1 月第五次印刷　印张：15 1/2
字数：312 000

定价：48.00 元

（如有印装质量问题，我社负责调换）

前　言

现代物流系统是一个区别于传统物流系统的复杂大系统，它是一个动态的网络系统，包含了交通运输、仓储、包装、配送和信息处理等多个子系统。如何对现代物流系统进行整体优化，使其低成本、高效率、高质量地实现物品在供应链上的移动是现代物流中的一个亟待解决的课题。因此，研究此类系统必须采用有效可行的方法，其中最引人注目的研究领域为系统建模仿真与优化理论。根据国外应用经验，应用建模仿真分析方法改进物流系统方案后可使总投资减少 30％左右。因此，物流系统的设计、建模和仿真的研究，已经日益受到普遍的关注和重视，物流系统的建模、仿真及优化技术也日益成为物流系统工程技术人员的必备技能之一。

全书从实用角度出发，理论联系实际，图文并茂，首先给出了现代物流系统建模的基本理论和基本方法，然后给出了仿真中输入数据的采集方法及仿真结果的分析方法，最后给出了生产物流、离散流水线、配送中心、自动化立体库以及分拣作业几个典型的物流系统仿真案例，列举的案例都是作者在长期科研、校企合作和教学中积累的具有代表性的案例。通过上述案例，可以充分培养学生使用物流系统仿真软件综合设计和优化物流节点的能力，对丰富实践教学、促进学科发展以及培养学生理论联系实际的能力具有很好的指导作用。

全书共分为 8 章。第 1 章是系统仿真基础，介绍了系统仿真的基本概念、系统仿真的应用以及物流系统仿真所解决的问题；第 2 章是物流系统仿真基础，介绍了离散事件系统仿真、仿真的基本方法及原理以及手工仿真；第 3 章详细阐述了排队系统、库存系统和生产系统几种典型物流系统的建模与仿真方法；第 4 章介绍了物流系统仿真中的概率理论，详细论述了离散事件系统仿真中常用的概率分布形式、概率分布模型在离散事件系统中的应用、随机过程的相关概念以及随机数的产生方法；第 5 章介绍了物流系统仿真输入数据模型的确定；第 6 章介绍了物流系统仿真输出数据分析；第 7 章介绍了 Flexsim 软件的功能与特点、仿真环境、仿真模型的建立、仿真结果分析；第 8 章基于 Flexsim 软件，给出了生产物流、离散流水线、配送中心、自动化立体库以及分拣作业几个典型的物流系统仿真案例。随书配有电子课件以及书中所有案例模型，以方便读者使用。

本书第1～5章由马向国编著，第6～7章由刘同娟编著，第8章由马向国和刘同娟共同编著。邬跃教授审阅了书稿，并提出了许多宝贵的修改意见。此外本书在编写过程中还得到了陕西科技大学机电学院刘昌祺教授、清华大学经管学院刘丽文教授的指导以及北京物资学院物流学院领导、同事的热情支持，在此一并表示感谢。同时感谢北京物资学院物流工程专业研究生睢力铭、于亚弟、杨平哲在本书编写过程中给予的协助。

本书还得到了科学出版社的大力支持，在此也要特别感谢本书的责任编辑为本书的编辑工作提供的多方面帮助。

在本书的编写过程中，笔者参考了大量的资料和文献，由于篇幅所限，没有全部列入参考文献，在此对这些资料和文献的作者深表谢意。

由于编写时间仓促，加之笔者水平和精力有限，许多内容未能完善和进一步深入，书中难免有不足之处，恳请读者批评指正。欢迎读者通过笔者电子邮箱mxg105@163.com与笔者进行更多的交流和探讨。

马向国

2012年11月

目 录

第 1 章

系统仿真基础

1.1 系统、模型、仿真概述

1.1.1 系统

半个多世纪以来，“系统”(system)作为一个研究对象(object)，在国际上引起了很多学者的注意，并吸引了众多领域的专家从事其研究和应用。

1. 系统的来源

系统这一概念来源于人类长期的社会实践。人类认识现实世界的过程，是一个不断深化的过程。客观世界中的一切事物的发生和发展，都是矛盾的对立和统一，科学的发展也不例外。在古代，自然科学界往往把世界看成一个整体，寻求共性和统一，但由于缺乏观测和实验手段，科学技术理论又很贫乏，所以对很多事物只能看到一些轮廓及表面现象，往往是只见森林而不见树木。随着科学技术的发展，理论丰富了，工具先进了，认识逐步深化了，但仍受到当时科学技术水平的限制和世界观的局限，往往又只看到一些局部现象而不能综观整体，以致只见树木而不见森林。只有当认识不断深化，在对个体、对局部有了更多、更深的了解以后，再把这些分散的认识联系起来，才能看到事物的整体，以及构成整体的各个部分之间的相互联系，从而形成科学的系统观。

2. 系统的定义

系统一词源于拉丁文的“sytema”，表示群体、集合等。人们对于系统的定义有很多，其中具有代表性的是我国著名系统工程学家钱学森给出的定义：“把极其复杂的研究对象称为系统，即由内部相互作用和相互依赖的若干组成部分(称为子系统)结合而成的，具有特定功能的有机整体集合，而这个整体又是它所从属的更大的系统的组成部分。”在美国的韦氏(Webster)大辞典中，“系统”一词被解释为“有组织的或被组织化的整体；结合着的整体所形成的各种概念和原理的综合；由有规则的相互作用、相互依存的形式组成的诸要素集合；等等”。在日本的JIS标准中，“系统”被定义为“许多组成要素保持有机的秩序，向同一目的行动的集合体”。一般系统论的创始人L. V. 贝塔朗菲(L. V. Bertalanffy)把“系统”定义为“相互作用的诸要素的综合体”。美国著名学者阿柯夫(R. L. Ackoff)认为系统是由两个或两个以上相互联系的任何种类的要素(element)所构成的集合。

一般我们采用如下的定义：系统是具有特定功能的、相互间具有有机联系的许多要素所构成的一个整体。

3. 系统的特性

无论什么样的系统，从系统的定义中可以看出其共同拥有的特性。

1)集合性

系统的集合性表明，系统是由两个或两个以上的可以相互区别的要素或子系统所组成的，而要素是构成系统的最基础部分。例如，一个计算机系统，一般都是由中央处理机(CPU)、存储器、输入与输出设备等硬件所组成的，同时，还包含操作系统、程序设计、数据库等软件，这是一个由要素组合而成的完整系统。而物流系统则可以由运输系统、装卸搬运系统、仓库系统、配送系统、物流信息管理系统等子系统组成。

2)相关性

组成系统的要素是相互联系、相互作用的，相关性说明这些联系之间的特定关系。

3)层次性

系统作为一个相互作用的诸要素的总体，可以分解为一系列的子系统，并存在一定的层次结构，这是系统空间结构的特定形式。系统的层次性主要表现在它是其构成要素的上级，也是其上级系统的子系统。系统层次结构表述了不同层次子系统之间的从属关系或相互作用关系。在不同的层次结构中存在着动态的信息流和物质流，构成了系统的运动特性，这为深入研究系统层次之间的控制与调节功能提供了条件。

4)整体性

系统是由两个或两个以上的可以相互区别的要素，按照作为系统所应具有的综合整体性而构成的。由于系统要素之间的联系与相互作用，使系统作为一个整体而具有特定的功能或效能，这是各要素个体所不具备的。系统的整体性说明，具有独立功能的系统要素以及要素间的相互关系(相关性、层次性)是根据逻辑统一性的要求，协调存在于系统整体之中的。也就是说，任何一个要素不能离开整体去研究，要素间的联系和作用也不能脱离整体的协调去考虑。系统不是各个要素的简单集合，而是一种非加和性的关系，否则它就不会具有作为整体的特定功能。脱离了整体性，要素的机能和要素间的作用便失去了原有的意义，通过研究任何事物的单独部分不能得出有关整体的结论。系统的构成要素和要素的机能、要素的相互联系要服从系统整体的目的和功能，在整体功能的基础之上展开各要素及其相互之间的活动，这种活动的总和形成了系统整体的有机行为。在一个系统整体中，即使每个要素并不都很完善，但它们可以协调、综合成为具有良好功能的系统；反之，即使每个要素都是良好的，但作为整体却不具备某种良好的功能，也就不能称之为完善的系统。

5)目的性

通常系统都具有某种目的，要到达既定的目的，系统都具有一定的功能，而这正是区别这一系统和那一系统的标志。系统的目的一般用更具体的目标来体现，一般说来，比较复杂的系统都具有不止一个的目标，因此需要一个指标体系来描述系统的目标。为了实现系统的目的，系统必须具有控制、调节和管理的功能，管理的过程也就是系统的有序化过程，使它进入与系统目的相适应的状态。

6)环境适应性

任何一个系统都存在于一定的物质环境之中，因此，它必然也要与外界环境产生物质的、能量的和信息的交换，外界环境的变化必然会引起系统内部各要素之间的变化。系统必须适应外部环境的变化，否则系统是没有生命力的，而能够经常与外部环境保持最优适应状态的系统，才是理想的系统。

4. 系统的分类

(1)根据系统的变化特性，系统可分为离散系统和连续系统。离散系统是指变量只在某个离散时间点集合上发生变化的系统。连续系统是指状态变量随时间连续改变的系统。实际上很少有系统是完全离散的或完全连续的，但对于大多数系统来说，若某一类型的变化占据主导地位，就把系统类型归为该类型。

(2)根据系统的物理特征，系统可以分为工程系统和非工程系统两大类。工程系统是航空、航天、核能、电气、机械、热工、水力等工程技术系统，它们通常是用微分方程描述的连续系统。虽然从原则上来讲这类系统是允许在实际系统上进行实验的，但是利用仿真(simulation)技术对它们进行分析研究，既可以保证安全，又能节省大量费用。非工程系统是社会、经济、交通、管理、农业、生态环境等系统，它们属于离散系统。这类系统就更离不开仿真技术的帮助，因为这样一类系统往往不允许在实际系统上进行实验，如经济系统中一般不允许随意改变销售和供给以避免对市场的冲击。

(3)根据系统的形成方式不同，系统可分为自然系统和人工系统。自然系统形成的主体是自然界，而人工系统形成的主体是人类自身对自然界的改造或者是人类创造的系统。

(4)根据系统的实体性质不同，系统可分为实体系统和概念系统。实体系统是可见的，而概念系统是不可见的，它需要借助一定的实体才能体现出来，如虚拟的网络系统。

(5)根据系统的开放程度，系统可分为孤立系统、封闭系统和开放系统。孤立系统与环境之间既无物质交换也无能量交换，封闭系统与环境之间仅有能量交换而没有物质交换，开放系统与环境之间既有物质交换也有能量交换。

(6)根据运行性质不同，系统可分为静态系统和动态系统。这种分类方式主要取决于观察系统是否处于不断变化中。

1.1.2 模型

为了指明系统的主要组成部分以及它们之间的主要关系，以便于人们对系统进行深入的分析和研究，往往通过模型来实现对其的研究。系统模型主要用于三个方面：第一，分析和设计实际系统；第二，预测或预报实际系统某些状态的未来发展趋势；第三，对系统实行最优控制。

1. 模型的定义

模型是所研究的系统、过程、事物或概念的一种表达形式，也可指根据实验、图样放大或缩小而制作的样品，一般用于展览或实验或铸造机器零件。

系统模型是对实际系统的一种抽象，反映系统内部要素的关系、系统某些方面本质特征，以及内部要素与外界环境的关系，是系统本质的表述，是人们对客观世界反复认识、分析，经过多级转换、整合等相似过程而形成的最终结果。它具有与系统相似的数学描述形式或物理属性，以各种可用的形式给出研究系统的信息。从概念中可以看出系统模型只是模型中的一种，为了简化描述，文中出现的模型均指系统模型。对于系统模型的理解将从三方面进行。第一，模型必须是对现实系统的一种抽象，它是在一定假设条件下对系统的简化。第二，系统模型必须包含系统中的主要因素，模型不可能与实际系统一一对应，而至少应当包含那些决定系统本质属性的重要因素。第三，为了进行定量分析，模型中必须反映出各主要因素之间的逻辑关系和数学关系，使模型对系统具有代表性。仿真模型同样必须符合以上各项要求，并且适合于仿真环境下，通过模仿系统的行为来求解问题。

从某种意义上说，模型是系统的代表，同时也是对系统的简化。在简化的同时，模型应足够详细以便从模型的实验中取得与实际系统相关的有效结论。

建模就是建立模型。建立系统模型的过程，又称模型化。建模是研究系统的重要手段和前提。凡是用模型描述系统的因果关系或相互关系的过程都属于建模。

2. 模型的特性

由实际系统构造出的模型的任务主要包括两方面的内容：一是建立模型结构，二是提供数据。在建立模型结构时，主要确定系统的边界，鉴别系统的实体、属性和活动。而提供数据则要求能够使包含在活动中的各个属性之间有确定的关系。在构建模型结构时，要满足两个前提条件：一是要细化模型研究的目的，二是要了解有关特定的建模目标与系统结构性质之间的关系。

一般来说，系统模型的结构具有以下一些性质：

(1)相似性。模型与所研究的系统具有相似的特征和变化规律，这就是说真实系统与模型之间具有相似的物理属性或数学描述。

(2)简单性。从实用的观点来看，由于在模型的建立过程中，忽略了一些次要因素和某些非可测变量的影响，故实际的模型已是一个被简化了的近似模型。一般来说，在实用的前提下，模型越简单越好。

(3)多面性。对于由许多实体组成的系统来说，由于其研究目的不同，所要收集的与系统有关的信息也是不同的，所以用来表示系统的模型并不是唯一的。由于不同的分析者所关心的是系统的不同方面，或者由于同一分析者要了解系统的各种变化关系，对同一个系统可以产生相应于不同层次的多种模型。

3. 模型的分类

系统模型按结构形式分为实物模型、图式模型、模拟模型和数学模型。

1)实物模型

实物模型是现实系统的放大或缩小，它能表明系统的主要特性和各个组成部分之间的关系，如桥梁模型、电视模型、城市模型、建筑模型、风洞实验中的飞机模型等。这种模型的优点是比较形象，便于共同研究问题。它的缺点是不易说明数量关系，特别是不能揭示所要的内在联系，也不能用于优化。

2)图式模型

图示模型是用图形、图表、符号等把系统的实际状态加以抽象的表现形式，如网络图(层析顺序、时间与进度等)、物流图(物流量、流向等)。它是在满足约束条件的目标值的比较中选取较好值的一种方法，它在选优时只起辅助作用。当维数大于2时，该种模型作图的范围受到限制。其优点是直观、简单；缺点是不易优化，受变量因素数量的限制。

3)模拟模型

用一种原理上相似，而求解或控制处理容易的系统代替或近似描述另一种系统，前者被称为后者的模拟系统。它一般有两种类型：一种是可以接受输入进行动态模拟的可控模型，如对机械系统的电路模拟，可用电压模拟机械速度，用电流模拟力，用电容模拟质量；另一种是用计算机和程序语言表达的模拟模型，如物资集散中心站台数设置模拟、组装流水线投料批量的模拟等。通常用计算机模型模拟内部结构不清或因素复杂的系统是行之有效的方法。

4)数学模型

数学模型是指对系统行为的一种数量描述。当把系统及其要素的相互关系用数学表达式、图像、图表等形式抽象地表示出来时，就是数学模型。它一般分为确定型和随机型、连续型和离散型。

4. 建模的原则

对于同一个实际系统，人们可以根据不同的用途和目的建立不同的模型。所建模型只是实际系统原型的简化，因此既不可能也没必要把实际系统的所有细节都列举出来。一个理想的模型应该既能反映实体的全部重要特性，同时又易于处理，即原则上要满足以下几点：

(1)清晰性。一个复杂的系统是由多个子系统构成的，因此对应的系统模型也是由许多子模型构成的。模型之间除了研究目的所必需的信息外，结构要尽可能清晰。

(2)相关性。模型中应该包括系统中与研究目的有关的那些信息。虽然与研究目的无关的信息包含在系统模型中可能不会有很大害处，但是因为它会增加模型的复杂性，从而使得求解模型时增加额外的工作，所以应该把与研究目的无关的信息排除在外。

(3)准确性。建模时应该考虑所收集的用以建模的信息的准确性，包括确认所应用的原理和理论的正确性和应用范围，以及检验建模过程中针对系统所做假设的正确性。例如，在建立工厂设施规划与运输系统模型时，应该将运输工具视为一个三维实体而不能视为一个质点，它的长度和宽度影响了运输通道的布局。

(4)可辨识性。模型结构必须具有可辨识的形式。可辨识性是指系统模型必须有确定的描述和表示方式，而在这种描述方式下与系统性质相关的参数必须有唯一确定的解。若一个模型结构中具有无法估算的参数，则此结构就无实用价值。

(5)集合性。建模还需要进一步考虑的一个因素是能够把一些个别实体组成更大实体的程度，即模型的集合性。例如，对物流与供应链系统的研究中，除了能够研究每个物流中心的物流细节和规律之外，还可以综合计算多个物流中心构建成的一个供应链系统的效能。

5. 建模的步骤

建模需要想象力和技巧。这里从方法论的角度总结建模步骤如下：

(1)形成问题。在明确目标、约束条件及外界环境的基础上，规定模型描述哪些方面的属性，预测何种后果。

(2)选定变量。按前述影响因素的分类筛选出适合的变量。

(3)变量关系的确定。定性分析各变量之间的关系及对目标的影响。

(4)确定模型的结构及参数辨识。建立各变量之间的定量关系，主要的工作是选择合适的表达形式。数据来源是该步骤的难点，有时由于数据难以取得，不得不回到步骤(2)甚至步骤(1)。

(5)模型真实性检验。模型构建过程中，可用统计检验的方法和现有统计数字对变量之间的函数关系进行检验。模型建构后，可根据已知的系统行为来检验模型的结果。如用结果解释现实世界尚能令人接受，不致相悖，便要判断它的精确程度和模型的应用范围。如精度比期望的要低，则需弄清其原因，可能是原先的设定错误或者忽略了不该忽略的因素。

经过以上五个步骤，模型便可在实际中应用，但不能与检验过的情况误差太大，应把每次模型应用都当成是对模型的一次检验。有些模型，特别是社会经济系统的模型难以实际检验；有些模型虽可检验，但花费太大或需要特殊条件。这时个人经验很重要，凭着对原型对象的认识而对模型的真实性做出判断。然而，在能够实际实验的场合应力求进行实验，不经过实验的建模过程总是不完整的。

1.1.3　仿真

系统仿真为了利用人为控制的环境条件，改变某些特定的参数，观察模型的反应，研究真实系统的现象或过程。当前，仿真技术已经成为分析、研究各种复杂系统的重要工具，它广泛用于工程领域和非工程领域。

1. 仿真的定义

仿真是真实过程或系统在整个时间内运行的模仿。利用模型复现实际系统中发生的本质过程，并通过对系统模型的实验来研究存在的或设计中的系统，又称模拟。在研究、分析系统时，对随着时间变化的系统特性，通常是通过一个模型来进行研究。在某些情况下，所研究的模型足够简单，可以用数学方法表示并求解，这些解通常由一个或多个成为系统性能测度的数学参数组成。但是许多真实系统是非常复杂的，无法用数学关系、数学方法来求解。这时利用仿真就可以像观察、测试真实系统那样，在仿真模型中得到系统性能随时间而变化的情况，从仿真过程中收集数据，得到系统的性能测度。所以，仿真包括两个过程，即建模和对模型进行实验、运行。

2. 仿真的作用

总的来说，管理系统仿真扮演着管理实验手段的角色。仿真模型已经在描述、设计和分析系统中充分显示了它的作用，具体地说有以下几个方面：

(1)作为解释手段去说明一个系统或问题。对于现有的实际运行的系统，如果为了深入了解以及改进它，而在实际的系统中进行实验，则往往花费大量的人力、物力、财力和时间，有时甚至是不可能的，而通过计算机仿真，可以使现有系统不受干扰，经过分析仿真结果，对现有系统做出正确评价，并可预测其未来的发展趋势，提出改进方案。

(2)作为设计准绳去综合分析和评价所建议的决策措施。对于所设计的新系统，在未能确定其优劣的情况下，先不必花费大量的投资去建立它，而是采用计算机仿真，对新系统的可行性和经济效果做出正确的评价。

(3)作为决策支持系统辅助决策。在管理决策中，针对具有不同的决策变量或参数组合的不同决策方案，进行计算机仿真的多次运行，按照既定的目标函数，对不同的决策方案进行分析比较，从中选择最优方案，从而辅助管理决策。

(4)作为预测方法去预报和辅助计划系统的未来发展。

(5)作为分析工具去确定系统的关键组成部分或项目。

3. 仿真与解析方法的比较

在系统模型不太复杂的情况下，往往可能运用数学方法，如线性代数、微积分、数学规划等求解问题。但是，大多数的实际系统是如此复杂以至它的模型不可能采用上述解析方法求得解决。这时，仿真就能发挥它应有的作用。在这种情况下，系统设计与分析人员运用计算机仿真，求解系统模型，并收集相应的资料用以估计所研究的系统的各项特征。

与数学解析方法相比，仿真有着以下优点：

(1)对于复杂系统具有良好的适应性，大多数具有随机因素的复杂系统无法用准确的数学模型表述从而采用解析方法评价，于是仿真通常就成为解决这类问题的好方法。

(2)它允许对一段系统工作时间进行压缩，用小段时间仿真出大量时间段的工作情况。

(3)不需要打乱真实系统就可以使人们能对现有系统在重新设计的工作条件下的工作成果做出分析判断。

(4)能帮助人们选择最优的系统设计方案。

与此同时，仿真也存在着如下的缺点：

(1)它需要花费大量的费用和时间。这是由仿真系统开发的复杂性及仿真所需的计算机存储量大和计算时间长所造成的。

(2)对于现实生活中的复杂性，不能完成全部仿真而只能是其中一部分，所以会影响到仿真结果的可信度。

(3)仿真的精度受到许多方面因素的影响，较难控制和测定。

(4)模型的参数设定是非常困难的，也即难以确定合适的系统仿真初始条件。

1.1.4　系统、模型与仿真三者的关系

系统、模型与仿真三者之间有密切的关系。系统是研究的对象，模型是系统的抽象，仿真是通过对模型的实验以达到研究系统的目的。三者的关系如图 1-1 所示。

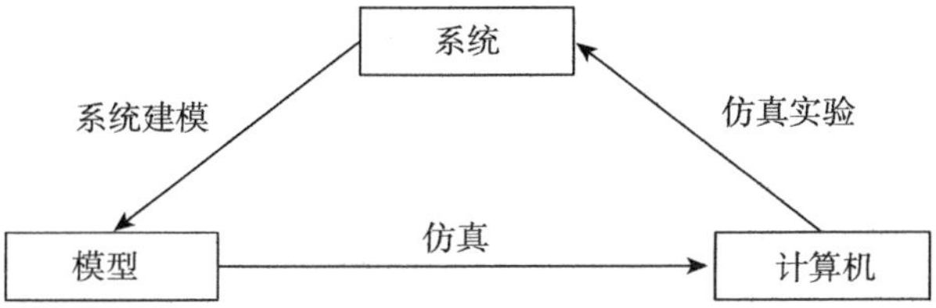

图 1-1　系统、模型与仿真的关系

1.2　系统仿真

1.2.1　系统仿真的概述

1. 系统仿真的发展

系统仿真是 20 世纪 40 年代末以来伴随着计算机技术的发展而逐步形成的一门新兴学科。最初，仿真技术主要应用于航空、航天、原子反应堆等价格昂贵、周期长、危险性大、实际系统实验难以实现的少数领域，后来逐步发展到电力、石油、化工、冶金、机械等一些主要工业部门，并进一步扩大到社会系统、经济系统、交通运输系统等一些非工程系统领域。可以说，现代系统仿真技术和综合性仿真系统已经成为任何复杂系统，特别是高技术产业不可缺少的分析、研究、设计、评价、决策和训练的重要手段，其应用范围在不断扩大，应用效益也日益显著。

2. 系统仿真的定义

从一般意义上讲，系统仿真可以被理解为：在对一个已经存在或尚不存在的系统进行研究的过程中，为了解系统的内在特性，必须进行一定的实验；由于一些原因(未存在，危险性大，或者成本高昂)，无法在原系统上直接进行实验，只能设法建立既能反映系统特征又能满足系统实验要求的系统模型，然后在该模型上进行实验，以达到了解或设计系统的目的。

从近现代意义上讲，所谓系统仿真，是指利用计算机来运行仿真模型，模仿实际系统的运行状态及其随时间的变化情况，并通过对仿真过程的观察和统计，得到仿真模型的输出参数和基本特征，以此来估计和推断实际系统的真实性能。

所谓系统仿真，就是根据系统分析的目的，在分析系统各要素性质及其相互关系的基础上，建立能描述系统结构或行为过程的且具有一定逻辑关系或数量关系的仿真模型，据此进行实验或定量分析，以获得正确决策所需的各种信息。

3. 系统仿真的分类

1)根据模型的种类分类

根据模型种类的不同，系统仿真可以分为三种，即物理仿真、数学仿真、半实物仿真。

(1)物理仿真。按照真实系统的物理性质构造系统的物理模型，并在物理模型上进行实验的过程，称为物理仿真。其优点是直观、形象化。计算机问世以前，基本上是物理仿真，也称为模拟。物理仿真的缺点：投资较大，周期一般也比较长，并且在物理模型上做实验很难修改系统的结构，实验受到一定的限制。

(2)数学仿真。对实际系统进行抽象，并将其特性用数学关系加以描述而得到系统的数学模型，对数学模型进行实验的过程称为数学仿真。计算机技术的发展为数学仿真创造了环境，使得数学仿真变得方便、灵活、经济，因而数学仿真亦称为计算机仿真。数学仿真的缺点是受限于系统建模技术，即系统的数学模型不易建立。

(3)半实物仿真。半实物仿真即将数学模型和物理模型甚至实物联合起来进行实验。对系统中比较简单的部分或对其规律比较清楚的部分建立数学模型，并在计算机上加以实现，而对比较复杂的部分或对其规律尚不十分清楚的系统，由于其数学模型的建立比较困难，则采用物理模型或实物。仿真时将两者连接起来完成整个系统的实验。

2)根据系统模型的特性分类

根据被研究系统模型的特性，计算机仿真可以分为连续系统仿真、离散事件系统仿真和离散-连续复合系统仿真三大类。

(1)连续系统仿真。连续系统是指系统中的状态变量随时间连续变化的系统。由于连续系统的关系式要描述每一实体属性的变化速率，所以连续系统的数学模型通常是由微分方程组成的。当系统比较复杂尤其是引进非线性因素后，此微分方程经常不可求解，至少非常困难，所以采用仿真方法求解。

连续系统计算机仿真的中心问题是将微分方程描述的系统转变为能在计算机上运行的模型。用于该类系统的数学方法可以分为以下两种，即常微分方程的数值积分法和连续系统的离散化方法。

第一，数值积分法。在连续系统仿真中，系统数学模型最基本的形式是微分方程，所以微分方程的数值计算方法即数值积分法的基本算法是主要的研究内容。

数值积分法主要可分为单步法、多步法和预测校正法等。单步法中最简单的是欧拉(Euler)法，常用的是龙格-库塔(Runge-Kutta)法。多步法中则以阿达姆斯(Adams)法用得最为普遍。

对连续系统进行数字仿真时，首先应保证这一数值解的稳定性，即在初始值有误差，计算机在舍入误差影响下，误差不会积累而导致计算失败。所以，在进行仿真时必须正确选择积分步长，积分步长过大将影响计算稳定性及计算精确度，而积分步长过小则大大增加计算量与计算时间，故应在保证计算稳定性与计算精确度的要求下选择最大步长。

第二，离散相似法。离散相似法是将连续系统进行离散化处理，用离散化的模型直接代替连续系统的数学模型，其数字描述是以常系数差分方程来近似“等效”原来的常系数微分方程，这样就可以方便地用迭代方法在数字计算机上直接求解差分方程。

采取了合理的算法，就可以将数学模型转为仿真模型，然后编程、运行，得到连续系统的仿真结果。

(2)离散事件系统仿真。离散事件系统是状态变量只在一些离散的时间点上发生变化的系统。这些离散的时间点称为特定时刻。在这些特定时刻系统状态发生变化，在其他时刻系统状态保持不变，而在这些特定时刻是由于有事件发生所以引起了系统状态发生变化。常见的离散事件系统有排队系统、库存系统等。

总体说来，离散事件系统具有如下特点：①不连续性，离散事件系统的物理状态在本质上都是离散的。②性能测度的连续性，如平均输出、等待时间等。③随机性，系统在运行过程中总有诸如失效等不可预知的因素在起作用。④层次性，这是产生系统复杂的原因之一。⑤动态性，在对离散事件系统进行动态控制时，尤其要注意所选模型必须能充分描述系统的动态性。第一，计算的复杂性，这是因为离散事件系统物理状态呈指数增长；第二，应用的广泛性，离散事件系统的应用领域十分广泛，如FMS分布式系统、计算机系统、军事C31系统等。

(3)离散-连续复合系统仿真。在离散-连续复合系统仿真中，参变量可以做连续性及离散性的变化，或者做连续性变化并具有离散性突变。它的自变量——仿真时间可以是连续性的或离散性的。

连续系统与离散事件系统的区别。比较连续系统与离散事件系统，可以看出二者存在如下几方面的区别：①时间基。连续系统的时间基是一个确定的值。离散事件系统的时间基则是可变的，而且随着时间基的变化，仿真结果也各不相同。这两种仿真，系统的初始状态不同，仿真的结果也不相同。因为离散事件系统仿真的结果是一个统计结果。它与统计的区段大小有关。②输入变量和输出变量。连续系统的输入变量通常是一个确定性变量，而离散事件系统的变量往往带有随机性，因此离散事件系统的模型也被称为随机模型。输出变量与输入变量情况相同。③状态变量。连续系统的状态变量一般是一个连续变量，而离散事件系统的状态变量则可能是非连续的，如仓库货位的状态是空或非空。④状态转移函数。在连续系统中，存在一个状态转移函数，可通过其推算出状态变量的变化过程，而离散事件系统则不存在状态转移函数，人们无法找到一个函数来表达状态变量变化的规律。⑤状态空间。状态空间是状态变量的集合所表述的空间。对于一个被研究的连续系统，引进不同组合的状态变量，可以构造不同的状态空间模型。这一点离散事件系统是相同的。

从上述分析可知，离散事件系统与连续系统最主要的区别在于离散事件系统输入输出变量的随机性以及状态变化的不确定性。由此，连续系统与离散事件系统仿真方法有很大的差别。连续系统仿真借助数字积分算法和离散相似算法等来求解表征系统变量之间关系的方程。离散事件系统仿真则是建立系统的概率模型，采用数值方法"执行"仿真模型，系统的变量是反映系统各部分相互作用的一些确定或者随机事件，系统模型则反映这些事件和状态的值集，仿真结果，也就是"执行"的结果，是产生处理这些事件的时间历程。

3)根据仿真时钟与实际时钟的比例关系分类

实际动态系统的时钟称为实际时钟，而系统仿真时模型所采用的时钟称为仿真时钟。根据仿真时钟与实际时钟的比例关系，系统仿真分类如下：①实时仿真，即仿真时钟与实际时钟完全一致，也就是模型仿真的速度与实际系统运行的速度相同。当被仿真系统中存在物理模型或实物时，必须进行实时仿真，如各种训练仿真器就是这样。有时也称为在线仿真。②亚实时仿真，即仿真速度慢于实际时钟，也就是模型仿真的速度慢于实际的速度。

4. 系统仿真的步骤

系统仿真一般具有以下几个步骤。

1)调研系统，建立目标

通过调研，仿真者应对研究的系统有全面的、深入的了解，能够对系统进行尽可能详细的描述，明确仿真的目标和系统涉及的范围。一般来说，仿真目标不同，所建立的模型也不同，为建立模型所需要采集的数据也不同。

2)收集仿真数据，建立模型

根据仿真的目标，对系统进行选择和整理，这是一件费时费力的工作。在收集数据时，应注意考虑系统运行的循环周期。正确的收集方法是对完整的循环周期收集数据。建立模型的过程，是一个抽象和简化的过程。为了保证所建模型符合真实系统，在建立模型后，应对模型进行检查，反复修改，直至模型正确为止。所需检查的项目包括系统流程、逻辑关系、循环周期、随机变量等。

3)编制程序

程序可以用通用语言编写，如FORTRAN、C、PASCAL等，也可以用专门的仿真语言编写，如离散事件系统的仿真语言有GPSS、SIMULA、SIMAN、SLUM、WITNESS等，还可以用专门的仿真软件编写，如ARENA、AUTO-MODE等。

4)运行仿真模型

在计算机上进行仿真运行，获取模型的输出数据，许多仿真语言和仿真软件如ARENA、WITNESS可以做到边建模边试运行。

5)输出结果分析

输出结果分析在仿真活动中占有十分重要的地位，特别是对离散事件系统来说，其输出结果分析甚至决定着仿真的有效性。输出结果分析既是对模型数据的处理，同时也是对模型的可信性进行检验。

5. 仿真时钟

仿真时钟用于表示仿真时间的变化。在离散事件系统仿真中，由于系统状态变化是不连续的，在相邻两个事件发生之间，系统状态不发生变化，因而仿真时钟可以跨越这些“不活动”区域，从一个事件发生时刻推进到下一个事件发生时刻。仿真时钟的推进呈跳跃性，推进速度具有随机性。仿真实质上是对系统状态在一定时间序列的动态描述，因此，仿真时钟一般是仿真的主要自变量，仿真时钟的推进是系统仿真程序的核心部分。

仿真时钟的推进有两种经典的方法，即固定步长推进法和变步长推进法(或称为下一事件推进法)。变步长推进法应用较多，目前市面上的大多数仿真软件都采用变步长推进法。

1)固定步长推进法

确定一个固定的时间增量，以此增量逐步推进仿真时钟。每推进一个增量，就在被推进的时刻观察有无事件发生。如果没有事件发生，则继续以相同的增量推进仿真时钟；如果有事件发生，则根据事件类型进入事件处理程序，对事件发生后的状态变化进行相应处理，然后再推进仿真时钟。

如果恰好在推进增量的中间时刻有事件发生，一般采取简化的方法，把该事件假定为是在增量推进的时刻发生的。

2)变步长推进法

变步长推进法即事先没有确定时钟推进步长，而是根据随机事件的发生而进行随机步长的推进，推进的步长为最后已发生事件与下一事件之间的间隔时间。由于离散事件系统的状态多数是随时间离散变化的，在仿真时不需要考虑那些没有发生状态变化的时段。因此，这种变步长的推进方法，其节奏性与系统状态变化更加吻合。

应当指出，仿真时钟所显示的是仿真系统对应实际系统的运行时间，而不是计算机运行仿真模型的时间。仿真时间与真实时间将设定成一定的比例关系，使得像物流系统这样复杂的系统，真实系统运行若干天或若干个月，计算机仿真只需要几分钟就可以完成。

1.2.2 系统仿真的应用

众多的随机性给复杂的系统研究带来了许多困难。系统研究常用的理论和方法有数学规划法(运筹学)、统筹法(网络分析法)、系统优化法和系统仿真方法。前面的三种方法属于解析法，而系统仿真方法是一种非解析法，它利用模型对实际系统进行实验研究，这种模型既表达了系统的物理特征，又有其逻辑特征，既反映了系统的静态性质，也反映了其动态性质。对于各种复杂的系统，无论是线性的还是非线性的，无论是静态的还是动态的，都可以用系统仿真方法来研究。

系统仿真模型还是一个随机模型，系统的参数受随机因素的影响所发生的变化在模型中能够得到充分体现，这是解析法无法比拟的。复杂的离散事件系统往往受很多随机因素的影响(物流系统就是这样的系统)。忽略随机因素的影响，用确定性模型代替随机模型研究系统，将会使分析结果有很大的误差。另外，系统仿真方法是一种间接的系统优化方法，对于系统来说，并不存在绝对意义上的最优解，优化只是相对而言。不单纯追求最优解，而寻求改善系统行为的途径和方法，应该说是更加有效的，系统仿真方法正是提供了这种环境。同时，它也是系统研究和系统工程实践中的一个重要技术手段，在各种具体的应用领域中表现出越来越强的生命力，特别是在求解一些复杂系统问题中具有很多优点。

系统仿真的应用可以从研究对象系统所处的生命周期阶段来体现，也可以从系统仿真所做的具体内容和目的来体现。

(1)按照所研究对象所处的时间、空间来划分，系统仿真的应用体现在以下几个方面：

第一，对已经发生的系统所经历的历史过程，通过仿真进行再现，以研究其规律。许多复杂系统在实际运作中出现的复杂问题，难以在发生当时得到充分的理解和较好的解决，难以得到更优的解决方案。而当实际系统的动态过程成为过去，要想再去分析当时的过程，往往很难把握各种复杂的因素。这时，采用仿真方法可以把当时复杂的过程动态再现出来，从而可以更充分地加以认识，并可以在仿真模型上做各种方案的对比，从而更好地理解系统和解决问题。

第二，研究一个尚未存在的对象系统的特征、性能、规律等。对于一个尚处于规划、设计阶段的对象系统，由于系统的复杂性，尽管在系统设计时使用了各种数学解析方法或其他方法进行了系统各部分的设计计算，但仍难以预料，在整个系统运行起来时，由于各个部分的交互作用，尤其是在众多随机因素的作用下，整个系统将体现怎样的特性，表达出怎样的系统性能？这时，采用仿真方法可以构建这个尚未真实存在的系统，充分体现系统各子系统和各部分之间的交互作用的动态执行过程，从而把握所设计系统的特征、系统性能以及系统运行中体现的各种规律性。

第三，研究对于存在但由于各种因素难以在实际系统上进行实验的系统。有些现实中的系统虽然实际存在，但是难以在实际系统上直接进行实验研究。这往往要考虑安全、经济和时间成本等因素。这时，仿真就起到了不可替代的作用。通过建立实际系统的仿真模型，可以避免在实际系统上的直接研究带来的一系列影响，如停工、停产、安全隐患、研究时间过长或过短等问题。

(2)按照仿真应用的目的、内容来划分，系统仿真的应用体现在以下几个方面：

第一，用于理解实际系统，进行 What-if 分析。采用仿真方法可以进行多种实验，通过改变系统的各种输入、系统边界条件或系统特征参数，设定各种不同的实验情景来预测系统可能发生的情况，揭示和理解系统运作的规律。根据多种对比，捕捉系统关键要素，更深入地了解系统成分、特征变量、外部条件和输入变量等对系统产生的影响，这些因素之间的相互作用以及系统各种性能参数之间的相互影响和变化规律。例如，虽然用数学模型和解析方法能够解释一个复杂系统在运作中可能出现的瓶颈问题，但是，在设计时各个部分构成的整体难以用极复杂的数学模型来描述，即使描述出来也往往无法求解析解，也难以事先发现瓶颈。而如果用仿真方法，在改变系统输入、系统特征参数或其他设定的情况下，就能及时直观地暴露系统的瓶颈问题。

第二，用于对一个系统的多种方案对比研究。通过仿真可以对比同一个系统的多种不同策略、方案在系统多个性能参数方面的异同。实际中，对于同一个对象系统，往往有多个解决方案，仿真方法可以定性或定量地对多个方案进行分析评价，给出多个方案的多个系统性能参数的评价，从而为决策者提供一个全面的、可信的参考依据。

第三，对其他研究方法得到的研究结果进行验证。仿真还是验证其他数学算法的有力工具。在研究实际问题时，通常可能会给出解决实际问题的策略、数学模型和相应的算法，如何验证所提出的策略(方案)以及相应的模型和算法是可信的呢？仿真可以将其算法的实现展现出来，通过仿真评价来验证所给的策略、模型和算法是否正确。

第四，其他。仿真作为一种新型方法，发挥着多方面的作用。例如，仿真发展了三维图形动画技术，使它成为有效的沟通工具。一些用数学语言不便交流或难以发现、理解的问题，可以用仿真直接展示出来。正因为如此，仿真越来越多地被应用到各个领域的商业技术交流中。又如，仿真可以用于培训。设计仿真系统，可以使受培训者根据设定的程序为仿真模型提供决策的输入，通过与仿真模型的交互，达到认识、训练的目的。

1.2.3 系统仿真的结果

系统仿真的目标很少是单纯建立一个仿真模型，多数情况下使用系统仿真方法来研究一些复杂的实际系统。这些实际系统的动态行为特征体现在得到的仿真结果中。那么，用什么样的方法来分析实验结果才能得出有用的结论呢？如何进行仿真实验才能保证实验结果是合理、可靠的呢？采用正确的实验和分析方法是离散事件系统仿真的关键问题之一。

1. 输入数据分析

由于在离散事件系统仿真中，有些输入数据及模型参数是随机数据而不是确定型数据，故需对输入数据进行分析，即确定各输入数据的分布及参数。输入数据的分析是项工作量很大的工作，同时也是直接影响仿真结果正确性的工作，一般应分为如下四个步骤。

1)数据收集

收集足够多的原始数据是首先要做的工作。为了使数据收集工作尽量有效，应在事先有所计划，即制定适当的数据表格，并在收集数据的同时进行分析。分析所收集的数据是否已足以确定在仿真中需要用做输入数据的分布及参数，对与此无关的数据不必收集，不足的数据则补充收集。而对已收集的数据，应尽量把均匀数据组合在一组，以便初步检验其独立性。

2)分布的识别

将收集到的数据制成频数分布或直方图，根据直方图形状得到分布的类型。也可采用概率图得到分布的假设。另外，根据系统的性能，输入数据的物理意义也可以得到分布的假设，如顾客的到来、故障的出现等的输入，若这些输入数据之间是相互独立的，则可认为服从泊松(Poisson)分布。同一类零件加工时间、同一性质的服务时间等，它们有期望值，则可认为服从指数分布(exponential distribution)。一般情况下，通过分析直方图、概率图，可以对输入数据的分布做某一假设。

3)参数估计

对输入数据假设了其分布后，还需对该分布的参数进行估计。样本均值与样本方差可用来估计所假设分布的参数，在通常情况下，这些参数是样本均值与样本方差的函数。不同的假设分布由不同的函数表示。

4)分布假设检验

分布假设检验即对各输入数据假设的分布及估计得到的参数进行检验，看其假设的正确性。对许多分布假设可应用柯尔莫哥洛夫-斯米尔洛夫(K-S)和卡方拟合优度检验，当检验结果为不符及拒绝分布假设时，应尝试另一种分布假设，并估算参数，再度检验，直至接收。如所有方法都无效时，可在模型中应用经验分布。输入数据分析工作费时而且重要，不管仿真模型如何正确与精确，如果输入数据的分布与参数估计不正确，仿真运行就会产生不正确的输入数据，那么由此而得到的输出结果也将是错误的，所以应重视输入数据的分析。

2. 输出数据分析

1)输出数据的随机性及其估计

对于从运行仿真模型后得到的输出变量，应被看做是具有未知分布的随机变量，只不过是输出变量所有可能的观察总体中的一个采样观察。这是由于仿真模型的某些输入变量是随机变量，该模型是输入-输出变换，所以一般地说模型输出变量也是随机变量，哪一个观察值都不可以随意用来表示系统的真实值，它们之间可能有很大的波动，也可能与真实值有很大的方差，必须经过统计分析才能得到真实值。

为了估计系统输出变量的真实值，必须对变量的输出值进行多次观察，并将多次观察值加以统计分析，同时还必须说明系统的输出变量真实值降落在一给定估计区间的概率，即要求定义一个置信区间，在这个区间内集中了输出真实值的绝大部分。所以在进行仿真输出数据分析时，我们需要得到输出变量的点估计以及它的区间估计。仿真输出数据的估计也指的是点与区间二者的估计。

在对数据进行统计分析时，有些经典方法常被采用，但是这些经典方法不能直接用来分析离散事件系统仿真的输出数据，因为经典方法假设数据是独立的，也就是所有观察结果之间是不相关的、彼此独立的。但是仿真的结果却是不可能相互独立的，一次仿真运行结束时的系统状态往往是下一次仿真运行的初始状态，故这两次仿真运行的输出数据是自相关的，如果用经典统计方法来统计系统、分析仿真运行的输出数据则会带来较大误差，往往会严重地低估输出数据的标准误差。此外，系统在仿真起始时刻所规定的初始条件也往往会影响仿真运行的输出数据，使这些输出数据由于初始状态的不正确规定而偏离系统的稳态值。对统计分析来说，初始条件的影响会使输出观察值可能不是同一分布，所以应当采用适当的方法来解决上述两个问题。

从仿真结果分析的观点来看，仿真运行可分为两大类：一类是终止型仿真，这种仿真的运行长度是事先确定的，系统的性能与运行长度有关，而且系统的初始状态对系统性能的影响不能忽略。另一类仿真是稳态型仿真，这类仿真研究仅运行一次，但运行长度却足够长，仿真的目的是估计系统的稳态性能。显然，由于仿真长度没有限制，系统的初始状态对仿真结果的影响可忽略。

2)终态仿真输出分析

在分析仿真输出数据时，由于系统特性及仿真研究的目的不同，可以将仿真运行方式分为两类，即终态仿真输出与稳态仿真输出。

终态仿真是指从指定的初始时刻0开始到某一时刻 T_E 终止的一类仿真。这里E是停止仿真的一个指定事件，T_E 是结束仿真的特定时刻，它是由E事件发生来决定或者由人为预先指定的。所以终态仿真是一种系统性能测度与仿真的时间区间[0，T_E]有关的仿真类型。这是经常遇到的一类仿真，例如，仿真从8：00开门至22：00关门的一个超级市场，仿真8：00～16：00的一条加工线的运行情况，仿真9：00～21：00高峰期的交通情况等。可见系统就在这段时间内运行，如超级市场有开门营业与关门停止营业时间，或者由于仿真研究的目的是研究某一时间区间内的系统性能，如我们关心的是9：00～21：00的交通运输高峰期，而其他时间也有交通但不拥挤便不加以研究。这类仿真称为终态仿真(暂态仿真)。

终态仿真应尽量满足下列三个条件：①初始条件设置正确，且保证每次仿真运行在相同的初始条件下进行。初始条件对终态仿真的输出结果有明显的影响，若每次运行都在正确初始状态下，就保证了每次运行结果都是正确的观察值。②随机数流的独立性。这是为了保证每次运行的随机性输入数据的独立性，从而使各次仿真运行也相互独立。③假设输出结果服从正态分布(normal distribution)，如不服从正态分布，则必须进行大量次数的运行，以遵从大数定律。

3)稳态仿真输出分析与主要方法

(1)稳态仿真。稳态仿真是另一类运行方式的仿真。它的研究对象是系统的稳态行为，如一个24小时不间断的加工系统、城市的通信服务系统等。这类系统没有开门服务与关门结束服务的时间区间，它们是不间断系统，仿真研究的目的是系统的稳态性能。对这类系统应该仿真运行足够长的时间，理论上应是无限长的时间。这样首先可以消除人为设置的初始状态的影响，也可以得到系统的真正稳态特性，但实际上无限长时间的仿真运行是不可能的。当仿真时间不是无限长时，如何消除初始值影响以及如何在观察值自相关下得到输出结果的点估计与区间估计，是稳态仿真输出分析的主要工作。

(2)减少初始状态引起的偏差。当系统在周而复始无间断地运行时，初始条件所引起的影响已不存在，但在仿真运行时，总有一个仿真运行起始时刻，在这时刻需人为地设置初始状态。这个初始状态在相当长的一段时间内将影响仿真运行的输出，使它不是稳态输出。为了减少此影响，可以将仿真运行分为两段：第一段是从零时刻到 T_0 时刻，称为初始阶段；第二段是从 T_0 到结束时刻 T_E。在初始阶段，零时刻设置的初始条件对输出的影响较为明显，这时不采集数据，而在 T_0 到 T_E 时刻内采集数据，那时的数据就更能反映系统的稳态性能。T_0 应该设在哪里，理论上讲在 T_0 时系统已达到近似稳态，即在 T_0 时刻系统的状态概率分布已充分地接近稳态的概率分布。这时只要 T_0 到 T_E 的长度足够长，数据收集阶段的长度就足以保证得到充分准确的系统稳态性能的估计。正确的选择可以使初始条件引起的偏差影响尽量减少，尽量使 T_0 到 T_E 的观察值接近系统的稳态值。

(3)输出数据分析方法。对离散事件系统的输出数据分析时，通常采用的两种方法或两种策略为：①固定样本量法。任意给定一个仿真运行长度，利用从有效过程中得到的有效数据来构造置信区间。固定样本量法又可分为若干种，常用的有重复-删除法与批平均法。简略介绍如下：重复-删除法应进行几次独立的重复运行，每次运行都删去初始条件引起的过渡阶段，计算稳态值；对几次运行得到的样本均值，使用独立观察法的分析方法得到均值及置信区间。批平均法只进行一次长的运行，把一次运行的稳态阶段的数据分批收集，计算每批的样本均值，当批量足够大时，批均值近似地不相关，则可用经典方法计算均值及置信区间。批量的大小将会影响结果的正确性。②序贯法。仿真运行长度序贯的增加，直到所构造的置信区间可以接受为止。决定仿真停止的技术通常有两种方法，即绝对精度停步规则和相对精度停步规则。

另外，还有再生法、自回归分析法(或时间序列法)、频谱法等。但是所有方法都不是简单而十分满意的方法，也不能达到任意高的可信度，只是一种近似的处理方法。

由于离散事件系统仿真输出数据的随机性，当采用仿真技术来决策选择多个方案中的最优方案时，应注意勿被其随机性所迷惑。如 A 方案中其真实值大于 B 方案中的对应值，但在某次仿真运行中得到的观察值可能是 B 方案中该值大于 A 方案中的值，这种现象是由于仿真输出数据的随机性所引起的，应对其加以分析后采用。

1.3　物流系统仿真及解决的问题

1.3.1　物流系统的概念与分类

物流系统是指在一定的时间和空间里，由所需运转的物资、包装设备、搬运和装卸机械、运输工具、仓储设施、人员以及通信联系等若干相互制约的动态要素所构成的具有特定功能的有机整体。其目的是使企业物流合理化，并将企业生产出来的产成品按时、按质、按量、配套齐全、完好无损地迅速运达到消费者手中，实现其空间和时间效益。物流系统是企业生产的一个重要组成部分，物流合理化是提高企业生产率最重要的方法之一。因此对物流系统的设计和仿真的研究，也日益受到人们的重视。

我们可以按照不同的标准对物流系统进行分类。根据物流发生的位置，物流系统可以划分为企业内部物流系统和企业外部物流系统；根据物流运行的性质，物流系统可以划分为供应物流系统、生产物流系统、销售物流系统、回收物流系统和废弃物流系统；根据物流活动的范围进行分类，物流系统可以划分为企业物流系统、区域物流系统和国际物流系统；根据物流构成的内容，物流系统可以划分为专项物流系统和综合物流系统。

从不同角度对物流系统进行分类划分，可以加深我们对物流性质、过程的理解和认识，有利于我们更好地进行物流系统的规划、设计、运营组织与管理。

1.3.2 物流系统的特性

物流系统是复杂的离散事件系统，有如下特点。

1. 不确定性(随机性)

不确定性存在于物流系统中的每一节点(node)，客户需求的不确定性、原材料供需关系的不确定性、采购准备时间的不确定性、运输时间的不确定性、交付时间的不确定性、产品价格的不确定性等。它总是处在一个不确定的环境中，受很多随机因素的影响，具有多目标、多因素、多层次的特点。

2. 非线性

非线性是指个体以及它们的属性在发生变化时，并非遵从简单的线性关系。组成物流系统的各个实体间的相互影响不是简单的、被动的、单向的因果关系，每个实体的行为和决策又依赖它自身的状态和一些有限的、相关的其他实体的行为，且它们易受内部和外部环境的影响。物流系统的各个实体主动改变自己的内部或外部结构，以适应环境的变化，从而呈现出物流系统的非线性。

3. 复杂性

物流系统是由若干个供应商、制造商、配送中心、销售商和终端客户组成的系统。它包含供应商、制造商的选择，配送中心的选址，运输方式(如空运、陆运、铁运、水运或混合运输方式)的选择和运输路线(选择由哪个配送中心送货)的确定。其复杂性主要体现在贯穿于物流系统中的不确定性及各实体要素间的非线性关系。

4. 适应性

物流系统各个实体为了适应市场环境的变化，与周围环境和其他实体间不断进行交互作用。在这种持续不断交互作用的过程中，实体不断学习，积累经验，并根据学到的经验改变自身的结构和行为方式，寻找合适的实体组成物流系统以适应环境的变化，从而促使供需过程不断重新组合改造。

5. 多样性

物流系统各实体要素间处于不断相互作用和不断适应的过程，造成了实体向不同的方面发展变化，从而形成了物流系统实体类型的多样性。

综上所述，物流系统具有系统的所有特征。由于物流系统的层次性及各子系统的相互联系和相互作用，很显然，物流系统是一个动态的、开放的复杂系统。

1.3.3 物流系统仿真

所谓物流系统仿真，是指针对现实物流系统建立仿真模型，然后在模型上进行实验，用模型代替真实系统，从而研究物流系统性能的方法。通过仿真，可以一一仿效实际物流系统的各种动态活动，并把系统动态过程的瞬间状态记录下来，最终得到用户所关心的系统统计性能。

由于物流系统自身的不完善或运作过程的不合理，一些物流系统设计上缺乏前瞻性和系统规划，在物流资源的配置、物流网络的结构等方面，很难保证其可靠性、合理性、协调性和最优化。在实际系统中常常包含有较多随机的因素，如物流系统中商务的到达、运输车辆的到达和运输事件等一般是随机的。对于这些复杂的随机系统很难找到相应的解析式来描述和求解，系统仿真技术成了解决这类问题的有效方法。物流系统运作的成败事关重大，而仿真方法是完善、推进物流系统的一个很好的方法，可以节省费用，减少浪费，消除物流环节中的瓶颈。

1.3.4 物流系统仿真的类型

从技术与管理的角度看，系统仿真在物流领域主要有以下几种类型。

1. 物流系统规划与设计

仿真多用于供应链设计、评价和优化，用来处理供应链中的不确定因素与动态性，此外有能力找出供应链各个成员之间的最优解决方案。在系统没有运行之前，把规划转化为仿真模型，通过运行模型，评价规划或设计方案的优劣并修改方案，仿真能够辅助决策者或策划者的决策活动，这是仿真经常用到的一方面。这样不仅可以避免不合理的设计和投资，而且也减少了投资风险和避免了人力、时间等的浪费。

2. 物流运输调度

复杂的物流系统经常包含若干运输、多种运输路线，连接供应链上游与下游是供应链运作过程中至关重要的一个环节，而运输调度与路线选择一直是物流系统的难点，其中包含了很多NP问题。在解决调度问题、规划运输路线时多使用启发式算法、不完全优化算法和遗传算法等，但在评价这些算法得到的策略哪个更有效、更合理时，遇到的问题更多。因运输调度是物流系统最复杂、动态变化最大的一部分，其有许多不确定因素，很难用解析法描述运输的全过程。使用仿真建立运输系统模型，动态运行此模型，再结合图形将运行状态、物料供应情况、配货情况、道路堵塞情况、配送路径等生动地呈现出来。仿真还提供了各种数据，包括我们关心的车辆运输时间和效率、不同策略之间的比较、不同路径的比较等。

3. 物流成本估算

物流系统运作是一个复杂的系统，其中存在许多的不确定因素。系统的总成本中包括运输成本、库存成本、订货成本和生产成本等。成本核算与所花费的时间有关。物流系统仿真是对物流整个过程的模拟。进程中每一个操作的时间，通过仿真推进被记录下来。因此，人们可以通过仿真统计物流时间的花费，进而计算出物流的成本。

4. 库存控制

库存系统是供应链管理中的重要环节，起到缓冲、调解和平衡的作用。供应链上各节点企业库存水平的高低，一方面影响产品的成本，另一方面影响客户服务水平和企业对市场波动的适应能力。企业运作时库存处理的好坏直接影响公司的效益，也决定了公司的竞争力。现实库存系统多数属于复杂的离散事件系统，具有诸多不确定因素，而且各部分之间的关系复杂。企业在确定安全库存量、采购订货方式的时候遇到了很大的困难，直接表现为没有适应的库存策略、库存积压与库存短缺并存等问题。随机型库存系统中有很多不确定的随机参数，解析方法的应用受到了很大的局限，很难采用数学规划或启发式算法进行准确分析。常用离散系统仿真技术对库存系统全局或局部变量进行分析和优化，如库存系统规划、库存成本分析、库存控制策略分析等。

1.3.5 物流系统仿真解决的问题

不组装实际系统，利用计算机模型进行实验，可以在短时间、低成本下运行，而且不给现实系统带来任何中止或破坏的危险。现实系统与仿真模型关系对比如图 1-2 所示。

物流系统仿真解决的问题如下：

(1)引进新设备时的事先评价问题以及人员、设备的配置问题。例如，①引进何种设备？②引进多大性能的设备？③引进设备后的场地规划和人员怎样配置才能合理？④引进设备后瓶颈口能否解消？⑤其他地方是否成为新的瓶颈口？

(2)场地布局的评价问题，工厂、仓库的规划设计，工厂、仓库的容量/库存问题。例如，①需要扩建多大面积的仓库？②如何合理地配置新建配送中心的设备和人员？③已经有两套以上的方案，怎样比较这两套方案？

(3)作业工程计划的改善问题，几乎所有涉及时间、空间和效率的关系问题。例如，①已有定性的认识，但如何才能进行定量分析？②如何在定量分析的基础

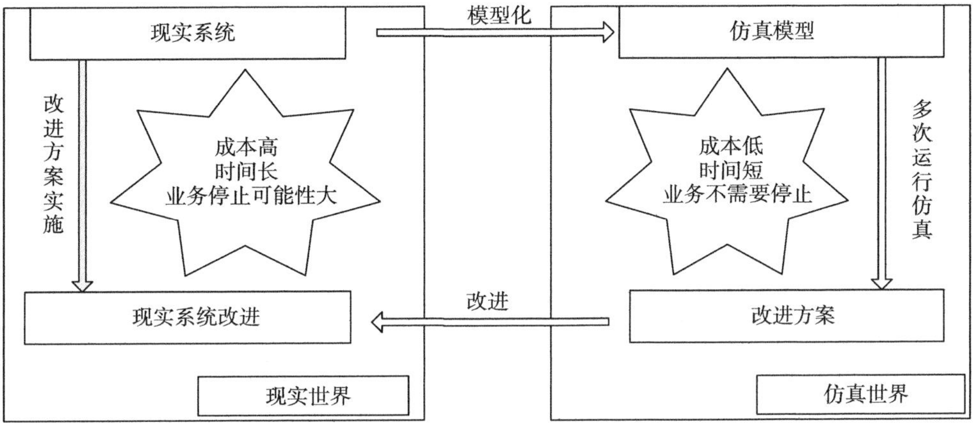

图 1-2　现实系统与仿真模型关系对比

上进行改进、评估？③作业方式选择的定量标准是什么？

思考题

1. 什么是系统模型？系统模型是否必须反映出系统的全部特征？为什么？
2. 简述仿真技术的优势和劣势。
3. 简述仿真方法与解析方法的区别。
4. 建模应遵循哪些原则？
5. 简述系统仿真的应用。
6. 列举几个需要应用系统仿真进行分析的例子。
7. 在下述领域中，适合采用连续系统仿真的是哪些？适合采用离散事件系统仿真的是哪些？并简述理由。

液压系统控制；电力系统设计；配送中心的布局规划；汽车厂总装线规划。

8. 简述物流系统的特征及分类。
9. 系统仿真在物流领域有哪些应用？
10. 简述连续系统仿真和离散事件系统仿真的区别。
11. 请举出两个需要进行终态仿真的系统的实例。
12. 请举出两个需要进行稳态仿真的系统的实例。

第 2 章

物流系统仿真基础

2.1 离散事件系统仿真概述

2.1.1 离散事件系统仿真的基本要素

1. 基本要素介绍

(1)实体：主导系统活动的对象。实体是描述系统的三个基本要素(实体、属性、活动)之一。

在离散事件系统中的实体可分为两大类，即临时实体和永久实体。在系统中只存在一段时间的实体叫临时实体，如工件、货物。这类实体由系统外部到达系统，然后通过系统，最终离开系统。始终驻留在系统中的实体叫永久实体，如缓冲站、仓库。临时实体按一定规律不断地到达(产生)，在永久实体作用下通过系统，最后离开系统，整个系统呈现出动态过程。

实体还可以分为主动体(active)和被动体(passive)。主动体具有自主移动能力，如服务系统的顾客、AGV 小车(自动导引小车)、运输系统中的车辆。被动体不具有自主移动的能力，如产品、工件、托盘(pallet)、容器等。

(2)属性：实体所特有的性质称为实体的属性，包括固有属性(大小、颜色、形状、重量等)和仿真属性(到达时间间隔、到达批量等)。

(3)状态：在某一确定时刻，系统的状态是系统中所有实体的属性的集合。

(4)资源：系统中活动被执行时必须搭配的载具，通常用来定义由哪个实体在什么地方执行活动。资源在系统中为定点设置，但是和实体一样可分为主动体和被动体。主动资源对象为本身具有自我驱动的能力，一般常见的为传送带(conveyor)、售货员、叉车、堆垛机等，一般讲到的资源指主动资源，被动资源对象如仓库、轨道、道路等。

(5)事件：引起系统状态发生变化的行为，系统的动态过程是靠事件来驱动的。例如，在物流系统中，工件到达可以定义为一类事件。因为工件到达仓库进行入库时，仓库货位的状态会从空变为满，或者引起原来等待入库的队列长度的变化。

事件一般分为两类：必然事件和条件事件。只与时间有关的事件称为必然事件。如果事件发生不仅与时间因素有关，而且还与其他条件有关，则称为条件事件。系统仿真过程最主要的工作就是分析这些必然事件和条件事件。

(6)活动：离散事件系统中的活动，通常用于表示两个可以区分的事件之间的过程，它标志着系统状态的转移，如等待活动。

(7)进程：进程由若干有序事件及若干有序活动组成，一个进程描述了它所包括的事件及活动间的相互逻辑关系及时序关系，如图 2-1 所示。例如，工件由车辆装入进货台，经装卸搬运进入仓库，经保管、加工到配送至客户的过程。

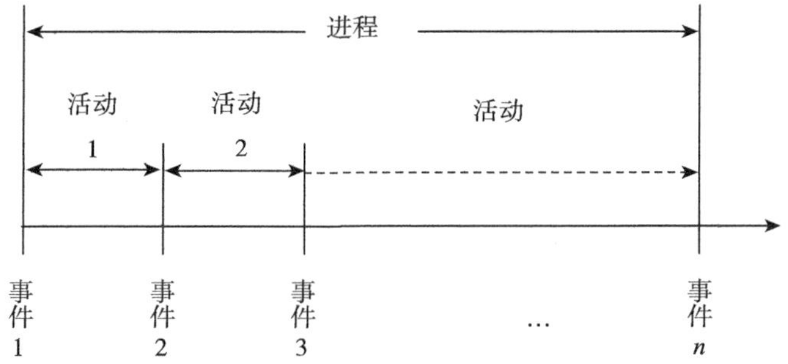

图 2-1　事件、活动与进程

2. 系统要素举例分析

1)分析理发店的实体、状态、事件、活动

实体：顾客、服务员；状态：服务员个数、顾客数、服务员忙闲；事件：顾客到达、服务完毕；活动：顾客等待、理发员服务。

2)分析柔性制造系统实体、状态、事件

实体：工件、加工中心；事件：待加工工件到达、机床完成加工；状态：各加工中心的繁忙程度、各加工中心的等待队列；活动：工件等待、加工。

2.1.2　离散事件系统仿真的组成与构造

仿真可以用来研究千差万别的现实世界，但是不同实际系统的离散事件仿真模型却具有一些相同的组成部分和这些组成部分之间的逻辑组织关系。对于大多数采用变步长始终推进机制的离散事件系统仿真模型，通常都包含有如下几个组成部分：

(1)系统状态：在特定时间用来描述系统的状态变量集。

(2)仿真时钟：表示仿真时间当前值的变量。

(3)事件列表：将发生各类事件时用来存放下次事件发生的时间和事件其他属性的表。

(4)统计计数器：用来存放有关系统性能统计数据的各个变量。

(5)初始化子程序：在仿真开始时(即仿真时间为零时)初始化仿真模型的子程序。

(6)时间推进子程序：从事件列表中确定下次事件，然后将仿真时钟推进到该事件发生的时刻。

(7)事件发生程序：用来更新系统状态的子程序。当某类型的特定事件发生后，根据该事件的类型，进行相应的系统状态更新。

(8)报告生成器：用来计算各种所期望的性能测度的量，并在仿真结束时输出结果。

(9)随机观测生成程序库：一组用来根据概率分布产生随机观测值的子程序。

(10)主程序：用来唤醒时间推进子程序来确定下一发生事件，然后将控制转向相应的事件程序，并对系统状态进行相应的更新。主程序还可能检查仿真的终止并在仿真结束时激活报告生成器。

2.1.3 离散事件系统仿真的基本步骤

离散事件系统仿真研究的一般步骤与连续系统仿真是类似的，它包括确定仿真目标、数据收集、系统建模、确定仿真算法、建立仿真模型、验证与确认模型、运行仿真模型、仿真结果分析、输出仿真结果。

1. 确定仿真目标

对一个系统的仿真目标可以各不相同。例如，研究一个物流配送中心，可以提出各种不同的问题，如管理调度策略问题、运作流程协调问题等。针对所关心的问题不同，建立的系统模型、设定的输入变量和输出变量等都各不相同。因此在进行系统仿真时，首先要确定仿真的目标，也就是仿真要解决的问题。这是数据收集和系统建模的依据。

2. 数据收集

数据收集的对象是仿真建模需要的相关数据。仿真建模的过程是一个从简单到详细的渐进过程，每个阶段都需要收集整理有关数据。需要收集数据的种类和数量与仿真对象及其复杂程度有关。这些数据大多是仿真模型中各种实体的属性，包括临时实体和永久实体，如客户到达时间间隔及其分布规律、服务时间及其分布规律等。

3. 系统建模

系统模型由模型和模型参数两部分组成。模型参数是对数据收集结果的整理。系统模型的形式可以是多样的，有文字叙述型、流程图型、图表型、数学表达式型。离散事件系统仿真模型最常用的是建立系统的流程图模型，其也被称为流程模型。流程模型中应包含临时实体到达模型、永久实体服务模型和排队规则。

4. 确定仿真算法

离散事件系统虽然大多是随机的，但由于仿真模型中采用的是伪随机数，从理论上讲，其状态的转移是确定的，故也可得到确定性的状态转移函数。但离散事件系统的模型难以用某种规范的形式写出，一般采用流程图或网络图的形式才能准确地定义实体在系统中的活动。在一个较为复杂的离散事件系统中，一般都存在诸多的实体，这些实体之间相互联系，相互影响，然而其活动的发生却统一在同一时间基上，采用何种方法推进仿真时钟，建立起各类实体之间的逻辑联系，是离散事件系统仿真中建模方法学的重要内容，其被称为仿真算法或仿真策略。仿真策略决定仿真模型的结构。

5. 建立仿真模型

前面建立的系统模型只是对系统的抽象化描述，是仿真者对系统深入了解的必经过程。然而这种模型仅仅能够被人脑所接受和理解，还无法在计算机上运行。为此还需建立计算机可运行的模型，即仿真模型。仿真模型是将系统模型规范化和数字化的过程。同时也需要根据计算机运行的特定特点增加一些必要的部件。仿真模型的主要部件有初始化模块、输入模块、仿真时钟、随机数发生器、状态统计计数器、事件列表、事件处理程序和输出模块等。

6. 验证与确认模型

对建立的仿真模型必须进行验证，以保证通过仿真软件或者仿真语言所建立的系统模型能够准确地反映所描述的系统模型。模型的验证主要检验所建立的仿真模型(包括系统组成的假设、系统结构、参数及其取值、对系统的简化和抽象)是否被准确地描述成可执行的模型(如计算机程序)。

模型的确认则是考察所建立的模型及模型的运行特征是否能够代表所要研究的实际系统。实际上，没有哪个模型能够完全地代表所研究的实际系统，总是存在这样或那样的简化或者抽象。只要模型在研究关注的问题上能够代表实际系统，就是有效的。

7. 运行仿真模型

运行仿真模型时需要确定终止仿真的时间。一般有两种终止方法：一是确定一个仿真时间长度，如仿真100h。系统仿真时钟推进100h后将自动终止仿真，并输出仿真结果。二是确定仿真事件的数量。以工件到达仓库为例，可以设定100批物品到达后终止仿真。选择哪种方式可依仿真系统的具体情况而定。

8. 仿真结果分析

由于离散事件系统固有的随机性，每次仿真运行所得到的结果仅仅是随机变量的一次取样。尽管仿真实验要进行多次，系统仿真结果的可信度仍然需要进行分析和判断，不同的仿真方式(终态仿真或稳态仿真)有不同的仿真结果分析方法，详细内容见2.4。

9. 输出仿真结果

仿真结果输出有实时在线输出和在仿真结束时输出两种方式。当对系统进行动态分析时，往往需要了解各种中间变量或者输出变量的实时变化情况。对于这些变量可以设定在仿真时钟推进的每一或某一时刻输出该变量的瞬时值，即实时在线输出，输出的是仿真阶段性的结果。最后在仿真结束时，需要输出最终的仿真结果。目前成熟的仿真软件一般都可以提供多种仿真结果输出形式，如表格输出，直方图、饼图、曲线图等图形以及数据文件等输出。

2.1.4 离散事件系统仿真方法

离散事件系统仿真与连续系统仿真的方法很不相同。

离散事件系统模型只是一种稳态模型，无需研究状态变量从一种状态变化到另一种状态的过程。而对于连续系统，主要是研究其动态过程，连续系统模型一般要用微分方程描述。

离散事件系统中的变量大多数是随机的，例如，实体的“到达”和“服务”时间都是随机变量。仿真实验的目的是力图用大量抽样的统计结果来逼近总体分布的统计特征值，因而需要进行多次仿真和较长时间仿真。

连续系统仿真中采用均匀步长推进仿真时钟的原则，则离散事件系统仿真中时间的推进是不确定的，它决定于系统的状态条件和事件发生的可能性。

离散事件系统仿真实质上是对那些由随机系统定义的，用数值方式或逻辑方式描述的动态模型的处理过程。从处理手段上看，离散事件系统仿真方法可分为两类。

1. 面向过程的离散事件系统仿真

面向过程的仿真方法主要研究仿真过程中发生的事件以及模型中实体的活动，这些事件或活动的发生是顺序的。而仿真时钟的推进正是依赖于这些事件和活动的发生顺序，在当前仿真时刻，仿真进程需要判断下一个事件发生的时刻或者判断触发实体活动开始和停止的条件是否满足，在处理完当前仿真时刻系统状态变化操作后，将仿真时钟推进到下一事件发生时刻或下一个最早的活动开始或停止时刻。仿真进程就是不断按发生时间排列事件序列，并处理系统状态变化的过程。

2. 面向对象的离散事件系统仿真

在面向对象仿真中，组成系统的实体以对象来描述。对象有三个基本的描述部分，即属性、活动和消息。每个对象都是一个封装了对象的属性及对象状态变化操作的自主的模块，对象之间靠消息传递来建立联系以协调活动。对象内部不仅封装了对象的属性，还封装了描述对象运动及变化规律的内部和外部转换函数。这些函数以消息或时间来激活，在满足一定条件时产生相应的活动。消息和活动可以同时产生，即所谓的并发，但在单 CPU 计算机上，仍需按一定的仿真策略进行调度。在并行计算机和分布式仿真环境中，仿真策略则可以更加灵活、方便。

面向对象的仿真尤其适用于各实体相对独立、以信息建立相互联系的系统中，如航空管理系统、机械制造加工系统，以及武器攻防对抗系统等。

2.2　离散事件系统仿真算法

仿真算法是确定仿真时钟推进的策略的控制方法，是仿真控制的核心。目前为止，最常用的仿真算法有事件调度法(event scheduling)、活动扫描法(activity scanning)和进程交互法(process interaction)。

2.2.1　事件调度法

事件调度法由兰德公司在 1963 年提出，在美国广泛采用，欧洲不太流行。

事件调度法基本思想：将事件例程作为仿真模型的基本模型单元，按照事件发生的先后顺序不断执行相应的事件例程。每一个有确定发生时间的事件，都有一个事件例程，用事件例程来处理事件发生后对实体状态所产生的影响，并安排后续事件。

这种方法有一个时间控制程序，从事件表中选择具有最早发生时间的事件，并将仿真时钟修改到该事件发生的时刻，再调用与该事件相应的程序模块，对事件进行处理，该事件处理完毕后，返回时间控制程序。这样，事件的选择与处理不断地交替进行，直到仿真终止的程序事件发生为止。在这种方法中，任何条件的测试均在相应的事件模块中进行，这显然是一种面向事件的仿真方法。

事件调度法用事件的观点分析真实系统，通过定义事件及每个事件的发生引起系统状态的变化，按时间顺序，在每个事件发生时确定并执行有关的逻辑关系。

1. 事件调度法的基本步骤

(1)初始化：给出当前仿真时钟、系统状态量及统计量的初始值。

(2)扫描事件表，将当前仿真时钟增加到下一个最早发生事件的时间上。

(3)处理该事件，相应地改变系统状态。

(4)收集统计数据。

(5)若仿真时间未结束，则返回(2)；否则，执行下一步。

(6)分析收集的统计数据，产生报告。

2. 事件调度法的参数

(1)成分集合定义为 $C=\{\alpha_1, \alpha_2, \cdots, \alpha_n\}$。

主动成分：$C_A=\{\alpha_1, \alpha_2, \cdots, \alpha_m\}$；

被动成分：$C_P=\{\alpha_{m+1}, \alpha_{m+2}, \cdots, \alpha_n\}$。

(2)描述变量：描述每一主动成分 $\alpha\in C_A$ 的变量，α 的状态 s_α，值域 S_α，s_α 下一变化时刻的时间变量 t_α。

(3)描述每一被动成分 $\alpha\in C_P$ 的变量，α 的状态 s_α，值域 S_α(被动成分的状态变化只有在主动成分作用下才能发生，其发生时间由主动成分来确定，因而不需要时间变量)。

(4)描述所有成分的属性的变量：参数集合 $P=\{p_1, p_2, \cdots, p_r\}$成分间的相互关系；各成分处理的优先级，即同时发生时的处理顺序(解结规则)。注意，在事件调度法中，一般主动成分也同时具有被动成分属性，以便接受其他主动成分的作用。

3. 事件调度算法

(1)执行初始化操作，包括：置初始时间 $t=t_0$，结束时间 $t_\infty=t_e$；事件表初始化，置系统初始事件；成分状态初始化 $S=((s_{\alpha_1}, t_{\alpha_1}), \cdots, (s_{\alpha_m}, t_{\alpha_m}), (s_{\alpha_{m+1}}, t_{\alpha_{m+1}}), \cdots, (s_{\alpha_n}, t_{\alpha_n}))$。

(2)操作事件表，包括：

取出具有 $t(s)=\min\{t_\alpha | \alpha\in C_A\}$事件记录

修改事件表

(3)推进仿真时钟　TIME$=t(s)$

while(TIME$\leqslant t_\infty$)则执行

case　根据事件类型 i

$i=1$ 执行第 1 类事件处理程序*

(*第 i 类事件处理程序对成分的状态变化进行建模，而且要进行统计计算)

$i=2$ 执行第 2 类事件处理程序

…

$i=m$ 执行第 m 类事件处理程序

end case

取出具有 $t(\mathrm{s})=\min\{t_\alpha | \alpha \in C_\mathrm{A}\}$ 事件记录**

（** 若具有 $t(\mathrm{s})=\min\{t_\alpha | \alpha \in C_\mathrm{A}\}$ 事件记录有若干个，则按解结规则处理）

置仿真时间　TIME=$t(\mathrm{s})$

end while***

（*** 该算法中未包括仿真结束后对结果的分析等内容）

4. 事件表处理

复杂系统运行中的事件表规模巨大，如果采用传统的处理方式，每处理完一个事件要将事件表中的所有项向上平移一行，这样的处理显然需要占用时间。为了提高处理效率，采用链表法是可取的。

2.2.2　活动扫描法

活动扫描法的基本思想：用活动的观点建模。系统由成分组成，而成分包含着活动，这些活动的发生必须满足某些条件，每一个主动成分均有一个相应的活动子例程，仿真过程中，活动的发生时间也作为条件之一，而且是较之其他条件具有更高的优先权。显然，活动扫描法由于包括了对事件发生时间的扫描，因而它也具有事件调度法的功能。

1. 活动扫描法的设置

(1)设置系统仿真时钟 TIME(即控制系统仿真时间)与成分仿真时钟 t_α。系统仿真时钟表示系统的仿真进程的推进时间，而成分仿真时钟则记录该成分的活动发生时刻，两者的关系可能有以下三种情况：① $t_\alpha>$TIME，表示该活动在将来某一时刻可能发生；② $t_\alpha=$TIME，表示该活动如果条件满足则应立即发生；③ $t_\alpha<$TIME，表示该活动按预定时间早应发生，但因条件未满足，到目前为止实际上仍未发生，当前是否发生，则只要判断其发生的条件。

(2)设置条件处理模块——成分活动开始与结束其他的条件是否满足。

(3)设置成分活动子程序——处理活动开始与结束时系统的状态变化。

2. 活动扫描法的步骤

(1)扫描所有活动；

(2) $t_\alpha\leqslant$TIME 的成分进行条件检验，看其活动开始与结束的条件是否满足，满足则是可激活成分；

(3)对所有激活的成分，处理其相应的活动子程序，即修改系统的有关状态，并修改成分仿真时钟；

(4)推进系统仿真时钟 TIME；

(5)继续(1)～(4)的步骤，直至仿真结束。

2.2.3 进程交互法

进程交互法采用进程(process)描述系统，将模型中的主动成分所发生的事件及活动按时间顺序进行组合，从而形成进程表，一个成分一旦进入进程，只要条件满足，它将完成该进程的全部活动。

系统仿真时钟的控制程序采用两张事件表：其一是当前事件表(current events list，CEL)，它包含了从当前时间点开始有资格执行的事件的事件记录，但是该事件是否发生的条件(如果有的话)尚未判断；其二是将来事件表(future events list，FEL)，它包含了在将来某个仿真时刻发生的事件的事件记录。每一个事件记录中包括该事件的若干属性，其中必有一个属性说明该事件在进程中所处位置的指针。

这种方法综合了事件调度法和活动扫描法的特点，采用两张事件表。它首先按一定的分布产生到达实体并置于 FEL 中，实体进入排队等待；然后对 CEL 进行活动扫描，判断各种条件是否满足；再将满足条件的活动进行处理，仿真时钟推进到服务结束并将相应的实体从系统中清除；最后将 FEL 中最早发生的当前事件的实体移到 CEL 中，继续推进仿真时钟，对 CEL 进行活动扫描，直到仿真结束。

1. 进程交互法的设置

(1)设置一张 CEL，它包含了从当前时间点开始有资格执行的事件的事件记录，但是该事件是否发生的条件(如果有的话)尚需要判断。

(2)设置一张 FEL，它包含了在将来某个仿真时刻发生的事件的事件记录。

(3)设置系统仿真时钟 TIME 和成分仿真时钟 t_α。

2. 进程交互法的步骤

(1)推进系统仿真时钟 TIME；

(2)把满足 $t_\alpha \leqslant$TIME 的所有事件从 FEL 移至 CEL 中；

(3)取出 CEL 中的每一个事件，判断其所属的进程及在进程中的位置；

(4)判断该事件发生的条件是否满足；

(5)如果条件允许，该进程尽可能连续推进，直到进程结束，该成分离开系统；

(6)该进程推进过程中，遇到条件不满足时，记录下进程的位置，并退出该进程；

(7)重复(3)～(6)，CEL 中的事件处理完毕；

(8)重复(1)～(7)，直到仿真结束。

2.2.4　三种仿真策略的比较

1. 系统描述

所有策略均提供主动成分及被动成分，每种成分均能接受其他成分的作用。在事件调度法中，只有主动型成分才能施加作用，而在其他两种策略中，主动型成分与被动型成分均可施加作用。

在事件调度法中，系统的动态特性表现为主动成分不断产生事件，而在活动扫描法中则表现为主动成分产生活动；在进程交互法中则是通过成分在其进程中一步一步地推进来描述。

2. 建模要点

在事件调度法中，用户要对所定义的全部事件进行建模，条件的测试只能在事件处理子例程中进行。

活动扫描法设置了一个条件子例程，其专用于条件测试，还设置了一个活动扫描模块，该模块对所有定义的活动进行建模。

进程交互法则将一个进程分成若干步，每一步包括条件测试及执行活动两部分。

3. 仿真时钟的推进

在事件调度法中，主动成分的下一事件发生时间保存在事件表中，定时模块不断地从事件表中取出具有最早发生时间的事件记录，并将仿真时钟推进到该事件发生时间，并转向该事件处理子例程执行。

活动扫描法除了设置了系统仿真时钟之外，每一个主动型成分还没有成分仿真时钟。定时模块选择那些大于当前系统仿真时钟的值且是所有成分仿真时钟最小的那个成分仿真时钟，然后将系统仿真时钟推进到该时刻，并开始对活动扫描。

进程交互法采用 FEL 及 CEL。CEL 中的进程扫描完后，从 FEL 中取出具有最早发生时间的事件记录置于 CEL 中，仿真时钟推进到该事件发生时间。一旦某个进程被执行，则要求尽可能多地走下去，但并不改变系统仿真时钟；如果该进程并未完成，则将其断点记录下来，即将中断时间及事件类型放到 FEL 中，如果 CEL 中有一项或几项的发生时间小于当前系统仿真时钟的值，则说明在以前的扫描中，发生该事件的条件未得到满足，本次应再次进行扫描。

4. 评述

事件调度法：建模灵活，可应用范围广泛，但一般要求用户用通用的高级语言编写事件处理子例程，建模工作量大。

活动扫描法：对于各成分相关性很强的系统来说，模型执行效率高。但是，建模时除了要对各成分的活动进行建模外，仿真执行程序结构比较复杂，其流程控制要十分小心。

进程交互法：建模最为直观，其模型表示接近实际系统，特别适用于活动可以预测、顺序比较确定的系统，但是其流程控制复杂，建模灵活性不如事件调度法。

2.2.5 时间推进算法

时间推进算法是指随着仿真的进程将仿真时间从一个时刻推进到另一个时刻的机制。对某一系统进行仿真时所采用的时间推进算法的种类，以及仿真时间单位所代表的实际时间量的长短，不仅直接影响到计算机仿真的效率，甚至影响到仿真结果的有效性。

1. 仿真的驱动方式

仿真的驱动方式主要分为以下两种：

(1)时间驱动方式：仿真过程是由时间驱动而不是由事件驱动的。当仿真运行时，系统不考虑一个实体的输入信息是否发生变化，而是以仿真时间间隔为基本驱动信息，依次遍历各实体。虽然这种方式非常简单，容易实现，但执行效率比较低。因为不论一个实体是否需要运行，它在每一仿真时刻都要被访问扫描到，这对于存在许多低运行频率实体的仿真系统而言，浪费的资源是极其可观的。

(2)事件驱动方式：该方式首先保证仿真系统不是在每一仿真时刻都将内部的实体扫描一遍，而是由事件作为驱动信息来运行实体。事件驱动方式在仿真系统中定义一个全局时钟变量，每次实体运行后修改全局时钟，同时确定下一事件对实体的触发时刻，很显然这种方式的仿真时间推进效率相对于时间驱动方式要高很多。

2. 时间推进算法分类

(1)保守时间推进算法。它最大的特征是严格禁止在仿真过程中发生因果关系错误，保证各类事件按时间的先后顺序处理执行。保守算法的主要任务是确定何时能安全地执行某一事件，它常常依赖于仿真模型的行为信息，如模型内子模块之间通信的拓扑结构，或模型的超前性等来确定哪个事件是“安全”的，能被安全地处理。

(2)乐观时间推进算法。所谓乐观时间推进算法，是指依赖于退回机制来消除由于接收到落后的信息而对事件产生错误处理的一种方法，它更为积极地允许节点更加乐观地处理事件。它的目标是最大限度地发掘仿真系统的并行性，提高系统的运行效率。这种算法具有风险性，如果发生因果关系错误就要求退回到发生错误之前的时刻重新开始执行，因此需要大量的系统资源来保存仿真过程中的状态和数据。

(3)受约束的乐观时间推进算法。乐观方法曾一度广泛地被认为是一种能够始终获得高效率的方法，但是实践证明对乐观性缺乏理智的控制往往会导致极差的性能，所以有必要对乐观的方法进行一定的限制。依据不同的约束控制标准，其又可以分为基于窗口的策略、基于惩罚的策略、基于知识的策略、基于概率的策略等。

(4)混合时间推进算法。它是保守时间推进算法与乐观时间推进算法的混合，将两者结合起来，取长补短，则有可能获得更好的性能，由此人们提出了混合时间推进算法。通过比较研究，保守算法和乐观算法的优缺点恰恰具有一定的互补性：保守算法的仿真并行性利用不高，运行效率较低，但不会发生因果关系错误；相比之下乐观算法则较容易发生因果错误，从而增加仿真运行的复杂性，但能有效地利用仿真系统现有的资源，最大限度地发掘潜在的并行性。

(5)自适应时间推进算法。它实质上可以看做是一种动态调整的混合时间推进策略，但它的基本思想是随着仿真状态的变化而动态地选择或修改其执行方式。主要是通过动态地改变一个或多个变量，从而使系统在保守与乐观之间适当调整。自适应时间推进算法在保守与乐观之间架起了一座桥梁，并且可以根据需要使自适应时间推进算法逼近任何一种策略。很显然，这种算法在混合时间推进算法基础上又进了一步。

2.3 手工仿真

2.3.1 手工仿真的步骤

手工仿真的步骤如下：

(1)确定仿真的每个输入的特征。

(2)构造一个仿真表。

(3)对每一重复运行 i，为每一组变量由 p 个输入产生一个值，并评价其功能，计算响应 $y(i)$的值。

2.3.2 手工仿真案例

1. 理发店系统手工仿真

1)模型基本介绍

仿真方法：手工仿真。

仿真初始条件：系统中没有顾客，即排队的队列中没有顾客等待，服务台无服务对象。

仿真开始：以第一个顾客到达时刻为仿真的起始点。

模型：实体——顾客、服务员；状态——系统中的顾客数、服务员忙闲；事件——到达事件、离开事件(完成服务)；活动——服务。

2)确定输入数据的特征

(1)假定：到达事件——顾客到达间隔时间为 1～8min 的均匀分布(uniform distribution)到达，如表 2-1 所示。

表 2-1 到达间隔时间分布

到达间隔时间/min	概率	累计概率	随机数区间
1	0.125	0.125	001～125
2	0.125	0.250	126～250
3	0.125	0.375	251～375
4	0.125	0.500	376～500
5	0.125	0.625	501～625
6	0.125	0.750	626～750
7	0.125	0.875	751～875
8	0.125	1.000	876～000

(2)到达事件的产生如表 2-2 所示。

表 2-2 到达间隔时间的确定

顾客	随机数字	到达间隔时间/min	顾客	随机数字	到达间隔时间/min
1	—	—	6	309	3
2	913	8	7	922	8
3	727	6	8	753	7
4	015	1	9	235	2
5	948	8	10	302	3

(3)服务事件如表 2-3 所示。

表 2-3 服务时间分布

服务时间/min	概率	累计概率	随机数区间
1	0.10	0.10	01～10
2	0.20	0.30	11～30
3	0.30	0.60	31～60
4	0.25	0.85	61～85
5	0.10	0.95	86～95
6	0.05	1.00	96～00

(3)服务事件的产生如表 2-4 所示。

表 2-4　服务时间确定

顾客	随机数字	服务时间/min	顾客	随机数字	服务时间/min
1	84	4	6	79	4
2	10	1	7	91	5
3	74	4	8	67	4
4	53	3	9	89	5
5	17	2	10	38	3

3)构造仿真表及重复运行结果

构造仿真表及重复运行结果如表 2-5 所示。

表 2-5　仿真表(单位：min)

顾客	到达时间间隔	到达时刻	服务开始时刻	服务时间	等待时间	服务结束时间	逗留时间	服务员空闲时间
1	—	0	0	4	0	4	4	0
2	8	8	8	1	0	9	1	4
3	6	14	14	4	0	18	4	5
4	1	15	18	3	3	21	6	0
5	8	23	23	2	0	25	2	2
6	3	26	26	4	0	30	4	1
7	8	34	34	5	0	39	5	4
8	7	41	41	4	0	45	4	2
9	2	43	45	5	2	50	7	0
10	3	46	50	3	4	53	7	0
Σ				35	9		44	18

4)仿真结果计算

计算顾客的平均等待时间、顾客的等待概率、服务员空闲概率、平均服务时间。

(1)全部顾客的平均等待时间为 9/10＝0.9(min)。

(2)顾客必须在队中等待的概率为 3/10＝0.3。

(3)服务员空闲概率为 18/53＝0.34；

服务员忙碌概率为 1－0.34＝0.66。

(4)平均服务时间为 35/10＝3.5(min)。

这个结果可和服务时间分布的均值进行比较。

$$T_s = E[t_s] = \sum_{i=0}^{\infty} t_s P(t_s)$$

应用表 2-3，求分布的期望值，可得期望服务时间为 $1\times 0.10+2\times 0.20+3\times 0.30+4\times 0.25+5\times 0.10+6\times 0.05=3.2$(min)，期望服务时间稍小于仿真的平均服务时间，随着仿真时间增加，将越接近于均值 $E[t_s]$。

(5)平均到达间隔时间为 46/9=5.1(min)。

分母减 1 是因为第一个到达时间规定出现在时刻 0，和离散均匀分布求得的均值(期望到达间隔时间)相比较，这个均匀分布的端点为 $a=1$ 和 $b=8$，于是均值为

$$T_w = E[t_w] = \frac{a+b}{2} = 4.5(\text{min})$$

期望到达间隔时间稍低于仿真的平均值，同样在更长的时间的仿真中，到达间隔时间的均值应接近于理论均值。

(6)在队列的排队顾客的平均等待时间为 9/3=3(min)。

(7)顾客在系统中逗留的平均时间为 44/10=4.4(min)。

2. 汽车加油站系统手工仿真

1)模型基本介绍

一个汽车加油站有 A、B 两个加油工作台。A 台距入口近，出口较 B 台方便，如 A、B 都空闲，A 优先被占用；A、B 都忙，汽车排队等待。仿真的目的是分析系统中车辆平均排队时间和加油工作台的利用率。

系统状态：通过一组变量来描述。

Q(t)在 t 时刻等待服务的汽车数；

A(t)在 t 时刻 A 台忙或闲(1 或 0)；

B(t)在 t 时刻 B 台忙或闲(1 或 0)。

2)确定输入数据的特征

(1)汽车随机到达，到达间隔时间分布如表 2-6 所示。

表 2-6 到达间隔时间分布

到达间隔时间/min	概率	累计概率	随机数区间
1	0.25	0.25	01～25
2	0.40	0.65	26～65
3	0.20	0.85	66～85
4	0.15	1.00	86～00

(2)汽车在 A、B 工作台的加油时间分布如表 2-7 所示。

表 2-7　汽车在 A、B 工作台的加油时间分布

A 服务分布时间				B 服务分布时间			
服务时间/min	概率	累计概率	随机数	服务时间/min	概率	累计概率	随机数
2	0.30	0.30	01～30	3	0.35	0.35	01～35
3	0.28	0.58	31～58	4	0.25	0.60	36～60
4	0.25	0.83	59～83	5	0.20	0.80	61～80
5	0.17	1.00	84～00	6	0.20	1.00	81～00

3)构造仿真表及重复运行结果

构造仿真表及重复运行结果如表 2-8 所示。

表 2-8　汽车加油站模拟表(两台加油设备)

顾客编号	到达随机数	到达间隔	到达时钟时间	服务随机数	A			B			排队时间
					开始服务时间	服务时间	完成服务时间	开始服务时间	服务时间	完成服务时间	
1	—	—	—	95	0	5	5	—	—	—	0
2	26	2	2	21	—	—	—	2	3	5	0
3	98	4	6	51	6	3	9	—	—	—	0
4	90	4	10	92	10	5	15	—	—	—	0
5	26	2	12	89	—	—	—	12	6	18	0
6	42	2	14	38	15	3	18	—	—	—	1
7	74	3	17	13	18	2	20	—	—	—	1
8	80	3	20	61	—	4	—	20	—	25	0
9	68	3	23	50	—	—	—	23	4	27	0
10	22	1	24	49	24	3	27	—	—	—	0
11	48	2	26	39	—	3	—	27	—	31	1
12	34	2	28	53	28	—	31	—	4	—	0
13	45	2	30	88	—	5	—	31	—	37	0
14	24	1	31	1	31	—	33	—	3	—	1
15	34	2	33	81	33	4	37	—	—	—	2
16	63	2	35	53	—	—	—	37	4	41	0
17	38	2	37	81	37	4	41	—	—	—	2
18	80	3	40	64	—	—	—	41	5	46	0

续表

顾客编号	到达随机数	到达间隔	到达时钟时间	服务随机数	A			B			排队时间
					开始服务时间	服务时间	完成服务时间	开始服务时间	服务时间	完成服务时间	
19	42	2	42	1	42	2	44	—	—	—	1
20	56	2	44	67	44	4	48	—	—	—	1
21	89	4	48	1	—	—	—	48	3	51	0
22	18	1	49	47	49	3	52	—	—	—	0
23	51	2	51	75	—	—	—	51	5	56	0
24	71	3	54	57	54	3	57	—	—	—	0
25	16	1	55	87	—	—	—	56	6	62	1
26	92	4	59	47	59	3	62	—	—	—	0
Σ						56			43		11

4)仿真结果计算

(1)全部加油车辆的平均等待时间为 11/26＝0.423(min)；

(2)加油车辆的平均被服务时间为(56＋43)/26＝3.808(min)；

(3)A 设备忙的效率 56/62＝90％；

(4)B 设备忙的效率 49/62＝79％。

从以上分析可知，两台设备的效率并不平均，如果在两台都空的情况下，可以给 B，这样还可以进一步优化系统，使得排队总时间下降到 8 分钟，两台加油机的效率都接近 85％，这个结果也可以通过后边的 Flexsim 软件进行仿真验证。

2.4 表 处 理

仿真过程中每个实体在系统运行时会发生若干个活动，因此模型会产生大量数据，而这些数据必然要以某种结构进行保存、更新。仿真模型中最常采用的是表结构的形式。表处理指的是使用表和对表进行操作的总称。

2.4.1 表的基本性质和操作

表是有序记录的集合。表有顶端或表头、表的遍历方法、底端或表尾。头指针是一个变量，指向或者指示表的顶部记录。有些表的执行还需要有一个尾指针来指向表的底部。

例如，一个实体及其属性或者事件说明是一条记录。一个实体标识及其属性是实体记录的域：事件类型、事件时间和其他与事件有关的数据都是事件说明记录的域。表中的每条记录还会有一个域，该域含有一个指向表中下一条记录的“下一个”指针，它提供了遍历整个表的方法。有些表还需要有一个“前向”指针，以便允许自底向上遍历该表。

对任意一种类型的表，表处理的主要操作就是向表中添加记录以及从表中移除记录。更规范地说，有关表的主要操作如下：

(1)从表的顶部删除一条记录；

(2)从表的任意位置删除一条记录；

(3)在表的顶部或者底部添加一条记录；

(4)在表的任意位置添加一条记录，同时遵循排序规则。

第(1)个和第(3)个操作，即在底部或顶部添加或删除一条记录，通过调整两个记录指针和头指针或者尾指针可以在最短的时间完成。另外两个操作至少需要对表进行局部搜索。一个一般的系统仿真模型，运行时可能要处理许多表，而每个表可能有成千上万条记录，因此表的操作与处理极大地影响着这类仿真模型的执行效率。表处理技术的目标就是提高这两个操作的效率。

仿真模型无论是通过通用语言(如 FORTRAN、C、C++或者 Java)，还是通过仿真软件包实现，每一个实体记录和事件说明记录都是被存储在计算机内存的物理位置上，有两种可能：①所有记录以数组的形式存储，数组将连续记录存储在计算机内存相邻的位置上，因此数组可以用数组索引来作为参照，该索引可以看做是矩阵中的行号；②所有实体和事件说明都用结构(如在 C 语言中)或者类(如在 Java 语言中)来表示，按需要从 RAM 存储器分配，由指向记录或者结构的指针来跟踪。大多数仿真软件包都使用动态分配记录和指针以跟踪数据项，和数组一样概念比较简单。

2.4.2　使用数组进行表处理

用数组方法进行表存储在早期的编程语言 FORTRAN 中非常典型，当然在其他过程语言中也有应用。FORTRAN 的大多数版本中没有真正的记录类型的数据结构，但是可以把记录作为一个二维数组的一行或者许多并行数据。为了方便起见，不论在哪种语言中使用，我们都用 $R(i)$来表示数组中的第 i 条记录，但是它可能存储在所使用的语言中。大多数现代仿真软件包不使用数组进行表存储，而是使用动态分配记录。

数组的优点：任何指定的记录，如第 i 条记录，仅仅通过 $R(i)$就可以很快查询到而不必进行搜索。当在表的中间位置添加数据项或整个数组需要重新排列时，数组就不太方便了。此外，当程序开始执行时，数组基本上都有固定的大小，数组的大小在编译时或初始分配时就确定了。仿真过程中，任何表的记录的最大数目很难(或者根本不可能)预计到，表中的当前记录数在仿真运行过程中的变化会非常大。更糟糕的是，大多数仿真需要不止一个数，如果这些表都以分离的数组形式保存，每个数组的维数必须是该表所曾经拥有的最大记录数，这意味着占用过多数量的计算机内存。

用数组进行表存储时，有两种基本方法来跟踪表中记录的排列。一种方法是在$R(1)$中存储第一个记录，在$R(2)$中存储第二个记录，等等，用$R(\text{tailptr})$存储最后一条记录，其中 tailptr 用于该表的最后一个数据项。虽然这种方法概念简单、易懂，但是只适用于那些只有少量记录表的情况，否则效率非常低。例如，在有 100 个数据项的表的第 41 个位置上添加一个数据项，需要将数组的最后 60 条物理上往下移动一个位置，以便将该位置给新的记录。即使该表是一个先进先出表，从表的顶部删除记录的效率也非常低，因为所有其余的记录都要在数组中向上移动一个位置。管理表的物理重排法这里不做进一步讨论。我们需要一种方法来跟踪和重排表中的数据项的逻辑顺序，但不必物理上移动计算机内存中的记录。

第二种方法是用一个称为头指针的变量(名字为 headptr)，指向表的顶部的记录。例如，如果位置$R(11)$处的记录是表的顶部的记录，那么 headptr 的值就是 11。此外，每条记录有一个域来存储该表的下一条记录的索引或指针，如$R(i,\text{next})$表示下一个索引域。

2.4.3 使用动态分配和链表

在过程语言中，如 C++和 Java 语言，以及大多数的仿真语言中，当创建一个实体时，实体记录就被动态地创建。语言本身，或者语言运行所在的操作系统维护计算机内存的自由块，并按运行程序的请求分配一块所要求大小的内存。当一个实体“消失”，即退出仿真系统时，相应的记录就会被释放，使得计算机内存块以后可供其他程序重新使用，语言或者操作系统会把这块内存添加到空闲内存表中。

采用动态分配，记录就可以使用指针来作为参照而不是使用数组索引。当在 C++或者 Java 语言中分配一个记录时，分配程序将一个指针返回到被分配的记录，该指针必须存储在变量中或存储在另外一条记录的一个域中供以后使用。指向记录的指针可以看做是该记录在计算机内存中的物理地址或逻辑地址。

从表头至表尾只有一条路径连接的链表称为单链表。设置尾指针主要是为了方便和提高效率，特别是在表的末尾添加数据项时更是这样。当然，尾指针不是绝对必需的，因为最后的数据项总能通过遍历整个表找到，但是尾指针可使某些操作效率提高。

如果除了从表头开始遍历外还希望从表尾开始遍历，则使用双向链表。双向链表中的记录有两个指针域，一个指向下一条记录，另一个指向前面一条记录。

许多现代仿真软件包使用比双向链表搜索更有效的链表技术和链表表示方法，除了头指针和尾指针外，使用中指针加快处理速度或者提高双向链表效率。中指针总是指向表的近似中间位置。然后，当有新记录要添加到表中时，算法首先检查中间的记录以决定是从表头还是从表的中间开始搜索。理论上，除了中指针的维护需要花费时间外，这种方法可以将搜索时间减半。另外，可以根据表的长度使用一个或多个中指针。

2.5 仿真实例

以某机器修理车间的仿真为例。

1. 已知的基本信息

已知的基本信息如下：

(1)等待区足够大；

(2)排队规则先进先出(FIFO)；

(3)到达间隔服从负指数分布 $\lambda_1=1/10$(台/天)；

(4)修理时间服从负指数分布 $\lambda_2=1/15$(台/天)；

(5)仿真时间长度为 365 天。

2. 建模目的

编程序求解：机器的平均等待时间；机器的平均逗留时间；修理台利用率。

3. 模型描述

车间布局及工作流程图如图 2-2 所示。

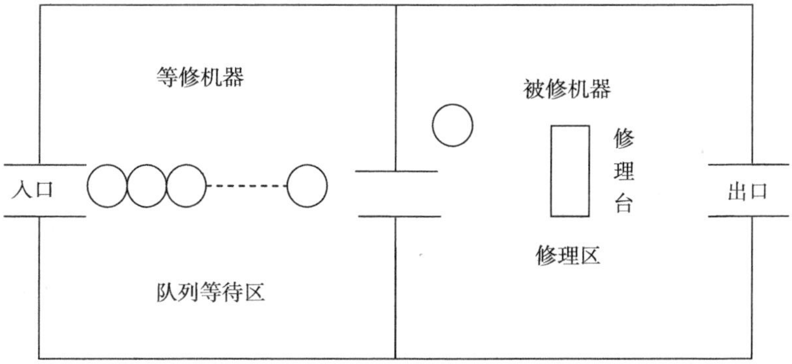

图 2-2 车间布局及工作流程图

这是一个典型的单服务员单队列的排队系统仿真模型。这类排队系统主要包括两个要素，即顾客(即服务对象)和服务员(即服务设备)。该系统由到达模式、服务模式、并行服务员数目、系统容量、排队规则来表示。

由命题可知，被修理的机器为“顾客”，而修理台为“服务员”。该排队系统的到达模式用机器到达间隔时间的负指数分布表示；服务模式由修理时间的负指数分布表示；系统中并行服务员数目为 1；系统容量足够大；排队规则采用先进先出方式。

4. 系统模型工作情况描述

在整个仿真系统中只存在一个服务员(修理台)。顾客(被修理的机器)不断地进入修理车间，并接受服务(到修理台上修理)，然后离开车间。

如果某个顾客(被修理的机器)到达时，服务员(修理台)处于忙状态，则进入唯一的一个队列等待。服务员(修理台)在经过一定时间的服务后停止服务(仿真结束)。

通过系统仿真，给出仿真结果，即系统中顾客(被修理的机器)平均逗留时间、队列中顾客(被修理的机器)平均等待时间、服务员忙闲度(修理台利用率)，以对机器修理车间的工作情况进行分析。

5. 仿真建模方法

采用事件调度法，具体的仿真步骤如下：

(1)初始化：给出当前仿真时钟、系统状态量及统计量的初始值。

(2)扫描事件表，将当前仿真时钟增加到下一个最早发生事件的时间上。

(3)处理该事件，相应地改变系统状态。

(4)收集统计数据。

(5)若仿真时间未结束，则返回(2)；否则，执行下一步。

(6)分析收集的统计数据，产生报告。

通过分析可知，该仿真模型只存在两类事件：第一类事件为“到达事件”；第二类事件为“离开事件”。那么下一事件的类型由变量 EVTFLAG 给出。

仿真模型的总体结构图如图 2-3 所示，其中，INIT 为系统初始化子程序；TIMEDV 为时间推进子程序；ARRIVE 为到达事件处理子程序；DEPART 为离开事件处理子程序；REPORT 为报告生成子程序。

建模变量如表 2-9 所示。

到达事件的处理流程和离开事件的处理流程分别如图 2-4、图 2-5 所示。

6. 仿真结果

由已知条件可知：到达间隔时间服从 $\lambda_1=1/10$(台/天)的负指数分布；修理时间服从 $\lambda_2=1/15$(台/天)的负指数分布；仿真时间长度为 365 天。故到达间隔时间均值 EATI$=1/\lambda_1=10$(天)；修理时间均值 ERT$=1/\lambda_2=15$(天)；仿真结束时间 TIME=365(天)。给定随机数发生器种子 SEED=113，通过计算机仿真可以得出修理台利用率为 78.9%，机器在系统中平均逗留时间为 33 天，在队列中平均等待时间为 40 天。

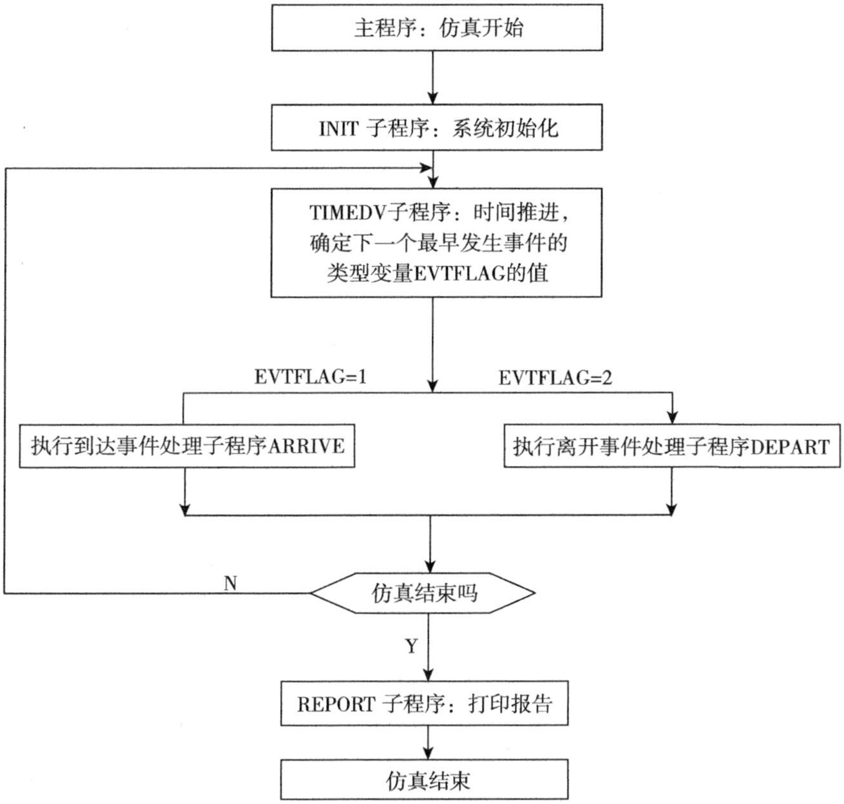

图 2-3　仿真模型总体结构图

表 2-9　建模变量表

变量	说明
系统状态	
NUMQ	当前时刻等待队列中的机器数
NUMR	当前时刻正在接受修理的机器数(0 或 1)
实体属性和集合	
WQAT[Q]	等待队列中第 $Q-1$ 个机器的到达时间
WQAT[1]	现在正在接受修理的机器的到达时间
Q	等待队列中元素索引
FEL	
EVT[I]	类型为 I 的下一事件发生时间，$I=1$，2
EVTFLAG	下一事件类型标志(1 或 2)
已知条件	
SEED	产生随机数的种子
EATI	到达间隔时间均值
ERT	修理时间均值
TIME	仿真停止时间
FMIN	EVT[1]和 EVT[2]的最小值(最早发生事件的时间值)

续表

变量	说明
仿真变量	
CLOCK	仿真时钟当前时间
累积统计量	
B	到当前时间为止修理台工作的总时间
TLE	上一事件发生时间
TLQ	当前队列中机器数与时间区间的乘积(机器等待的总时间)
TVAL	时间区间，当前时间与上一事件发生时间之差
S	到当前时间为止已离开的机器在系统中逗留的总时间
ND	到当前时间为止已离开的机器总数
结果量	
$P=B/\text{CLOCK}$	修理台利用率
$W=S/\text{ND}$	机器在系统中平均逗留时间
WQ=TLQ/ND	机器在队列中平均等待时间

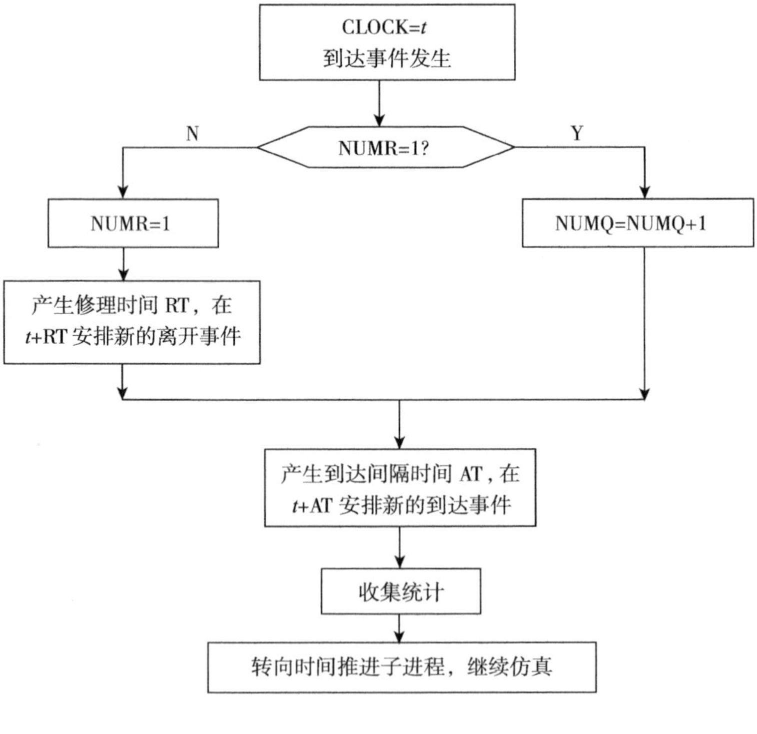

图 2-4　到达事件的处理流程

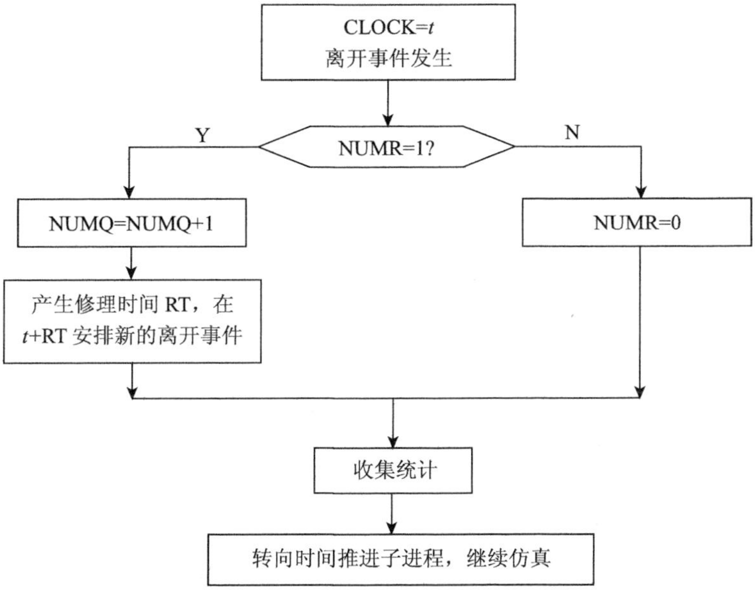

图 2-5　离开事件的处理流程

思考题

1. 请在下列系统中命名一些实体、属性、事件、活动和进程：零售商店、汽车总装线、医院手术室、银行储蓄所。

2. 在系统仿真中，仿真时钟起什么作用？

3. 与固定步长推进法相比，在仿真过程中推进仿真时钟的变步长推进法有什么优点？

4. 仿真时钟与计算机消耗时间有无对应关系？为什么？

5. 常用的仿真策略有几种？各有什么特点？

6. 假设有一家超市请你去为其建立商场的仿真模型，用来分析超市的运行现状并提出改进建议。简述你的工作计划。

第3章

典型物流系统建模与仿真方法

3.1 排队系统建模与仿真

3.1.1 排队系统的概念及特点

排队是我们在日常生活中经常遇到的现象，例如，顾客到商店买物品，病人到医院看病就常常要排队。一般说来，当某个时刻要求服务的数量超过服务机构的容量时，就会出现排队现象。这种现象远不止在个人日常生活中出现，要求服务的可以是人，也可以是物。例如，在计算机网络系统中，要求传输数据的是各个网络结点，这里的服务机构是网络传输机构，而要求服务的就是等待传输一数据的网络结点。此外，电话局的占线问题，车站、码头等交通枢纽的车船堵塞和疏导，故障机器的停机待修，水库的存储调节等都属于排队现象。在各种排队系统中，顾客到达的时刻与接受服务的时间都是不确定的，随着不同时机与条件而变化，因此排队系统在某一时刻的状态也是随机的，排队现象几乎是不可避免的。

排队系统的关键元素是顾客和服务台。顾客可以指到达服务设施并请求服务的任何事物。服务台可以指能够提供服务的任何资源。排队系统是指物、人及信息等流量元素在流动过程中，由于服务台不足而不能及时为每个顾客服务，产生需要排队等待服务(加工)的一类系统。所以，排队是这些元素在流动、处理过程中常见的现象。这类系统的应用范围也可以扩大到一些大系统中物流问题的研究，例如，等待装运的物料与运输车辆之间、等待包装的商品与包装设备之间、等待入库的成品与堆垛机之间等都是排队系统的实例。简单的排队系统可以用数学方法来求解，但复杂的排队系统用数学方法求解就显得困难，而仿真求解可用于各种结构、类型的排队系统。

排队系统虽然有各种形式，其复杂程度也有很大不同，但是排队系统仿真建模却有其共同特点。首先，它们的建模步骤都是相同的。其次，排队系统仿真时钟是跳跃的。这是由于顾客的到来或离开系统的时间在排队系统中都是随机的。在有些时刻，系统中没有事件发生，系统状态没有任何变化，此时系统不必一秒一秒地变化，而是直接跳到下一个状态点；而在另外一个时刻，则有一个或多个事件发生，这些时刻成为特定时刻，系统状态也会随之变化。所以在排队系统的仿真时，仿真时钟只停留在事件发生的时刻上。此外，排队系统有共同及相似的事件类型与处理子程序，到来与离开事件及其处理子程序是所有排队系统共有的，其他事件及相应子程序则因不同类型的排队系统而有不同的内容。

3.1.2　排队系统的基本参数

排队系统典型的形式如图 3-1 所示，系统本身包括了顾客、排队队列和服务台三部分。顾客源中的顾客不断到达该系统，并形成队列等待服务，直到服务结束离开，或重返顾客源，或永久离开该系统。排队系统是一个顾客不断地到来、排队及服务与离去的动态过程。

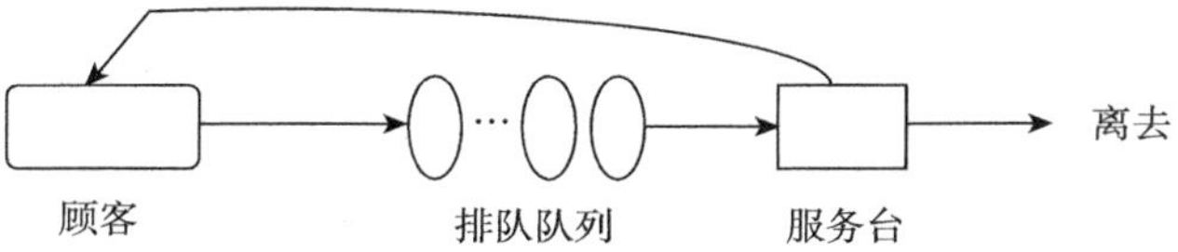

图 3-1　排队系统的简单形式描述

这类系统中，最主要的实体就是顾客与服务台(或称服务员)。而在动态随机服务的过程中，还会发生许多客观的现象，为了对排队系统有一个清晰确切的描述，需要对其对应的有关概念分别作一介绍。

1. 顾客与顾客源

“顾客”一词在这里是指任何一种需要系统对其服务的实体。顾客可以是人，也可以是零件、机器等物。

顾客源又称顾客总体，是指潜在的顾客总数。它分为有限与无限两类。有限顾客源中的顾客个数是确切或有限的，如一个维修工人负责维修三台机器，则这三台机器就是一个有限的总体。

在具有较大潜在顾客的系统中，顾客源一般假定为无限的，即不能用确切的或有限的个数或没有办法来预知可能到来的顾客总体。如进入超市的顾客或要求电信局提供通话服务的顾客，即可假定为无限总体，而事实上这些顾客总体虽然很大但仍是有限的，定义其为无限主要是为了简化模型。

之所以区分有限顾客源与无限顾客源，主要是因为这两类系统中，顾客到达率(即每单位时间到达顾客的平均数)的计算是不同的。无限顾客源模型中，到达率不受已经进入系统等待或正接受服务的顾客数的影响。而对于有限顾客源模型，到达率往往取决于正在服务或正在等待服务的顾客数。

2. 到达模式

到达模式是指顾客按照怎样的规律到达系统，它一般用顾客相继到达的时间间隔来描述。根据时间间隔的确定与否，到达模式可分为确定性到达与随机性到达。

确定性到达模式指顾客有规则地按照一定的间隔时间到达。这些间隔时间是预先确定的或者是固定的。等距到达模式就是一个常见的确定性到达模式，它表示每隔一个固定的时间段就有一个顾客到达的模式。

随机性到达模式指顾客相继到达的时间间隔是随机的、不确定的。它一般用概率分布来描述，常见的随机性到达模式有以下两种：

(1)泊松到达模式。泊松分布是一种很重要的概率分布，出现在许多典型的系统中，如商店顾客的到来、机器到达维修点等均近似于泊松到达模式。

(2)爱尔朗到达模式。这种到达模式常用于典型的电话系统：①一般独立到达模式，也称任意分布的到达模式。其是指到达间隔时间相互独立，分布函数是任意分布的到达模式。这种分布往往可以用一个离散的概率分布加以描述。②超指数到达模式。它主要用于概率分布的标准差大于平均值的情况下。③成批到达模式。它与到达时间间隔的分布无关，只是在每一到达时刻到达的顾客个数不是一个，而是一批。

3. 服务机构

服务机构是指同一时刻有多少服务台可以提供服务，服务台之间的布置关系是什么样的。服务机构不同，则排队系统的结构也不相同。根据服务机构与队列的形成形式不同，常见且比较基本的排队系统的结构一般有以下几种：单队列单服务台结构，多队列单服务台结构，多个服务台串联且每个服务台前有一个队列的结构，多个服务台并联且共同拥有一个队列的机构，多个服务台并联且每个服务台前有一个队列的结构。一个较为复杂的排队系统其结构往往是由以上几种基本结构组合而成的。

服务机构有两个重要的属性，分别为服务时间和排队规则。

(1)服务时间。服务台为顾客服务的时间可以是确定的，也可以是随机的。后者更为常见，即服务时间往往不是一个常量，而是受许多因素影响不断变化的，这样对这些服务过程的描述就要借助于概率函数。总的来说，服务时间的分布有以下几种：①定长分布。这是最简单的情形，所有顾客被服务的时间均为某一常数。②指数分布。当服务时间完全随机的时候，可以用指数分布来表示它。③爱尔朗分布。它用来描述服务时间的标准差小于平均值的情况。④超指数分布。与爱尔朗分布相对应，用来描述服务时间的标准差大于平均值的情况。⑤一般服务分布。用于服务时间是相互独立但具有相同分布的随机情况，上述分布均是一般分布的特例。⑥正态分布。在服务时间近似于常数的情况下，多种随机因素的影响使得服务时间围绕此常数值上下波动，一般用正态分布来描述服务时间。⑦服务时间依赖于队长的情况。即排队顾客越多，服务速度越快，服务时间越短。

(2)排队规则。排队规则是指顾客在队列中的逻辑次序，以及确定服务员有空时哪一个顾客被选择去服务的规则，即顾客按什么样的次序与规则接受服务。

常见的排队规则有以下几类：①损失制。若顾客到来时，系统所有服务机构均非空，则顾客自动离去，不再回来。②等待制。若顾客到来时，系统所有的服务台均非空，则顾客就形成队列等待服务。常用的规则如下：第一，先进先出，即按到达次序接受服务，先到先服务。第二，后进先出(LIFO)，即与先进先出服务相反，后到先服务。第三，随机服务(SIRO)，即服务台空闲时，从等待队列中任选一个顾客进行服务，队列中每一个顾客被选中的概率相等。第四，按优先级服务(PR)，当顾客有着不同的接受服务优先级时，有两种情况——一是服务台空闲时，队列中优先级最高的顾客先接受服务；二是当有一个优先级高于当前顾客的顾客到来时，按这样的原则处理。第五，最短处理时间先服务(SPT)，即服务台空闲时，首先选择需要最短服务时间的顾客来进行服务。③混合制。它是损失制和等待制的综合类型。具体包括：第一，限制队长的排队规则。设系统存在最大允许队长 N，顾客到达时，若队长小于 N，则加入排队，否则自动离去。第二，限制等待时间的排队规则。设顾客排队等待的最长时间为 T，则当顾客排队等待时间大于 T 时，顾客自动离去。第三，限制逗留时间的排队规则。逗留时间包括等待时间与服务时间。若逗留时间大于最长允许逗留时间，则顾客自动离去。

3.1.3　排队系统的类型

1. 单服务台排队系统

单服务台结构是排队系统中的最简单的结构形式，在该类系统中有一级服务台，这一级中也只有一个服务台。它的结构如图 3-2 所示。

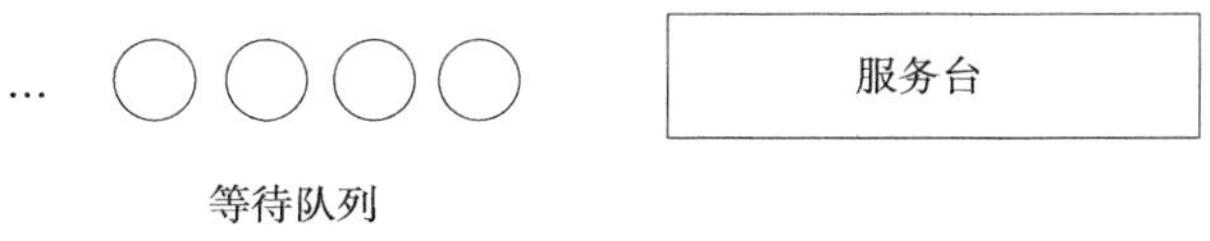

图 3-2　单服务台排队系统结构

2. 单级多服务台排队系统

单级多服务台结构也是经常遇到的一类排队系统形式，它又可分为所有服务台只有一个排队以及每个服务台都有排队的两种不同情况，分别如图 3-3 中的(a)与(b)所示。这里每个服务台的服务时间可以有相同分布或参数，也可以有不同参数甚至不同的分布。在第 1 种排队形式中，无论哪个服务台空闲都有顾客进入服务台，当两个或两个以上服务台空闲时，则可按规则选择进入其中的一个服务台。在第 2 种排队形式中，首先确定该顾客选择哪个服务台，然后根据选择的服务台是“忙”或“闲”决定是接受并开始服务，还是在该服务台前的队列中等待服务。

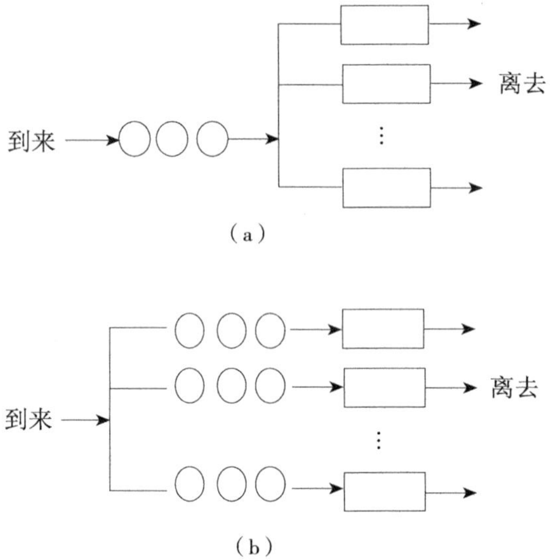

图 3-3 单级多服务台排队系统结构

3. 多级多服务台排队系统

多级多服务台排队系统是排队系统的一类常见形式。图 3-4 表示了一个典型的多级多服务台排队系统，服务台共有 3 级，每级分别由 2 台、3 台和 1 台组成，每级服务台前有一排队，顾客进入系统后逐级进入服务台，逐级服务。如没有空闲的服务台，则逐级排队等待，当最后一级服务结束后顾客离开系统。

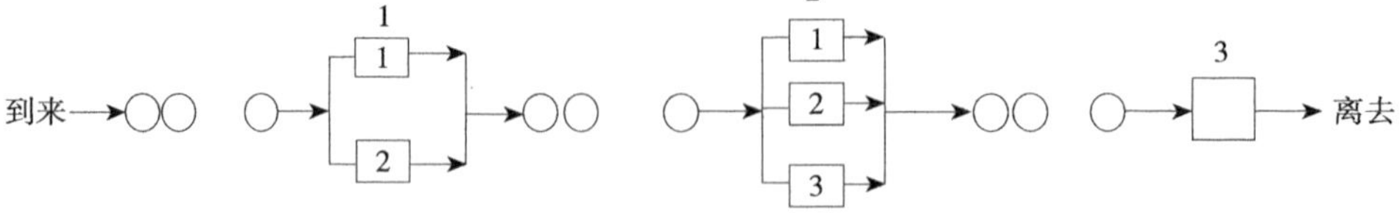

图 3-4 多级多服务台排队系统结构

3.1.4　排队系统的性能指标

排队系统中，除了损失制，排队现象是不可避免的。这是由顾客到达的速率大于服务台进行服务的速率造成的。但是，排队越长则意味着系统服务质量越差，或者说系统效率越低。而盲目增加服务台，虽然队长可以减少，但却有可能造成服务台太多的空闲时间，设备利用率太低。排队系统研究的实质就是要解决上述问题，即合理地解决顾客等待时间与服务台空闲时间的矛盾，使得系统服务质量与设备利用率都达到较高的标准。

排队系统常用的性能指标有以下几个。

1)服务台的利用率 ρ

$$\rho = 平均服务时间/平均到达时间间隔 = \lambda/\mu$$

其中，λ 为平均到达速率；μ 为平均服务速率(即单位时间内被服务的顾客数)。

通常情况下，$\rho<1$。这是其他性能指标存在的前提条件。

2)平均等待时间 W_q

$$W_q = \lim_{n\to\infty}\sum_{t=1}^{n}\frac{D_i}{n}$$

其中，D_i 为第 i 个顾客的等待时间；n 为已接受服务的顾客数。

3)平均逗留时间 W

$$W = \lim_{n\to\infty}\sum_{t=1}^{n}\frac{W_i}{n} = \lim_{n\to\infty}\sum_{t=1}^{n}(D_i+S_i)/n$$

其中，W_i 为第 i 个顾客在系统中的逗留时间，它等于该顾客排队等待时间 D_i 和接受服务时间 S_i 之和。

4)平均队长 L_q

$$L_q = \lim_{T\to\infty}\int_0^T L_q(t)\,\mathrm{d}t/T$$

其中，$L_q(t)$为 t 时刻的队列长度；T 为系统运行时间。

5)系统中平均顾客数 L

$$L = \lim_{T\to\infty}\int_0^T L(t)\,\mathrm{d}t/T = \lim_{T\to\infty}\int_0^T [L_q(t)+S(t)]\,\mathrm{d}t/T$$

其中，$L(t)$为 t 时刻系统中的顾客数；$S(t)$为 t 时刻系统中正在接受服务的顾客数。

6)忙期(闲期)

忙期是指服务台全部处于非空闲状态的时间段，否则称为非忙期。而闲期是指服务台全部处于空闲状态的时间段。对于单服务台来说，忙期与闲期交替出现。

除以上常见的性能指标外，具体的排队系统还可以根据系统本身的要求，采用其他体现系统性能的指标，如最长队列、顾客在系统中最大的逗留时间等。

3.1.5 排队系统的仿真实例

一个拥有一个出纳台的小零售商店，顾客相隔 1～8min 随机到达出纳台，每个到达间隔时间的可能取值具有相同的发生概率，如表 3-1 所示。服务时间在 1～6min 的变化见表 3-2。我们是通过仿真 100 个顾客的到达和接受服务来分析该系统的。

表 3-1 到达间隔时间分布

到达间隔时间/min	概率	累计概率	随机数字分配
1	0.125	0.125	001～125
2	0.125	0.250	126～250
3	0.125	0.375	251～375
4	0.125	0.500	376～500
5	0.125	0.625	501～625
6	0.125	0.750	626～750
7	0.125	0.875	751～875
8	0.125	1.000	876～000

表 3-2 服务时间分布

服务时间/min	概率	累计概率	随机数字分配
1	0.10	0.10	01～10
2	0.20	0.30	11～30
3	0.30	0.60	31～60
4	0.25	0.85	61～85
5	0.10	0.95	86～95
6	0.05	1.00	95～00

为了产生到达出纳台的时间，需要一组均匀分布的随机数，这些随机数满足下列条件：

(1)这些随机数在 0～1 均匀分布；

(2)相邻的随机数是相互独立的。

由于表 3-1 中的概率值精度为 3 位，那么 3 位的随机数就可以满足要求。必须列出 99 个随机数以便产生到达间隔时间。为什么仅需要 99 个数呢？因为第一个顾客是假定在 0 时刻到达的，所以只需要为 100 个顾客产生 99 个到达时间间隔。同样，对于表 3-2，两位的随机数足够了。

表 3-1 和表 3-2 的最右边两栏是用来生成随机到达和随机服务时间的，每个表的第三栏包含了该分布的累计概率，最右边一栏包含了随机数字分配。在表 3-1 中，首先分配的随机数字是 001～125，这里三位数有 1 000 个(001～000)。到达间隔的时间为 1min 的概率是 0.125，所以在 1 000 个随机数字中有 125 个被分配到这种情况。99 名顾客的到达间隔时间的产生是由表 3-3 列出 99 个三位数字值并将其与表 3-1 的随机数字分配比较得到的。

表 3-3　到达间隔时间的确定

顾客	随机数字	到达间隔时间/min	顾客	随机数字	到达间隔时间/min
1	—	—	11	413	4
2	064	1	12	462	4
3	112	1	13	843	7
4	678	6	14	738	6
5	289	3	15	359	3
6	871	7	16	888	8
7	583	5	17	902	8
8	139	2	18	212	2
9	423	4	⋮	⋮	⋮
10	039	1	100	538	5

到达间隔时间的确定如表 3-3 所示。注意，第一个随机数字是 064。为了得到相应的到达间隔时间，进入表 3-1 的第四栏并从该表的第一栏读取 1min。另一方面，我们看到 0.064 在累计概率 0.001～0.125，作为产生的时间也得到 1min。

前 18 名和第 100 名顾客的服务时间见表 3-4。这些服务时间是根据上述的方法同时借助于表 3-2 产生的。

表 3-4　服务时间的生成

顾客	随机数字	服务时间/min	顾客	随机数字	服务时间/min
1	84	4	11	94	5
2	18	2	12	32	3
3	87	5	13	79	4
4	81	4	14	92	5
5	06	1	15	46	3

续表

顾客	随机数字	服务时间/min	顾客	随机数字	服务时间/min
6	91	5	16	21	2
7	79	4	17	73	4
8	09	1	18	55	3
9	64	4	⋮	⋮	⋮
10	38	3	100	26	2

第一个顾客的服务时间是 4min。因为随机数字 84 在 61～85，换句话说，因为导出的概率 0.84 落在累计概率 0.61～0.85。

手工仿真的本质是仿真表格。这些仿真表格是为了解决遇到的问题而专门设计的。采用的方法是增加栏目以回答所提出的问题。第一步是填写第一个顾客所在的单元以初始化表格：第一个顾客假定在 0 时刻到达，服务马上开始并在时刻 4 结束，第一个顾客在系统中逗留 4min。在第一个顾客以后，表中后续的各行都是基于前一顾客的到达间隔时间、服务时间以及服务结束时间的随机数。例如，第二个顾客在时刻 1 到达，但服务不是马上开始而是直到时刻 4 才开始，因为服务台(出纳员)在该时刻之前一直繁忙。第二个顾客在队列中要等待 3min，服务时间为 2min。这样，第二个顾客在系统中停留 5min。跳到第五个顾客，服务结束于时刻 16，但是第六个顾客要在时刻 18 才到达，那时服务才开始。这样，服务台(出纳员)就要空 2min。这一过程继续到第 100 个顾客。最右边增加的两栏用来收集性能统计量度，例如，每个顾客在系统中的时间以及服务台从前一顾客离去后的空闲时间(如果有的话)等。为了计算总统计量，表 3-5 中列出了服务时间、顾客在系统中花费的时间、服务台空闲的时间以及顾客在队列中等待的时间的总数。

表 3-5　单通道排队系统的仿真表格

顾客	到达间隔时间/min	到达时间	服务时间/min	服务开始时间	顾客在队列中等待的时间/min	服务结束时间	顾客在系统中花费的时间/min	服务台空闲的时间/min
1	—	0	4	0	0	4	4	—
2	1	1	2	4	3	6	5	0
3	1	2	5	6	4	11	9	0
4	6	8	4	11	3	15	7	0
5	3	11	1	15	4	16	5	0

续表

顾客	到达间隔时间/min	到达时间	服务时间/min	服务开始时间	顾客在队列中等待的时间/min	服务结束时间	顾客在系统中花费的时间/min	服务台空闲的时间/min
6	7	18	5	18	0	23	5	2
7	5	23	4	23	0	27	4	0
8	2	25	1	27	2	28	3	0
9	4	29	4	29	0	33	4	1
10	1	30	3	33	3	36	6	0
11	4	34	5	36	2	41	7	0
12	4	38	3	41	3	44	6	0
13	7	45	4	45	0	49	4	1
14	6	51	5	51	0	56	5	2
15	3	54	3	56	2	59	5	0
16	8	62	2	62	0	64	2	3
17	8	70	4	70	0	74	4	6
18	2	72	3	74	2	77	5	0
19	7	79	1	79	0	80	1	2
20	4	83	2	83	0	85	2	3
⋮	⋮	⋮	⋮	⋮	⋮	⋮	⋮	⋮
100	5	415	2	416	1	418	3	0
Σ	415		317		174		491	101

从表 3-5 中的仿真得到如下结果：

(1)顾客的平均等待时间是 1.74min，依据以下方法计算：

$$平均等待时间(min)=\frac{顾客在队列中等待的总时间(min)}{总顾客数}=\frac{174}{100}=1.74(min)$$

顾客必须在队列中等待的概率是 0.46，依据以下方法计算：

$$概率(等待)=\frac{等待的顾客数}{总顾客数}=\frac{46}{100}=0.46$$

(3)服务台空闲的概率是 0.24，依据以下方法计算：

$$服务台空闲的概率=\frac{服务台空闲的总时间(min)}{仿真的总运行时间(min)}=\frac{101}{418}=0.24$$

服务台繁忙的概率就是 1－0.24，即 0.76。

(4)平均服务时间是 3.17min，依据以下方法计算：

$$平均服务时间(min)=\frac{总服务时间(min)}{总顾客数}=\frac{317}{100}=3.17(min)$$

这个结果可以和服务时间的期望值相比较，服务时间分布的期望值用以下公式计算：

$$E(S)=\sum_{s=0}^{\infty} sp(s)$$

对表 3-2 的分布应用期望值公式，得到

$$\begin{aligned}期望服务时间(min)&=1\times 0.10+2\times 0.20+3\times 0.30+4\times 0.25\\&+5\times 0.10+6\times 0.05=3.2(min)\end{aligned}$$

期望服务时间要略高于仿真中的平均服务时间。仿真时间越长，平均值将会越接近 $E(S)$。

(5)平均到达间隔时间是 4.19min，依据以下方法计算：

$$平均到达间隔时间(min)=\frac{所用到达间隔时间总和(min)}{到达数-1}=\frac{415}{99}=4.19(min)$$

因为第一个顾客是在 0 时刻到达的，所以分母减去了 1。可以通过求离散均匀分布的均值将这个结果和期望到达间隔时间作比较。离散均匀分布的端点是 $a=1$、$b=8$，其均值为

$$E(A)=\frac{a+b}{2}=\frac{1+8}{2}=4.5(min)$$

到达间隔时间的期望值要略高于平均值。仿真时间越长，所得出的期望值就会越接近理论的平均值 $E(A)$。

(6)有等待的顾客的平均等待时间是 3.22min，依据以下方法计算：

$$平均等待时间(min)=\frac{顾客在队列中等待的总时间(min)}{等待的顾客总数}=\frac{174}{54}=3.22(min)$$

(7)顾客在系统中花费的平均时间是 4.91min。这个值可以由两种方法获得，第一种方法通过下列关系进行计算：

$$\begin{aligned}顾客在系统中花费的平均时间(min)&=\frac{顾客在系统中花费的总时间(min)}{顾客总数}\\&=\frac{491}{100}=4.91(min)\end{aligned}$$

第二种方法也会得到同样的结果，基于以下关系的成立：

顾客在系统中花费的平均时间＝顾客在队列中等待的平均时间＋顾客接受服务的平均时间

根据结果 1 和结果 4 可以得到

$$顾客在系统中花费的平均时间(min)=1.74+3.17=4.91(min)$$

决策者会对这一类结果满意。但如果增加仿真时间，会使结果更加准确。但是，即便是这样的结果，也能给许多实验性的推断提供依据。大约半数的顾客必

须等待，但是平均等待时间并不太长。服务台没有不适当的空闲时间。关于本结果更可信的说法可能取决于在等待的成本和增加服务台的成本之间取得平衡。

3.2　库存系统建模与仿真

库存系统是供应链管理中的重要环节，起到缓冲、调节和平衡的作用。供应链上各节点企业库存水平的高低一方面影响产品的成本，另一方面影响客户服务水平和企业对市场波动的适应能力。现实库存系统多数属于复杂的离散事件系统，具有诸多不确定因素，而且各部分之间的关系复杂。企业在确定安全库存量、采购订货方式的时候遇到了很大的困难，直接表现为没有适当的库存控制策略、库存积压与库存短缺并存等问题。由于库存控制和管理水平还比较低，在国内企业中库存成本过高的现象尤为突出，有的企业库存积压的资金要占到每年销售额的30%以上。

分析库存问题建立合理的库存水平，一直是广受关注的领域。研究者们在库存系统模型、订货策略、库存优化等领域进行了大量工作。常用的库存系统分析方法可以分为解析方法和仿真方法两类。

(1)解析方法。解析方法根据设定的目标函数和约束条件，采用数学规划或者启发式算法来寻找库存水平最低，并满足交货期要求的系统方案。库存系统的参数可以是确定性变量，也可以是随机变量。

(2)仿真方法。实际库存系统的结构复杂、环节众多，在模型结构比较复杂或不确定性因素比较多的场合下，采用数学规划或启发式算法进行系统分析会很困难。在这种情况下，使用系统仿真方法还可以克服算法上的困难，具有显著的优越性。系统仿真方法还可以在不同的层次上，分析不同约束条件和输入下系统的动态响应，提供决策支持。

用随机模型表示产品需求和生产过程中的延迟，较好地反映了实际系统的不确定性，真实地反映库存系统的特点。随机型库存系统中有很多不确定的随机参数，解析方法的应用受到了很大局限性，很难采用数学规划或启发式算法进行准确分析。应用离散系统仿真技术，可以对库存系统全局或局部变量进行分析和优化，如库存系统规划、库存成本分析、库存控制策略分析等。

3.2.1　库存系统的基本概念

库存问题是物流科学领域研究的重点问题之一。库存系统的研究目的是通过建立库存系统模型来确定库存策略，从而达到满足服务水平和控制库存费用的目标。对库存系统的研究主要有建立计算机仿真模型和建立优化模型两类方法。

库存系统仿真就是利用仿真方法对库存系统进行建模，通过仿真运行结果中的费用指标来对库存策略和库存结构进行评价。

根据现代物流理论的观点，库存系统应具有以下的功能：

(1)调节供需的功能。生产活动的节奏与消费活动的节奏因产品的不同而存在着差异，库存系统作为平衡环节能够对此加以调节和控制，从而使得生产和消费协调起来。

(2)调节货运能力的功能。各种运输工具的运量存在着很大的差距，因此在各个运输方式的衔接环节，通常由库存系统来调解和弥补。

根据需求与订货的规律，库存系统分为随机型库存系统和确定型库存系统。随机型库存系统是指库存参数中至少有一个是随机变量的库存模型，即需求发生的时间、每次的需求量、订货时间和订货量以及订货提前期，均有可能是随机的。研究库存系统的目的一般是要确定或比较各种库存策略。对于确定型库存系统，一般采用解析法进行研究。现实的库存系统多数属于随机型库存系统，由于其具有随机复杂性的特点，采用传统的解析方法难以描述系统变量之间复杂的非线性关系，故需要借助于计算机系统仿真的方法。

3.2.2 库存系统的分类及仿真特点

1. 库存系统的分类

根据需求与订货的规律，可以将库存系统分为确定型库存系统和随机型库存系统两大类。

1)确定型库存系统

在确定型库存系统中，需求量与需求发生时间、订货量与订货发生时间、从订货到货物入库的时间都是确定的。如果采用安全库存订货策略，库存量随时间的变动如图 3-5 所示，其中，T 为订货周期；Q 为入库量；R 为安全库存量。

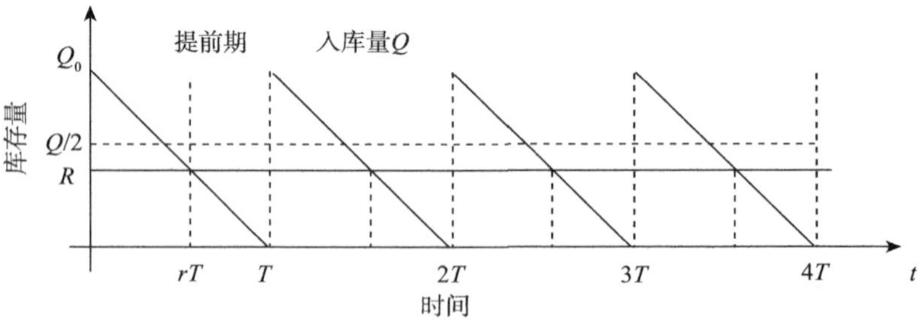

图 3-5 确定型库存系统

2)随机型库存系统

在随机型库存系统中，需求量与需求发生时间、订货量与订货发生时间、从订货到货物入库的时间都可能是随机的，库存量随时间的变动如图 3-6 所示。

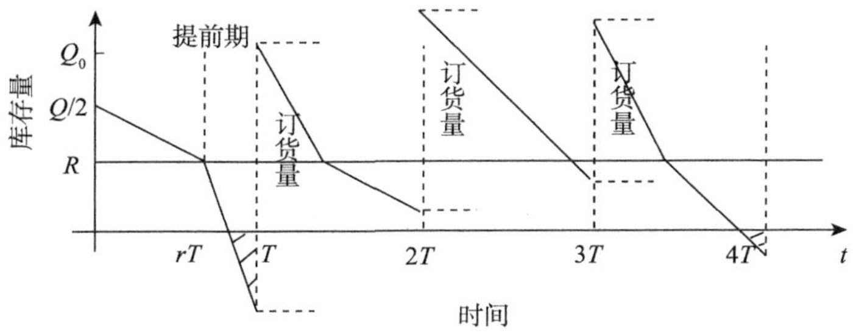

图 3-6　随机型库存系统

2. 库存系统的仿真特点

库存系统是一类不同于排队系统的离散事件系统，它的变化除了具有离散性与随机性外，在仿真建模时有如下几个特点。

1)仿真时钟的步进式推进

在库存系统中，由于每个仿真时刻都有需求发生，也就是每个仿真时刻都有事件发生，所以仿真时钟的推进是步进式的，每执行完一个时刻的事件后，仿真时钟加一，到来下一个特定时刻，再执行下一个时刻的事件。

虽然在库存系统中每个特定时刻都需执行需求事件，但对订货事件与到货事件却不是每个特定时刻都必须执行的，这两个事件应登记在事件表中，当执行完需求事件后再查找事件表，决定是否需执行其他两类事件。

2)事件类型

库存系统中事件有三类，如表 3-6 所示，不同类库存系统有不同的需求与供给，但事件类型是相同的。

表 3-6　库存系统事件类型

事件类型	性质	事件描述	处理内容
1	原发	需求	根据系统的需求规律求解每个特定时刻的需求量改变库存量
2	原发或 1 类事件的后续事件	订货	根据订货规则确定订货数量及订货日期
3	原发	到货	改变库存量
4	原发	费用计算	每个时刻其他事件结束后计算当天的费用

(1)需求事件。其含义是收到货物的需求订单并发出货物。仿真时，处理需求事件需要根据需求规律，得到每个特定时刻的需求量。对于确定型库存系统，通过解析的方法可以得到数学表达式；对于不确定型库存系统，其需求规律主要

由历史数据经统计分析后得出。当需求事件出现后，产生的结果是系统状态发生变化，即库存量改变。需求事件的发生不受系统中其他事件的影响，是系统之外的因素所为，故在系统中只与时间因素有关，因而，其性质显然是一个原发事件。

(2)订货事件。其含义是根据需求和现库存量，依据库存管理规则，发出订购货物单。这一事件的性质在不同类型的库存系统中可有不同。要依据事先规定的订货原则，以及库存系统类型而定。对确定型库存系统，其发生可以预先明确，因而在仿真处理时，按原发事件的性质处理；对于随机系统，若采用最低、最高库存控制方法，则最低、最高库存量以及订货量的多少成为订货事件是否发生的必要的约束条件。即当系统的存货低于最低库存量时，则必须补充货物，订货事件才会发生，补充的数量则涉及最高库存量；同时要考虑货物在订货后到达要延迟一段时间，因此，还要根据订货提前时间的分布规律确定此次订货的日期，并计算货物到达的特定时刻。在这种情形下，订货事件不仅是需求事件的后续事件，而且是条件事件。需要明确的是，无论订货事件的性质如何，这一事件的发生并不改变系统状态，不改变库存量。

(3)到货事件。其含义是订购的货物到达，进入库存。这一事件的发生必然改变系统状态，在特定时刻，库存量发生变化。显然这一事件应是一个原发事件，只是在不同系统中，依据订货提前时间的变化规律，使其发生的特定时刻的获得方法有所不同。在确定型库存系统中，因订货提前时间是固定的，所以其到达时间可以是明确计算的；在随机系统中，由于订货提前时间按统计规律变化，故其发生时刻是根据统计分布规律，由随机数确定，与其他因素无关。

3)事件表

由于事件类型 1 即需求事件是每个时刻都发生的事件，所以不登记在事件表中，在事件表中仅登记 2 类与 3 类事件。2 类事件订货发生的时刻有两种情况，一种是固定间隔 N，在 $T=0$ 时发生一个 1 类事件，同时产生一个订货事件，在执行订货事件时要计算 $T_{当前}+T_{间隔(N)}=T_{下一次订货}$，并将下一次订货时间登记在事件表上，此时订货事件是原发事件；在另一种情况下，假如订货时间根据当前库存量来决定，如当前库存量等于或小于一定的值就需订货，则订货事件就成了 1 类事件的后续事件并且是一个条件事件。在执行订货事件时还需要根据到货时间的分布与参数，计算出到货时刻并登记在事件表上。

4)费用计算

在库存系统仿真中还有一个每个时刻必须执行的事件就是费用计算。由于它也是每个时刻必须执行的，故不必列在事件表中，但是在执行完其他所有事件后，必须执行该事件。费用计算就是根据该时刻的库存量计算费用。如有订货，则计算订货费用。根据当天是否缺货再计算缺货费用，将这一天所有的费用计算出来。

3.2.3　库存系统仿真的建模参数

库存系统仿真的建模参数如表 3-7 所示。

表 3-7　库存系统仿真的建模参数

模型参数	每件货物每月保管费、每件缺货损失费、每件订货费、订货附加费、仓库初始库存量、库存策略数、库存控制量、平均需求间隔时间、需求量、事件发生概率
运行控制参数	仿真运行的长度、运行次数、仿真步长
运行变量	订货数量、实际需求量、动态库存量 $I(t)$、事件类型数、下一个最早发生的事件类型数、仿真时钟的数值、上次改变库存水平的时间、类型为 I 的事件发生的时间、上一次事件发生以来的时间、仿真运行长度单位、仿真运行时间长度
输出变量	第 I 种订货策略的运行总费用、保管费用、订货费用、缺货损失费用、其他数据总计等

1. 模型参数

模型中供应方、仓库、需求方、货物的各单元属性是仿真模型的基本属性，如果属性数据发生改变，则模型本身也发生变化。

仿真模型除了确定各自单元属性外，还需要确定各个单元之间的逻辑关系，例如，仓库、需求方和所需求的货物种类会决定需求请求的时间间隔、数量及其缺货损失费，不同的单元之间发生的逻辑关系属性会有不同。如果单元之间的逻辑关系发生变化，仿真模型结构即发生变化。

上述两种属性是仿真模型的基本属性。

2. 仿真控制参数

仿真控制参数将决定仿真运行的时间长短、方式和其他属性。仿真控制参数改变，不改变仿真模型本身，但是改变仿真运行过程。

3. 仿真运行的过程变量

仿真运行的过程变量即在仿真运行过程中需要的执行变量，这些变量只在仿真运行过程中使用，可以作为状态记录输出。

4. 仿真运行的结果变量

仿真运行结束后将输出结果数据，结果变量即是在仿真运行中记录结果数据的变量，通常需要根据模型单元属性和仿真运行过程变量计算才能得出，例如，仓储费就是根据仓储费用单价属性与仓储量计算。

3.2.4　确定型库存系统

确定性是指需求量及订货提前期为一个已知的确定量，这样的库存系统的最优库存方案是各项费用之和最少。当一个时期内的产品需求量及订货提前期确定以后，相应的库存成本就基本上确定了。如果暂时不考虑缺货成本，库存成本由产品成本、存储成本和订货成本三部分组成。主要解决的问题是什么时候订货、订多少货；如果允许缺货，允许缺多少货等问题。解决确定型库存问题最常用的模型为 EOQ 模型，即经济订货批量(economic order quantity)模型，经济订货批量是存货维持与订货相结合的使成本最低的补给订货批量。

模型成立需要以下几个假设条件：缺货费用无穷大；当存储降为零时，可以立即得到补充；需求是连续的、均匀的；每次订货量不变；单位存储费不变。由于经济批量模型需要相当严格的假设才能直接应用，所以在其延伸的模型中往往有以下诸多假设：不允许缺货，生产需一定时间；允许缺货(缺货需补充)，生产时间很短；允许缺货(需补足缺货)，生产需一定时间。不同的假设模型不尽相同。

(1)周期性检查模型。此类模型有六种情形：模型分为不允许缺货、允许缺货、实时补货三种情况，每种情况又有瞬时到货、延时到货两种情形。

最常用的模型是不允许缺货、瞬时到货型。其最佳订货周期为 $T=\sqrt{\frac{2C_0}{C_H D}}$。其中，$C_0$ 为单位订货费用(元)；C_H 为单位产品库存持有费用[元/(件·年)]；D 为年需求率(件/年)。

(2)连续性检查模型。连续性检查模型需要确定订货点和订货量两个参数。此模型分为六种情形：不允许缺货、瞬时到货型；不允许缺货、延时到货型；允许缺货、瞬时到货型；允许缺货、延时到货型；补货、瞬时到货型；补货、延时到货型。

最常见的连续性检查模型是不允许缺货、瞬时到货型。此情形的模型是最经典的 EOQ 模型。

订货点：$R=L_T D$。

最佳订货批量：$Q^*=\sqrt{\frac{2DC_0}{C_H}}$。

其中，C_0 为单位订货费用(元)；C_H 为单位产品库存持有费用[元/(件·年)]；D 为年需求量(件/年)；L_T 为订货提前期。

3.2.5 随机型库存系统

随机型库存系统模型最重要的特点是订货提前期、需求量、需求周期这三个方面至少有一个是随机的，其概率或分布是已知的，对于需求通常分为需求是连续和需求是离散两种情况研究。对于这样的随机型库存系统，确定型库存系统解析模型不再适用，可供选择的策略主要有三种。第一种策略：定期订货，但订货数量需要根据上一个周期剩下货物的数量决定订货量。剩下的数量少，可以多订货；剩下的数量多，可以少订或者不订货。第二种策略：定点订货，存储量降到某一确定的数量时立即订货，不再考虑间隔的时间。这一数量值称为订货点，每次订货的数量不变。第三种策略：把定期订货和定点订货综合起来的方法，隔一定时间检查一次存储，如果存储数量高于一个数值 s，则不订货；小于时则订货补充存储，订货量要使存储量达到 s，这种策略可以简称为(s，S)存储策略。

另一种更为复杂的模型是具有随机需求过程和随机供货时间的库存模型。由于随机型库存系统模型与排队论和控制论联系紧密，这就需要相当严格的假设才能直接应用，故在其延伸的模型中往往有以下诸多假设：不允许缺货，生产需一定时间；允许缺货(缺货需补充)，生产时间很短；允许缺货(需补足缺货)，生产需一定时间。不同的假设模型不尽相同。另外，为了利用特殊的购买形势和单位化特征而必须做出某些调整，与 EOQ 有关的两种调整分别是运量费率和数量折扣。我们常看到一种商品有所谓的零售价、批发价和出厂价，购买同一种商品的数量不同，商品单价也不同，一般情况下购买数量越多，商品单价越低。

3.2.6　库存系统的仿真实例

1. 报纸经销商问题

报纸的订购与销售问题是一个经典的库存问题。报摊以 33 美分买进每张报纸，以 50 美分卖出。当日结束时销售剩余的报纸作为废品处理，每份卖 5 美分。报纸以 10 份为一捆订购，因此，报摊可以买 50 份或 60 份，等等。有三种类型的报纸，分别是“良”“中”和“差”，它们的概率分别是 0.35、0.45 和 0.20。每天对于报纸需求的分布见表 3-8，要解决的问题是计算报摊应该订购报纸的最优数量。为完成这项工作，进行 20 天的仿真并记录了每天的利润。

表 3-8　每天报纸需求量的分布

需求	需求概率分布		
	良	中	差
40	0.03	0.10	0.44
50	0.05	0.18	0.22
60	0.15	0.40	0.16
70	0.20	0.20	0.12
80	0.35	0.08	0.06
90	0.15	0.04	0.00
100	0.07	0.00	0.00

利润按照以下公式计算：

利润=(销售收入)-(报纸成本)-(额外需求的利润损失)
+(报废报纸的回收费)

根据问题的描述，每份报纸的销售收入是50美分，订购每份报纸的成本是33美分。未满足的额外需求的利润损失每份是17美分。这种短缺损失存在着一些争议，但是会使问题变得更为有趣。报废报纸的回收收入为每份5美分。

表3-9和表3-10提供了报纸类型和需求量的随机数字分配。用仿真解决这一问题，需要设定每天购买的报纸的数量(购买策略)，然后进行周期为20天时间的报纸需求的仿真来确定总利润。改变购买策略(报纸订购数)为其他的值，然后重复运行仿真直到找出最佳的值。

表3-9 报纸类型的随机数字分配

报纸类型	概率	累计概率	随机数字分布
良	0.35	0.35	01～35
中	0.45	0.80	36～80
差	0.20	1.00	81～00

表3-10 报纸需求的随机数字分配

需求	累积分布			随机数字分配		
	良	中	差	良	中	差
40	0.03	0.10	0.44	01～03	01～10	01～44
50	0.08	0.28	0.66	04～08	11～28	45～66
60	0.23	0.68	0.82	09～23	29～68	67～82
70	0.43	0.88	0.94	24～43	69～88	83～94
80	0.78	0.96	1.00	44～78	89～96	95～00
90	0.93	1.00	1.00	79～93	97～00	
100	1.00	1.00	1.00	94～00		

表3-11为每天订购70份报纸的仿真表格。

表3-11 每天订购70份报纸的仿真表格

天	报纸类型的随机数字	报纸类型	需求的随机数字	需求/份	销售收入/美元	额外需求的利润损失/美元	废品回收收入/美元	每日利润/美元
1	58	中	93	80	35.00	1.70	—	10.20
2	17	良	63	80	35.00	1.70	—	10.20
3	21	良	31	70	35.00	—	—	11.90

续表

天	报纸类型的随机数字	报纸类型	需求的随机数字	需求/份	销售收入/美元	额外需求的利润损失/美元	废品回收收入/美元	每日利润/美元
4	45	中	19	50	25.00	—	1.00	2.90
5	43	中	91	80	35.00	1.70	—	10.20
6	36	中	75	70	35.00	—	—	11.90
7	27	良	84	90	35.00	3.40	—	8.50
8	73	中	37	60	30.00	—	0.50	7.40
9	86	差	23	40	20.00	—	1.50	−1.60
10	19	良	02	40	20.00	—	1.50	−1.60
11	93	差	53	50	25.00	—	1.00	2.90
12	45	中	96	80	35.00	1.70	—	10.20
13	47	中	33	60	30.00	—	0.50	7.40
14	30	良	86	90	35.00	3.40	—	8.50
15	12	良	16	60	30.00	—	0.50	7.40
16	41	中	07	40	20.00	—	1.50	−1.60
17	65	中	64	60	30.00	—	0.50	7.40
18	57	中	94	80	35.00	1.70	—	10.20
19	18	良	55	80	35.00	1.70	—	10.20
20	98	良	13	40	20.00	—	1.50	−1.60
∑					600.00	17.00	10.00	131.00

在第一天，报纸的需求量是 80 份，但是仅有 70 份可卖。70 份报纸的销售收入是 35.00 美元，额外需求的 10 份报纸的利润损失是 1.70 美元。这样第一天的利润计算如下：

$$利润=35.00-23.10-1.70+0=10.20(美元)$$

在第四天，需求小于供应。卖出 50 份报纸的收入是 25.00 美元，20 份报纸按每份 0.05 美元，回收共得 1.00 美元，当天的利润确定如下：

$$利润=25.00-23.10-0+1.00=2.90(美元)$$

20 天时间的总利润是每天利润的总和，共计 131.00 美元。也可以由仿真 20 天的总数进行计算。

计算如下：

$$总利润=600.00-462.00-17.00+10.00=131.00(美元)$$

其中，20 天报纸的总成本为 $20\times0.33\times70=462.00$(美元)。

表 3-11 所示的 20 天时间的利润为 131.00 美元。一个 20 天的结果和 400 次实验的平均值 137.61 美元差别不大，但是一个 20 天仿真的结果有可能出现最大

值和最小值。这也证明了进行多次实验的必要性。

2. 上限订货库存系统的仿真

考虑一个公司销售冰箱的情况。为维护库存，系统每过一段固定的时间都会检查销售情况，然后决定下一步的行动。策略是上限订货(如上限订货水平为M)，依据下述关系确定订购量：

订购量＝上限订货水平－盘点库存量＋短缺量

例如，定义上限订货水平(M)为 11 台，盘点库存为 3 台。进一步，假设检查周期(N)为 5 天。这样，在每个周期的第 5 天，从供货商那里订购 8 台冰箱。如果第 5 天有 2 台冰箱的短缺，则需要订购 13 台(盘点库存和短缺不可能同时发生)。如果有 3 台冰箱的短缺，则收到的第一批(3 台)冰箱将会首先提供给订货已经到达的客户，这称为"延期交货"。当消费者有需求而库存量又不满足时就会出现失销情况。

每天需要的冰箱量是随机的，其分布见表 3-12。另一个随机性的来源是供货到达前订单交给供货商后的天数，或者称为提前期。表 3-13 为提前期的分布。假设每天结束以后才进行订购。如果提前期为 0 天，则第 2 天早上供应商的冰箱就会运到，并且当天可以销售。如果提前期为 1 天，则冰箱在第 2 个早晨运到，并且当天可以销售。

表 3-12 每日需求的随机数字分配

需求	概率	累计概率	随机数字分配
0	0.10	0.10	01～10
1	0.25	0.35	11～35
2	0.35	0.70	36～70
3	0.21	0.91	71～91
4	0.09	1.00	92～00

表 3-13 提前期的随机数字分配

提前期/天	概率	累计概率	随机数字分配
1	0.6	0.6	1～6
2	0.3	0.9	7～9
3	0.1	1.0	0

仿真开始时，库存水平是 3 台，订购了 8 台冰箱，在两天后到达，仿真表格见表 3-14。

表 3-14　(M, N)库存系统的仿真表格

天	周期/个	周期内的天数/天	初始库存/台	需求的随机数字	需求/台	盘点库存/台	短缺量/台	订购量/台	需求的随机数字	提前期/天	到货天数/天
1	1	1	3	26	1	2	0	—	—	—	—
2	1	2	2	68	2	0	0	—	—	—	—
3	1	3	8	33	1	7	0	—	—	—	—
4	1	4	7	39	2	5	0	—	—	—	—
5	1	5	5	86	3	2	0	9	8	2	2
6	2	1	2	18	1	1	0	—	—	—	—
7	2	2	1	64	2	0	1	—	—	—	—
8	2	3	9	79	3	5	0	—	—	—	—
9	2	4	5	55	2	3	0	—	—	—	—
10	2	5	3	74	3	0	0	11	7	2	2
11	3	1	0	21	1	0	1	—	—	—	1
12	3	2	0	43	2	0	3	—	—	—	—
13	3	3	11	49	2	6	0	—	—	—	—
14	3	4	6	90	3	3	0	—	—	—	—
15	3	5	3	35	1	2	0	9	2	1	1
16	4	1	2	08	0	2	0	—	—	—	—
17	4	2	11	98	4	7	0	—	—	—	—
18	4	3	7	61	2	5	0	—	—	—	—
19	4	4	5	85	3	2	0	—	—	—	—
20	4	5	2	81	3	0	1	12	3	1	1
21	5	1	0	53	2	0	3	—	—	—	—
22	5	2	12	15	1	8	0	—	—	—	—
23	5	3	8	94	4	4	0	—	—	—	—
24	5	4	4	19	1	3	0	—	—	—	—
25	5	5	3	44	2	1	0	10	1	1	1
总计						68	9				
平均					2.04	2.72	0.36				

对某几个选定的天来跟踪仿真表格，观察这个过程是如何运行的。在第 1 个周期第 3 天的早上，订购的 8 台冰箱到货，将库存水平从 0 台提升到 8 台。在第

1个周期剩余的几天期间需求不断增加，库存减少，到第5天，盘点库存下降到了2台，所以要订购9台。该订单的提前期是两天，9台冰箱在第2个周期的第3天早晨加入到库存。

注意，第4个周期的第5天的初始库存是2台，当天的订货是3台，所以就产生了短缺情况(当天1台冰箱需要延期交货)。这样，当天的订购量就是(11+1)台，提前期是1天。第2天(即第5个周期的第1天)的需求量是2台，增加了短缺。再下一天(即第5个周期的第2天)早上订货到达，3台冰箱用于满足延期交货，当天的需求是1台，所以最后的库存是8台。

经过5个周期的仿真，平均盘点库存近似为2.72(68/25)台，在25天中有5天出现了短缺现象。

在此例中，供货商那边任何时候不能出现多于一个未完成的订单。但是，存在这样一种情况，即提前期如此之长，以至于前面给出的关系式需要修改如下：

订购量=上限订货水平－盘点库存量－已订购量+短缺量

这个关系式保证了不会出现多余的订购。为了估计在库存盘点时冰箱平均数量的情况，应该进行多次的仿真实验。

3.3 生产物流系统建模与仿真

3.3.1 生产物流系统的基本概念

当前，物流主要应用于两个主要领域：一是流通物流，也称社会物流、大物流，属于宏观物流范畴。宏观物流系统的重要性在于可以很大程度地影响国民经济效益。二是生产物流，主要是指企业物流，属于微观物流范畴，包括采购物流、生产物流、销售物流，直至回收物流、废弃物回收物流整个过程的物料流动。

从企业的原材料、外购件购进入库起，直到企业成品库的成品发送为止，这一全过程的物流活动称为生产物流。它包括从原材料和协作件的采购供应开始，经过生产过程中半成品的存放、装卸、输送和成品包装，到流通部门的入库验收、分类、储存、配送，最后送到客户手中的全过程，以及贯穿于物流全过程的信息传递。

生产物流是指企业在生产工艺中的物流活动，是与整个生产工艺过程伴生的，实际上已构成了生产工艺过程的一部分。生产物流的概念从不同的角度可以有不同的定义。

1. 从生产工艺角度分析

生产物流是指企业在生产工艺过程中的物流活动，即物料不断离开上一工序进入下一工序，不断发生搬上搬下、向前运动、暂时停滞等活动。其流程如下：原材料、燃料、外购件等物料从企业仓库或企业的“门口”开始，进入生产线的开始端，再进入生产加工过程并借助一定的运输装置，一个一个环节地“流”，在“流”的过程中，本身被加工，同时产生一些废料和余料，直到生产加工终结，再“流”至仓库。

2. 从物流范围分析

企业生产系统中的物料的边界起源于原材料、外购件的投入，止于成品仓库。它贯穿于生产的全过程，横跨整个企业，其流经的范围是全厂性的、全过程的。物料投入生产后即形成物流，并随时间进程不断改变自己的形态和场所位置。

3. 从物流属性分析

生产物流是生产所需物料在空间和时间上的运动过程，是生产系统的动态表现，换言之，物料(原材料、辅助材料、零配件、在制品、成品)经历生产系统各个生产阶段或工序的全部运动过程就是生产物流。

所谓生产物流，是指从工厂的原材料购进、车间生产、半成品与成品的周转直至成品库中成品发送的全过程中的物流活动。因此，生产物流起源于原材料、外购件的投入，止于成品仓库，贯穿于整个生产过程，在整个制造系统中循环反复流动。生产物流担负运输、储存、装卸物料等任务。生产物流系统可以保障生产制造的顺利进行。随着科学技术的进步和管理理论的成熟，生产制造过程中的自动化、柔性化程度越来越高，生产规模越来越大，对生产物流系统的要求也越来越高。

对现代生产物流系统进行仿真，其目的是通过仿真了解物料运输、存储动态过程的各种统计、动态性能。如各种设备的处理能力配套是否满足实际，运输设备的利用率是否合理，输送路线是否通畅，物料流经系统的周期是否过长等。但由于现代生产物流系统具有突出的离散性、随机性的特点，故人们希望通过对现代物流系统的计算机辅助设计及仿真的研究，将凭经验的猜测从物流系统设计中去除，能使物流合理化进而提高企业生产效率。

3.3.2 生产物流系统仿真的特点

企业的生产过程实质上是每一个生产加工过程“串”起来时出现的物流活动。合理组织生产物流活动，使生产过程始终处于最佳状态，是保证企业获得良好经济效果的重要前提之一。要想合理组织生产物流，就要了解生产物流的特性。

(1)连续性。它是指物料总是处于不停的流动中，包括空间上的连续性和时间上的流畅性。空间上的连续性要求生产过程各个环节在空间布置上合理紧凑，使物料的流程尽可能短，没有迂回现象。时间上的流畅性要求物料在生产过程的各个环节的运动自始至终处于连续流畅状态，没有或很少有不必要的停顿与等待现象。

(2)比例性。它是指生产过程的各个工艺阶段之间、各工序之间在生产能力上要保持一定的比例以适应产品制造的要求。比例关系表现在各生产环节的工人数、设备数、生产速率和开动班次等因素之间的相互协调和适应，所以，比例是相对的、动态的。

(3)节奏性。它是指在生产过程的各个阶段，从来料加工到产品入库，都能保持有节奏的均衡进行。它要求在相同的时间间隔内生产大致相同数量或递增数量的产品，避免前松后紧的现象。

(4)柔性。它是指生产过程的组织形式要灵活，能及时适应市场的变化，满足市场发生的新的需求。我们通常称柔性为适应性，即生产物流系统对生产工艺流程变动的反应程度。

加工生产线是典型的离散事件系统。离散事件系统的时间是连续变化的，而系统的状态仅在一些离散的时刻上由于随机事件的驱动而发生变化。由于状态是离散变化的，而引发状态变化的事件是随机发生的，离散事件系统的模型很难用数学方程来描述。因此，根据生产线和装配线各自的主流产品信息、车间空间信息、设备信息和布置设计的要求，进行生产线设备布局设计，然后利用实体对象类库建立生产系统仿真模型。

生产线规划设计与布局主要是确定生产线的规模、构成和布局，包括加工设备的类型和数量的选择与布局、物流系统的选择与设计、有关辅助设备的确定、系统布局设计等。这些任务之间是相互关联的，其中物流系统的设计是核心，因为其设备的类型和运输方法决定了系统布局形式，并对控制系统体系结构和系统控制策略的设计产生重要的影响。

仿真模型是对问题的直观描述。在生产规划设计与布局的基础上，根据仿真实验框架利用已建好的类库，采用“重用”技术和层次结构，从类库中直接选取并拖动对象放到屏幕的相应位置上，通过连接这些对象，即建立对象之间的输入输出连接关系和它们内部的连接关系，就可以构建一个系统的仿真模型，从而实现加工生产线系统建模仿真。

3.3.3 生产物流系统仿真的步骤

1. 确定仿真的目标

针对所关心的问题不同，建立的系统模型、设定的输入变量和输出变量等都各不相同。因此在进行系统仿真时，首先要确定仿真的目标，也就是仿真要解决的问题，这也是系统调研和建模的依据。

2. 系统分析及抽象简化

系统分析的目的是深入了解系统的结构、生产流程、各种建模所需参数等，以便建立准确的、完整的物流系统仿真模型。

由于现实的生产物流系统比较复杂，在仿真技术的运用中，许多环节是没有办法实现的。因此，我们应该根据系统仿真的目标对物流系统进行抽象和简化，将主要因素以及与研究问题相关的要素保留，将其余无关的或是关联性不强的要素舍弃，使得描述的系统精简扼要，这样可以降低仿真模型构建的难度。例如，对生产系统的生产效率进行分析的时候，产品的残次品率可以忽略不计，人力资源都是可以不作为考虑的重要因素。同时，我们应该设定一定的仿真约束或前提条件，保证仿真模拟出的系统与现实系统在功能上保持最大化的一致，减少误差。例如，对工作时间、机器故障率、物流路径等参数进行限制。

3. 系统模型的建立

1)模型建立的思路

系统是由许多子系统构成的，每个子系统之间相互联系、相互制约，共同实现系统功能。同时该系统也是另一个更大、更高级系统的子系统。因此，在对生产物流系统进行仿真建模时，我们遵循的思路应是围绕仿真目的，先对子系统建模，然后再对整个系统建模，即由分到总。每个子系统之间都存在一定的逻辑关系，按照对应的关系将各个子模块衔接组合，形成整个生产物流系统的仿真模型。

2)子系统的建立

我们将生产物流系统模型划分为三个子系统，即物理模型子系统、逻辑控制模型子系统、信息处理及分析子系统。在每个子系统模块下又包含许多的子模块，如图 3-7 所示。

物理模型主要包括成本仓库模块、加工设备模块、缓存区以及搬运设备模块等。它们构成了仿真模型的实体框架部分。

逻辑控制模型主要包括仿真时钟、功能控制模块、程序语言模块等。它们是实现生产物流系统功能的关键。仿真时钟是仿真运行的基础条件，它主要有两种推进方式：一种是按下一最早发生事件的发生时间推进，另一种是固定增量推进方法。根据生产系统的实际情况进行选择仿真时钟的推进方式，一般来说事件调度法比较适合大多数的离散事件系统，而固定增量推进法则适用于系统事件发生时间具有较强周期性的模型中。

信息处理及分析模型主要包括作业计划、工艺流程、事件记录、参数输入、数据输出、数据分析等模块。

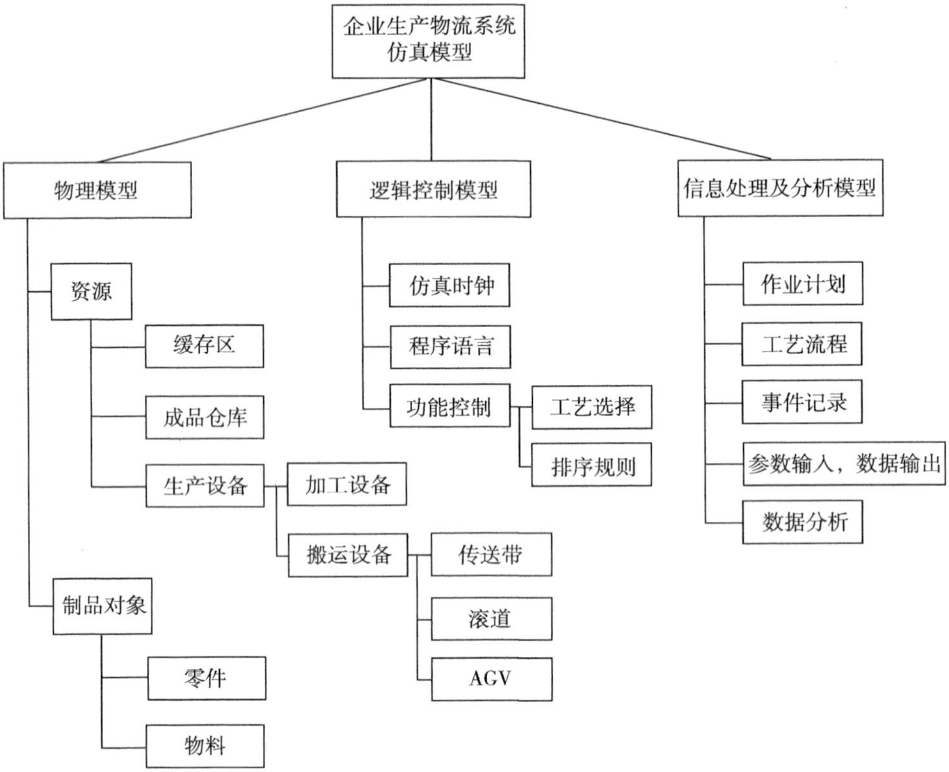

图 3-7 企业生产系统仿真模型

4. 模型的验证及运行

完成以上各子模块模型的构建之后，我们将其组合成整个生产系统模型框架，并运行该模型，检验它的性能，通过分析结果来判定模型是否如期望的那样运行，是否符合真实的系统实际情况。

3.3.4 生产系统仿真实例

一台铣床有三个不同的轴承，它们在服务时会失效。每个轴承的寿命分布是一样的，如表 3-15 所示。当一个轴承失效时铣床停止工作，然后就会打电话要求维修，安装新的轴承。维修人员到达铣床的延迟时间也是一个随机变量，其分布如表 3-16 所示。铣床在停工期损失的费用是每分钟 10 美元，维修工人在现场的费用是每小时 30 美元。换一个轴承需要 20min，换两个轴承需要 30min，换三个轴承需要 40min。一种建议是在任何一个轴承坏掉的情况下更换所有的轴承。管理层需要对这一建议做出评估，每 10 000h(运转时间)的总费用可以作为评价的准则。

表 3-15　轴承寿命的分布

轴承寿命/h	概率	累计概率	随机数字分配
1 000	0.10	0.10	01～10
1 100	0.13	0.23	11～23
1 200	0.25	0.48	24～48
1 300	0.13	0.61	49～61
1 400	0.09	0.70	62～70
1 500	0.12	0.82	71～82
1 600	0.02	0.84	83～84
1 700	0.06	0.90	85～90
1 800	0.05	0.95	91～95
1 900	0.05	1.00	96～00

表 3-16　延迟时间的分布

延迟时间/min	概率	累计概率	随机数字分配
5	0.6	0.6	1～6
10	0.3	0.9	7～9
15	0.1	1.0	0

表 3-17 所示为当前的运行情况下 15 次轴承更换的仿真过程。注意，有多个轴承同时发生故障的情况。这恐怕与实际发生的情况不同，是因为轴承寿命的估计比较粗略，按 100h 为宜。本例还假设失效时间不会完全相同，也就是说最多只有一个轴承是在停机的时候被更换的。当前系统的费用估计如下：

轴承的费用＝45 个轴承×32 美元/轴承＝1 440 美元

延误时间的费用＝(110＋110＋105)min×10 美元/min＝3 250 美元

停机修复时间内的损失＝45 个轴承×20min/轴承×10 美元/min＝9 000 美元

修理人员的费用＝45 个轴承×20min/轴承×30 美元/60min＝450 美元

总费用＝1 440 美元＋3 250 美元＋9 000 美元＋450 美元＝14 140 美元

轴承的总寿命是(22 300＋18 700＋18 600)h＝59 600h。所以 10 000h 的总费用是(14 140/5.96)美元＝2 372 美元。

表 3-17 当前方法下的轴承更换

次数	轴承 1				轴承 2				轴承 3			
	随机数字	寿命/h	随机数字	延迟/min	随机数字	寿命/h	随机数字	延迟/min	随机数字	寿命/h	随机数字	延迟/min
1	67	1 400	7	0	71	1 500	8	10	18	1 100	6	5
2	55	1 300	3	5	21	1 100	3	5	17	1 100	2	5
3	98	1 900	1	5	79	1 500	3	5	65	1 400	2	5
4	76	1 500	6	5	88	1 700	1	5	3	1 000	9	10
5	53	1 300	4	5	93	1 800	0	15	54	1 300	8	10
6	69	1 400	8	10	77	1 500	6	5	17	1 100	3	5
7	80	1 500	5	5	8	1 000	9	10	19	1 100	6	5
8	93	1 800	7	10	21	1 100	8	10	9	1 000	7	10
9	35	1 200	0	15	13	1 100	3	5	61	1 300	1	5
10	2	1 000	5	5	3	1 100	2	5	84	1 600	0	15
11	99	1 900	9	10	14	1 000	1	5	11	1 100	5	5
12	65	1 400	4	5	5	1 000	0	15	25	1 200	2	5
13	53	1 300	7	10	29	1 200	2	5	86	1 700	8	10
14	87	1 700	1	5	7	1 000	4	5	65	1 400	3	5
15	90	1 700	2	5	20	1 100	3	5	44	1 200	4	5
Σ				100				110				105

表 3-18 是一个建议方案的仿真。注意，随机数字并没有显示出来。对第一组轴承，最早的故障时间是在第 1 000h。在那个时刻，所有的轴承都被更换，虽然其余轴承还有更长的寿命(例如，轴承 1 就还有 700h 的寿命)。

表 3-18 建议方案下的轴承更换

次数	轴承 1 寿命/h	轴承 2 寿命/h	轴承 3 寿命/h	第一次故障/h	延迟/min
1	1 700	1 100	1 000	1 000	10
2	1 000	1 800	1 200	1 000	5
3	1 500	1 700	1 300	1 300	5
4	1 300	1 100	1 800	1 100	5
5	1 200	1 100	1 300	1 100	5
6	1 000	1 200	1 200	1 000	10

续表

次数	轴承 1 寿命 /h	轴承 2 寿命 /h	轴承 3 寿命 /h	第一次故障 /h	延迟 /min
7	1 500	1 700	1 200	1 200	5
8	1 300	1 700	1 000	1 000	10
9	1 800	1 200	1 100	1 100	15
10	1 300	1 300	1 100	1 100	5
11	1 400	1 300	1 900	1 300	10
12	1 500	1 300	1 400	1 300	5
13	1 500	1 800	1 200	1 200	10
14	1 000	1 900	1 400	1 000	5
15	1 300	1 700	1 700	1 300	5
总计					110

建议系统的费用估计如下：

轴承的费用＝45 个轴承×32 美元/轴承＝1 440 美元

延误时间的费用＝110min×10 美元/min＝1 100 美元

停机修复时间内的损失＝15 组×40min/组×10 美元/min＝6 000 美元

修理人员的费用＝15 组×40min/组×30 美元/60min＝300 美元

总费用＝1 440 美元＋1 100 美元＋6 000 美元＋300 美元＝8 840 美元

轴承的总寿命是(17 000×3)h＝51 000h。所以 10 000h 的总费用是(8 840/5.1)美元＝1 733 美元。

新的策略在每 10 000h 内节省了 634 美元。如果机器连续不停地运转，则每年大约节省 556 美元。

思考题

1. 简述排队系统的主要特征。
2. 简述库存系统的主要特征。
3. 排队系统与库存系统有何区别？

第 4 章

物流系统仿真中的概率理论

在对现实世界的现象进行建模的时候，可以完整地预测所研究系统中的实体行为的情形是很少见的。建模者看到的世界是随机的而不是确定的，变化的原因有很多。例如，一个维修工人修理一台出故障的机器所需花费的时间是随机复杂性的函数，复杂性包括：维修工人是否带了合适的替换零件和工具到维修地点，在维修过程当中是否有其他维修工人请求帮助，机器的操作者是否学习过设备维护课程等。对于建模者来说，这些变化看起来是偶然出现的，并且不能预测。然而，一些统计模型可以较好地描述修理所需的时间。

通过对感兴趣的现象进行取样，可以开发出一个适当的模型。之后，通过有根据的推测(或者用统计软件分析)，建模者可以选择一个已知的概率分布形式，进行该分布的参数估计，然后测试拟合程度的优劣，最后通过不断的努力以选择合适的分布形式，一个假定的模型就会被采用。本章将介绍物流仿真中常用的概率知识。

4.1 概率统计基本概念

4.1.1 随机变量的概念及分类

定义 4-1 定义在样本空间 Ω 上的一个实值函数 $X=X(\omega)$，使随机实验的每一个结果 ω 都可用一个实数 $X(\omega)$来表示，且实数 X 满足：

(1)X 由 ω 唯一确定；

(2)对于任意给定的实数 x，事件$\{X\leqslant x\}$都是有概率的，则称 X 为一随机变量，一般用大写字母 X、Y、Z 等表示。

引入随机变量后，随机事件就可以通过随机变量来表示，这样，我们就把对事件的研究转化为对随机变量的研究。随机变量作为样本点的函数，有两个基本特点：一是变异性。对于不同的实验结果，它可能取不同的值，因此是变量而不是常量。二是随机性。由于实验中究竟出现哪种结果是随机的，故该变量究竟取何值是在实验之前事先无法确定的，直观上随机变量就是取值具有随机性的变量。

根据取值情况，随机变量可以分为离散型和非离散型两大类，非离散型又可分为连续型和混合型两大类。离散型随机变量的所有可能取值为有限个或至多无穷可列个；非离散型随机变量的情况比较复杂，它的所有可能取值不能够一一列举出来。其中的一种对于实际应用最重要，称为连续型随机变量，其值域为一个或若干个有限或无限区间。由于在实际工作中我们经常遇到的是离散型和连续型的随机变量，故一般情况下我们仅讨论这两个类型的随机变量。

4.1.2　随机变量的分布函数及其性质

定义 4-2　设 X 为一随机变量，x 为任意实数，称函数 $F(x)=P(X\leqslant x)$ $(-\infty<x<+\infty)$ 为随机变量 X 的分布函数。

分布函数是一个以全体实数为其定义域，以事件 $\{\omega \mid -\infty<X(\omega)\leqslant+\infty\}$ 的概率为函数值的一个实值函数。分布函数具有以下的基本性质：

(1) $0\leqslant F(x)\leqslant 1$；

(2) $F(x)$ 是非减函数；

(3) $F(x)$ 是右连续的；

(4) $\lim\limits_{x\to-\infty} F(x)=0$，$\lim\limits_{x\to+\infty} F(x)=1$。

设随机变量 X 的分布函数为 $F(x)$，则可用 $F(x)$ 来表示下列概率：

(1) $P(X\leqslant a)=F(a)$；

(2) $P(X<a)=F(a-0)$；

(3) $P(X>a)=1-P(X\leqslant a)=1-F(a)$；

(4) $P(X\geqslant a)=1-P(X<a)=1-F(a-0)$；

(5) $P(X=a)=P(X\leqslant a)-P(X<a)=F(a)-F(a-0)$；

(6) $P(|X|<a)=P(-a<X<a)=P(X<a)-P(X\leqslant -a)=F(a-0)-F(-a)$。

4.1.3　离散型随机变量

1. 离散型随机变量的定义

定义 4-3　如果随机变量 $X(\omega)$ 所有可能取值是有限个或可列多个，则称 $X(\omega)$ 为离散型随机变量(discrete random variable)，简写为 d. r. v. 。

定义 4-4　设离散型随机变量 $X(\omega)$ 所有可能取的值为 x_k，$k\in\mathbf{N}=\{0,1,2,\cdots\}$，$X(\omega)$ 取各个值的概率为

$$P\{X=x_k\}=p_k, k\in\mathbf{N}$$

称 $P\{X=x_k\}=p_k(k\in\mathbf{N})$ 为 $\mathbf{X}(\omega)$ 的概率分布或分布律。

离散型随机变量 $X(\omega)$ 的概率分布反映了它取各种可能值的概率分配，包含了它的全部概率信息。由概率定义，易知 p_k 满足如下两个条件：

(1) $p_k\geqslant 0$，$k\in\mathbf{N}$(非负性)。

(2) $\sum_{k=1}^{\infty} p_k = 1$ (归一性)。

分布律也可以用表格形式来表示，如表 4-1 所示。

表 4-1 离散型随机变量的分布率

X	$x_1\quad x_2\quad x_3\quad \cdots\quad x_k$
P_k	$p_1\quad p_2\quad p_3\quad \cdots\quad p_k$

2. 几种重要的离散型随机变量的概率分布

(1)二点分布。若随机变量 X 只取 1 和 0 两个值，且 $P(X=1)=p$；$P(X=0)=1-p$，$0\leqslant p\leqslant 1$，则称随机变量 X 服从参数为 p 的二点分布。简记为 $X\sim B(1, p)$。

(2)二项分布(binomial distribution)。若随机变量 X 满足：

$$P(X=k)=C_n^k P^k(1-P)^{n-k},\ k=0,\ 1,\ 2,\ \cdots,n$$

则称随机变量 X 服从参数为 (n, p) 的二项分布，又称贝努利分布(Bernoulli 分布)，简记为 $X\sim B(n, p)$。

定理(泊松定理)：设 $\lambda>0$ 为一个常数，n 为任一正整数，设 $p_n=\lambda/n$，则对任一固定的非负整数 k，有

$$\lim_{n\to\infty} C_n^k P_n^k(1-P_n)^{n-k}=\frac{\lambda^k e^{-\lambda}}{k!}$$

(3)泊松分布。若随机变量 X 满足：

$$P\{X=k\}=\frac{\lambda^k e^{-\lambda}}{k!},\ k\in\mathbf{N}=\{0,\ 1,\ 2,\ \cdots\}$$

其中，$\lambda>0$ 为常数，则称 X 服从参数为 λ 的泊松分布，记为 $X\sim \mathrm{Po}(\lambda)$。

(4)超几何分布。设 N 个元素分为两类：有 N_1 个属于第一类，有 N_2 个属于第二类($N_1+N_2=N$)，从中采取不重复抽样方式任取 n 个，令 X 表示这 n 个元素中第一类元素的个数，则 X 的分布称为超几何分布，其分布律为

$$P\{X=k\}=\frac{C_{N_1}^k C_{N_2}^{n-k}}{C_N^n},\ k=0,\ 1,\ 2,\ \cdots,\ \min\{n,\ N_1\}$$

(5)若离散型随机变量 X 取值为正整数，且满足：

$$P\{X=k\}=(1-p)^{k-1}p,\ k=1,\ 2,\ \cdots,\ 0\leqslant p\leqslant 1$$

则称随机变量 X 服从参数为 p 的几何分布，记为 $X\sim G(p)$。

4.1.4　连续型随机变量

1. 连续型随机变量的定义

若对于随机变量 X，存在一定义在 $\mathbf{R}$ 上的非负函数 $f(x)$，对 $\forall a\in\mathbf{R}$，满足：

$$P(X\leqslant a)=\int_{-\infty}^{a}f(x)\mathrm{d}x$$

则称 X 为连续型随机变量，简记为连续型随机变量 X；其中函数 $f(x)$ 称为 X 的概率密度函数(probability density function，简记为 p. d. f.)，简称概率密度。

由定义易知，概率密度具有下列性质：

(1) $f(x)\geqslant 0$(非负性)。

(2) $\int_{-\infty}^{+\infty}f(x)\mathrm{d}x=1$ (归一性)。

(3) $P(a<X\leqslant b)=\int_{a}^{b}f(x)\mathrm{d}x, a\leqslant b$。

(4)如果随机变量 $X(\omega)$ 有概率密度 $f(x)$，则

$$P\{\omega: X(\omega)=a\}=0,\quad \forall a\in\mathbf{R}$$

(5)若 $f(x)$ 在 x 处连续，则

$$f(x)=\lim_{h\to 0}\frac{P(x<X\leqslant x+h)}{h}$$

2. 几种连续型随机变量的分布

1)均匀分布

定义 4-5　若连续型随机变量 X 的概率密度函数为

$$f(x)=\begin{cases}\dfrac{1}{b-a}, & x\in[a, b],\ a<b\\ 0 & ,\text{其他}\end{cases}$$

则称 X 在区间 $[a, b]$ 上服从均匀分布，记作 $X\sim U[a, b]$。

2)指数分布

定义 4-6　若连续型随机变量 X 的概率密度函数为

$$f(x)=\begin{cases}\lambda\mathrm{e}^{-\lambda x}, & x\geqslant 0\\ 0 & ,\text{其他}\end{cases}$$

其中，$\lambda>0$ 为常数，则称 X 服从参数为 λ 的指数分布，记作 $X\sim Ex(\lambda)$。

3)正态分布

定义 4-7　若连续型随机变量 X 的概率密度函数为

$$f(x)=\frac{1}{\sqrt{2\pi}\sigma}e^{-\frac{(x-\mu)^2}{2\sigma^2}},\quad -\infty<x<+\infty$$

其中，μ、σ 为常数且 $\sigma>0$，则称 X 服从参数为（μ，σ^2）的正态分布或高斯(Gauss)分布，记作 $X\sim N(\mu,\sigma^2)$。

特别地，若 $X\sim N(0,1^2)$即 X 服从参数 $\mu=0$，$\sigma=1$ 的正态分布，则称 X 为标准正态分布(standard normal distribution)。称 $\varphi(x)=\frac{1}{\sqrt{2\pi}}e^{-\frac{x^2}{2}}$ 为标准正态概率密度函数。

4.1.5 随机变量的函数的分布

设 $f(x)$是定义在随机变量 X 的一切可能值 x 的集合上的函数，如果当 X 取值 x 时，随机变量 Y 的取值为 $y=f(x)$，那么我们称 Y 是一维随机变量 X 的函数，记作 $Y=f(X)$。

1. 离散型随机变量的函数的分布

设离散型随机变量 X 的概率分布如表 4-2 所示。

表 4-2 离散型随机变量 X 的概率分布

X	x_1 x_2 x_3 … x_k…
概率	p_1 p_2 p_3 … p_k…

$Y=f(X)$为随机变量 X 的函数，当随机变量 X 取得它的某一可能值 x_k 时，随机变量 $Y=f(X)$取 $y_k=f(x_k)$，如果 y_k 的值互不相等，则 $P\{Y=y_k\}=P\{X=x_k\}(k=1,2,\cdots)$，得随机变量 $Y=f(X)$的概率分布如表 4-3 表示。

表 4-3 随机变量 Y 的概率分布

$Y=f(X)$	$y_1=f(x_1)$	$y_2=f(x_2)$	…	$y_k=f(x_k)$	…
概率	p_1	p_2	…	p_k	…

若有 $x_i\neq x_j$，而 $f(x_i)=f(x_j)(i\neq j)$，则应把那些相等的值分别合并起来，并根据概率的加法公式把对应的概率相加，就可得 $Y=f(X)$的概率分布。

2. 连续型随机变量的函数的分布

设连续型随机变量 X 的概率密度函数为 $f(x)$，$y=g(x)$是一连续函数，则 $Y=g(X)$也是连续型随机变量。求 Y 的概率密度函数有两种方法。

1)公式法

设 X 为连续型随机变量，其概率密度函数为 $f_X(x)$，又设 $y=g(x)$处处可导，且严格单调，则 $Y=g(X)$也是一个连续型随机变量，它的概率密度函

数为

$$f_Y(y)=\begin{cases} f_X[h(y)]\,|h'(y)|, & \alpha<y<\beta \\ 0, & 其他 \end{cases}$$

其中，$h(y)$是$g(x)$的反函数，$\alpha=\min\{g(-\infty), g(+\infty)\}$，$\beta=\max\{g(-\infty), g(+\infty)\}$。

2)分布函数法

根据随机变量X的概率密度函数$f_X(x)$寻找随机变量$Y=g(X)$的概率密度函数$f_Y(y)$，关键在于把$Y=g(X)$的分布函数在y的函数值$F_Y(y)$转化为X的分布函数在$g^{-1}(y)$处的值$F_X[g^{-1}(y)]$，这就建立了分布函数之间的关系，然后利用分布函数的定义以及分布函数与密度函数的关系，通过对y求导可得到Y的概率密度函数。

4.1.6 随机变量的数字特征

随机变量的数字特征是与它的分布有关的某些数值，如平均值、最大可能值等，它们反映了随机变量某些方面的特征。根据随机变量的种类，分别介绍离散型随机变量的数字特征、连续型随机变量的数字特征。

1. 离散型随机变量的数字特征

平均值：设X为离散型随机变量，其概率函数如表4-4所示。

表4-4 离散型随机变量X的概率函数

X	x_0	x_1	x_2	…	x_n	…
$P\{X=X_i\}$	P_0	P_1	P_2	…	P_n	…

其中，$P_n>0, n=1,2,\cdots, \sum_{n=1}^{+\infty}P_n=1$。

记$E(X)=\sum_{i=0}^{+\infty}X_iP_i$，称为$X$的平均值。

数学方差：$D(X)=E[X_i-E(X)]^2$。

数学方差反映了各个随机变量的采样值偏离平均值的平均程度。

$$D(X)=E[X_i-E(X)]^2=\sum_{i=0}^{+\infty}[X_i-E(X)]^2P_i$$

$$=\sum_{i=0}^{+\infty}X_i^2P_i-[E(X)]^2=E(X^2)-[E(X)]^2$$

变化系数：标准差与平均值的比值，反映了随机数偏离平均值的变化程度。

2. 连续型随机变量的数字特征

平均值：设X为随机变量，其概率密度函数为$f(x)$，则该随机变量的平均

值 m 为

$$m = \int_{-\infty}^{+\infty} x f(x) \mathrm{d}x$$

平均值又称数学期望。

数学方差：$D(X)=E[X_i-E(X)]^2$。

数学方差反映了各个随机变量的采样值偏离平均值的平均程度变化系数；标准差与平均值的比值反映了随机数偏离平均值的变化程度。除此之外，随机变量还有其他的数字特征，如模值和中间值等。

模值定义为随机变量的概率密度函数在某处取峰值时的 x 值。当有多个峰值时，取最大峰值作为模值。

中间值：如果有一点 X_m，随机变量有一半值落在这一点以下，那么由此点所定义的值 X_m 称为中间值 b。中间值可以从累积分布函数曲线上求得，因为它是 $F(x)=0.5$ 处的那个点。

模值：$x_{max} \mid \forall x,\ f(x_{max})=\max\limits_{\forall x} f(x)$。

中间值：$x_m \mid \forall x,\ F(x_m)=0.5$。

图 4-1 给出了模样及中间值的示例。

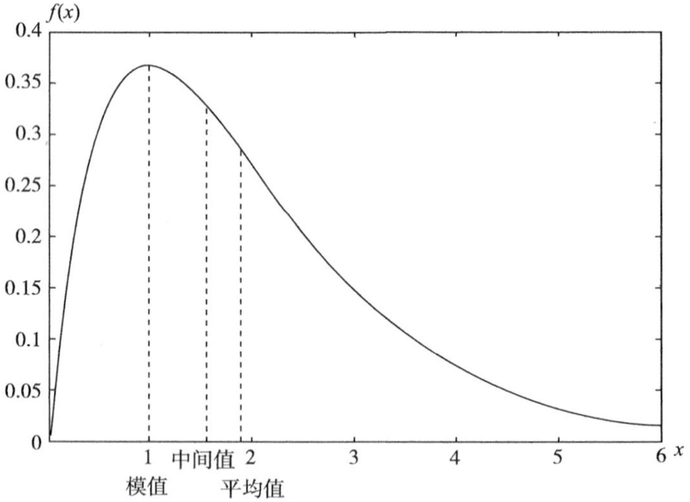

图 4-1 模样及中间值的示例

由图 4-1 可知，在 $x=1$处时 $f(x)$达到峰值，则 $x=1$就是随机变量的模值。中间值：$X_m=1.678\,346\,9$。

4.2　离散事件系统仿真中常用的概率分布形式

4.2.1　(0，1)均匀分布随机数

均匀分布的随机数：随机变量 x 在其可能值范围中的任一区间出现的概率正比于此区间的大小与可能值范围的比值。

(0，1)均匀分布随机数：在各种分布的随机数中，最常用和最重要的是在(0，1)区间上的均匀分布随机数。

其他许多分布的随机数都可以由(0，1)均匀分布随机数经过变换和计算来产生。

1.(0，1)均匀分布随机数的定义

(0，1)均匀分布随机变量 x 的概率密度函数为

$$f(x)=\begin{cases}1, & 0\leqslant x\leqslant 1\\ 0, & \text{其他}\end{cases}$$

图 4-2 为(0，1)均匀分布概率密度函数曲线图。

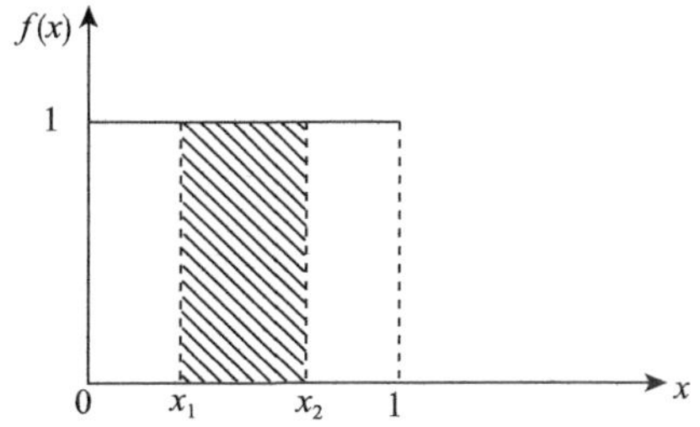

图 4-2　(0，1)均匀分布概率密度函数

2.(0，1)均匀分布随机数的说明

随机变量 x 落入区间(x_1，x_2)中的概率等于图 4-2 中阴影区的面积，其值为(x_2-x_1)，正比于区间(x_1，x_2)的大小。

需要说明的是，在计算机上表示连续变量只能是近似的，因为计算机中的数字只能是有限的位数。如果变量变化的最小步长可以达到计算机表示的最小值，并且在实际需要的精度之内变量可以达到任意值，就可以把这个变量看成是连续的。(0，1)均匀分布的分布函数曲线图如图 4-3 所示。

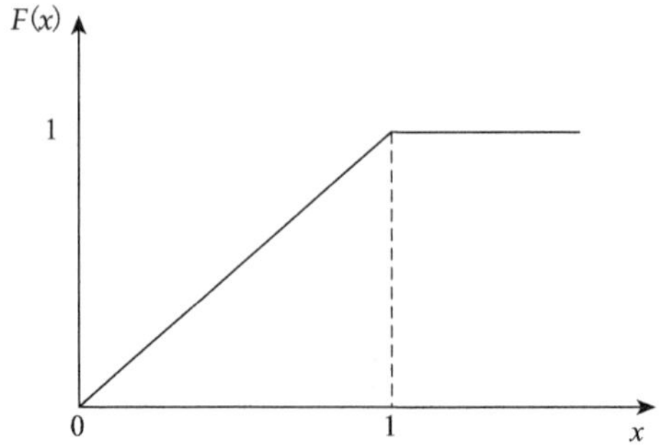

图 4-3 (0，1)均匀分布的分布函数

3.(0，1)均匀分布随机数的产生方法

物理过程：常用的物理装置有放射粒子计数器、电子管随机数产生器。利用电子噪声或放射源去激励一个周期为 0～9 的计数器，对计数器定时进行采样就可以得到所需的随机数的一位数。多次重复此过程或者利用几个计数器同时运行，就可以得到任意位数的随机数。

随机数表：利用物理过程可以得到大量随机数，并将这些数制成表。在使用随机数时就可以依一定的顺序从表中取出随机数。为了适应实际需要的位数，对取出的随机数可以进行截断或拼接处理。

随机数产生程序：按照一定的算法计算出具有类似于均匀分布随机变量的独立取样值性质的数。因为这些数是按照定性的算法计算出来的，会有一定的周期性，所以被称为伪随机数。由于我们的目的是利用随机数来对随机活动的统计进行分析，只要伪随机数的数理统计性质能够满足实际需要就可以了。这些数理统计性质包括均匀性、独立性等。一般计算机上，产生随机数的函数为(0，1)均匀分布的随机数。

4.2.2 贝努利概率模型二项分布的产生

贝努利概率模型是概率统计中一种最简单而又常用的概率模型，它由一系列实验组成。其中每次实验只有两种结果。我们用事件 A 和 A' 来表示这两种实验结果。若 A 产生的概率为 $P(\mathrm{A})=P(0<P<1)$，事件 A' 发生的概率 $P(\mathrm{A})=Q=1-P$，而且各次实验是相互独立的，我们可以利用(0，1)均匀分布随机数序列产生贝努利概率模型的二项分布。任取(0，1)均匀分布随机数 x_n，若 $x_n \leqslant P$，就认为事件 A 发生；反之，若 $x_n > P$，则认为 A' 事件发生。

在由 n 次独立实验组成的贝努利概率模型中，事件 A 发生的次数 k 是一个随机变量。它取值 $k(k=1, 2, \cdots, n)$ 的概率是 $P_k = C_n^k P^k Q^{n-k}$，当 P 较大而计算精度又要求较高时，我们可以在计算机上用 n 次贝努利实验产生二项分布的随机数。

泊松定理：若 $nP_n=\lambda$，n 是正整数，则对于任一固定的非负整数 k，有

$$P(k,\ \lambda)=\frac{\lambda k}{k!}\mathrm{e}^{-\lambda}(n\rightarrow+\infty)$$

4.2.3 泊松分布

若进行 n 次独立实验，在每次实验中事件 A 发生的概率等于 P_n，则在 n 次实验中事件 A 发生 k 次的概率($n\rightarrow+\infty$，$P_n\rightarrow0$，$nP_n=\lambda$)趋于 $P(k,\ \lambda)$：$P(k,\ \lambda)=\frac{\lambda k}{k!}\mathrm{e}^{-\lambda}$，称为泊松分布。

在泊松分布的实验中，实验的次数 n 越大，则越接近泊松分布的值。

在 n 重贝努利实验中，事件 A 在每次实验中发生的概率为 p，出现 A 的总次数 K 服从二项分布 $b(n,\ p)$，当 n 很大，p 很小，$\lambda=np$ 大小适中时，二项分布可用参数为 $\lambda=np$ 的泊松分布来近似。

泊松分布适合于描述单位时间内随机事件发生的次数。如某一服务设施在一定时间内到达的人数、电话交换机接到呼叫的次数、汽车站台的候客人数、机器出现的故障数、自然灾害发生的次数等。

4.2.4 指数分布

指数分布的概率密度函数是

$$f(x)=\begin{cases}\lambda\mathrm{e}^{-\lambda x}, & x>0\\ 0, & x\leqslant0\end{cases}$$

累积分布函数为

$$F(x)=\int_0^x\lambda\mathrm{e}^{-\lambda u}\,\mathrm{d}u=1-\mathrm{e}^{-\lambda x}$$

生成随机数的逆函数为

$$\begin{cases}x_1=(-2\ln u_1)^{1/2}\cos2\pi u_2\\ x_2=(-2\ln u_1)^{1/2}\sin2\pi u_2\end{cases}$$

$$x=F^{-1}(y)=-\frac{1}{\lambda}\ln(1-y)$$

实际生活中的许多问题都可以用指数分布来描述，如各种电子元件的寿命、顾客在商店排队等待的时间及接受服务的时间等。在可靠性理论和随机服务系统理论中，指数分布的应用十分广泛。

指数分布同时具有无后效性和无记忆性。即

$$P\{X>t+s\mid X>t\}=P\{X>s\}$$

4.2.5 正态分布

如果随机变量 X 的概率密度为

$$f(x)=\frac{1}{\sqrt{2\pi}\sigma}\mathrm{e}^{-\frac{1}{2\sigma^2}(x-\mu)^2},-\infty<x<+\infty$$

其中，$\sigma>0$，σ、μ 为常数，则称 X 服从参数为 σ、μ 的正态分布，记为 $X\sim N(\mu,\sigma^2)$。

由高等数学可知：

(1)当 $x=\mu$ 时，$f(x)$ 达到最大值 $\frac{1}{\sqrt{2\pi}\sigma}$；在 $x=\mu\pm\sigma$ 处，曲线 $y=f(x)$ 有拐点(图 4-4)。

(2)$f(x)$ 的图形对称于直线 $x=\mu$。

(3)$f(x)$ 以 x 轴为渐近线。

(4)若固定 σ，改变 μ 值，则曲线 $y=f(x)$ 沿 x 轴平行移动，曲线的几何图形不变(图 4-5)。

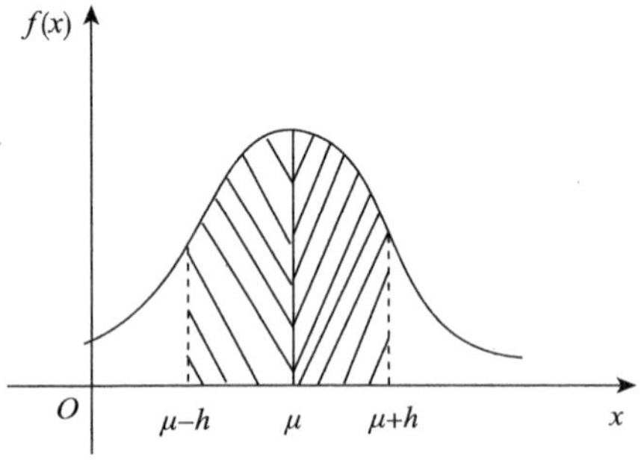

图 4-4 服从参数为 σ、μ 的正态分布曲线

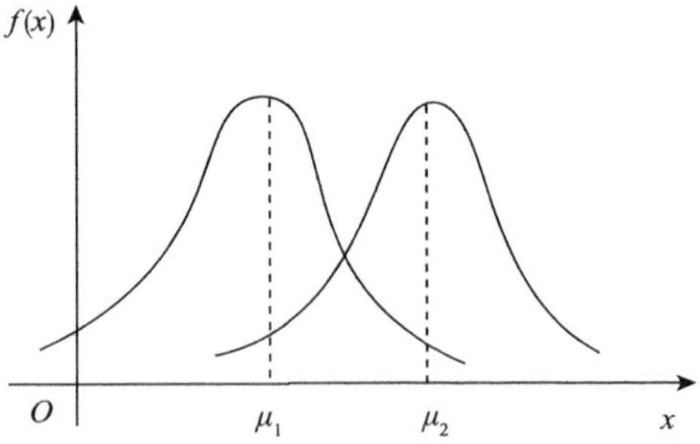

图 4-5 固定 σ、改变 μ 的正态分布曲线

(5)若固定 μ，改变 σ 值，由 $f(x)$ 的最大值可知，σ 越大，$f(x)$ 的图形越平坦；σ 越小，$f(x)$ 的图形越陡峭(图 4-6)。

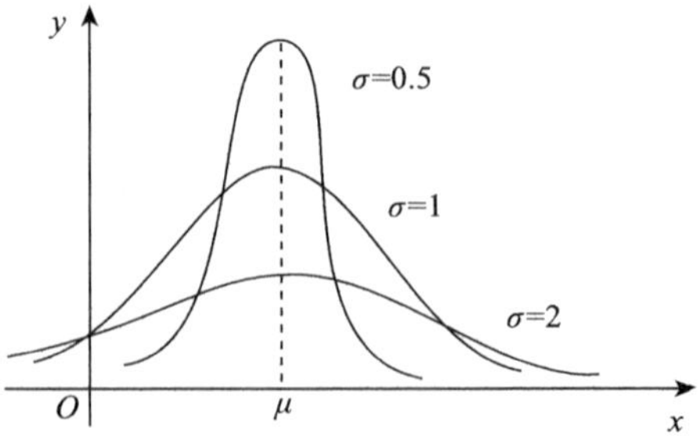

图 4-6 固定 μ、改变 σ 的正态分布曲线

特别地，当 $\mu=0$，$\sigma^2=1$ 时，称 X 服从标准正态分布，即 $X\sim N(0,1)$，密度函数为

$$\varphi(x)=\frac{1}{\sqrt{2\pi}}\mathrm{e}^{-\frac{x^2}{2}},-\infty<x<+\infty$$

标准正态分布的分布函数为

$$\Phi(x)=\int_{-\infty}^{x}\varphi(x)\mathrm{d}x=\int_{-\infty}^{x}\frac{1}{\sqrt{2\pi}}\mathrm{e}^{-\frac{t^2}{2}}\mathrm{d}t$$

由标准正态分布的对称性易知，对任意 x，有

$$\Phi(-x)=1-\Phi(x)$$

4.2.6　k-爱尔朗分布

概率密度函数为

$$f(x)=\begin{cases}\dfrac{\lambda^k-x^{k-1}}{(n-1)!}\mathrm{e}^{-\lambda x}, & x\geqslant 0\\ 0, & x<0\end{cases}$$

k-爱尔朗分布的数学特征为

$$E(X)=1/\lambda$$

如果 k 个随机变量 X_i，$i=1,2,\cdots,k$，分别服从指数分布，那么随机变量 $X=X_1+X_2+\cdots+X_k$ 服从 k-爱尔朗分布。即具有 k-爱尔朗分布的随机变量可以看做是具有同一指数分布的独立的 k 个随机变量之和。

k-爱尔朗分布在排队模型中，得到广泛应用。例如，假定顾客在到达窗口排队时必须通过一个关口，这个关口由 k 层构成，通过每层的时间服从参数为 $k\lambda$ 的指数分布，这样顾客通过整个关口到达窗口排队时，就实现了 k-爱尔朗分布。

4.2.7　韦伯分布

概率密度函数为

$$f(x)=\begin{cases}\dfrac{\alpha}{\beta}x^{\alpha-1}\mathrm{e}^{-(x/\beta)\alpha}, & 0\leqslant x<+\infty\\ 0, & \text{其他}\end{cases}$$

分布函数为

$$F(x)=1-\mathrm{e}^{-(x/\beta)\alpha},x\leqslant 0$$

利用反变换，可得

$$x=\beta(-\ln u)^{1/\alpha}$$

其中，u 为 $(0,1)$ 均匀分布随机数。

4.2.8　对数正态分布

设 η 是具有平均值 μ 和方差 σ^2 的正态分布的随机变量，则 $y=\mathrm{e}^x$ 为具有对数

正态分布的随机变量，其概率分布密度函数为

$$f(x)=\begin{cases}\dfrac{1}{\sqrt{2\pi}\sigma x}e^{-(\ln x-\mu)^2/2\sigma^2}, & 0\leqslant x<+\infty\\ 0, & 其他\end{cases}$$

这一分布在经济学中得到了广泛的应用，由于它和正态分布密切相关。随机数的简单算法如下：

(1)判断 $\sigma>0$，否则出错；

(2)由标准正态分布 $N(0,1)$ 取值 Y'；

(3)计算 $Y=\mu+\sigma Y'$；

(4)计算 $X=e^Y$，即为一次对数正态分布的 X 取值。

4.2.9 伽玛分布

伽玛分布 Gamma(β，α)的概率函数为

$$f(x)=\begin{cases}\dfrac{x^{\alpha-1}e^{-x/\beta}}{\beta^2\Gamma(\alpha)}, & 0\leqslant X<+\infty, \alpha>0, \beta>0, 取自\ G(\alpha,\beta)\\ 0, & 其他\end{cases}$$

伽玛分布具有一种特性：x_1，x_2，…，x_n 是取自 $G(\alpha_i, \beta)$ 的一个独立随机数变量序列，则 $X=\sum_{i=1}^{n}X_i$，取自 $G(\alpha, \beta)$，其中，$\alpha=\sum_{i=1}^{n}\alpha_i$。

若 $\alpha_i=1$，则 X 将是 n 个独立的指数随机变量之和，根据这一特性可用于生成具有伽玛分布的 X，其算法如下：

(1)判断 $\alpha>0$，$\beta>0$，否则出错；

(2)$0\Rightarrow X$，α 取整；

(3)从均值为 1 的指数分布生成 V；

(4)$X+V\Rightarrow X$；

(5)若 $\alpha=1$，则 $\beta X\Rightarrow X$，并作为伽玛分布的一次取值；

(6)$\alpha-1\Rightarrow\alpha$，转至第(3)步循环直至 $\alpha=1$。

4.2.10 贝塔分布

贝塔分布 Be(α，β)的概率函数为

$$f(x)=\begin{cases}\dfrac{\Gamma(\alpha+\beta)}{\Gamma(\alpha)\Gamma(\beta)}X^{\alpha-1}(1-X)^{\beta-1}, & 0\leqslant X\leqslant 1\\ 0, & 其他\end{cases}$$

其中，$\dfrac{\Gamma(\alpha+\beta)}{\Gamma(\alpha)\Gamma(\beta)}=Be(\alpha, \beta)$，$\alpha>0$，$\beta>0$。

利用概率理论可以证明：若 Y_1 和 Y_2 是独立地从伽玛分布 $G(\alpha, 1)$ 和 $G(\beta, 1)$

分布中取值，则 $X=Y_1/(Y_1+Y_2)$，即为贝塔分布 $Be(\alpha, \beta)$ 中取值。

可得如下贝塔分布生成算法：

(1)判断 $\alpha\leqslant 0$ 及 $\beta\leqslant 0$，否则出错；

(2)从 $G(\alpha, 1)$ 分布中取值 Y_1；

(3)从 $G(\beta, 1)$ 分布中取值 Y_2；

(4)算出 $X=Y_1/(Y_1+Y_2)$ 作为一次贝塔分布 $Be(\alpha, \beta)$ 的取值。

4.3　随机数与随机数发生器

4.3.1　随机数

所谓随机数就是随机变量的样本取样值。随机数是专门的随机实验的结果。

在连续型随机变量的分布中，最简单而且最基本的分布是单位均匀分布。由该分布抽取的简单子样称为随机数序列，其中每一个体称为随机数。单位均匀分布，即[0，1]上的均匀分布。由随机数序列的定义可知，$\xi(1)$，$\xi(2)$，…是相互独立且具有相同单位均匀分布的随机数序列。也就是说，独立性、均匀性是随机数必备的两个特点。

在蒙特卡罗(Monte Carlo)法仿真运行之前，首先根据变量确定的分布形式及其参数产生子样。而产生非(0，1)分布随机子样的基础是产生(0，1)区间上均匀分布的随机子样，这种方法也称随机数发生器。其他各类分布，如正态分布、韦伯分布、泊松分布等，都可以用某种方法对这些均匀分布的随机数进行某种变换来实现。

在仿真过程中对随机数进行基于以下几点的考虑：

(1)用来产生的随机数的程序应当是快速的。虽然产生一次随机数的计算代价并不昂贵，但实际仿真时可能需要成千上万个随机数，因此要选择一种低成本的随机数发生器。

(2)用以产生随机数的程序不应占用过多的计算机存储单元。

(3)产生的随机数序列应有足够长的周期。

(4)随机数应可以再现。在仿真运行中，当需要对有关系统的输出结果进行比较时，随机数可以再现使用是很必要的。

(5)产生的随机数应有近似于理想的统计性质(均匀性和独立性)，这一点是至关重要的。

4.3.2　随机数生成器

最常用的随机数生成器是线形同余数法。从生成的大量随机数 x 中抽取一些

随机数 x_i，则

$$x_{i+1} = (A \times x_1 + C)\mathrm{mod}(M)$$

其中，A 和 C 为常数，mod(M)为取模操作。

例如，对于 $x_{i+1}=(5\times x_i+1)\mathrm{mod}(16)$。这个随机数生成器生成的一系列随机数如表 4-5 所示。

表 4-5 线性同余法产生的随机数

i	x_i	$5x_i+1$	x_i+1
1	1	6	6
2	6	31	15
3	15	76	12
4	12	61	13
5	13	66	2
6	2	11	11
7	11	56	8
8	8	41	9
9	9	46	14
10	14	71	7
11	7	36	4
12	4	21	5
13	5	26	10
14	10	51	3
15	3	16	0
16	0	1	1

有多种方法可以测试随机数生成器的好坏。如可以通过判断生成的随机变量是否均匀分布来测试，也可以通过检验 x_i 和 x_{i+1}之间的相关性来判断生成随机数的预测性。蒙特卡罗程序中通常需要产生服从给定概率分布 $F(x)$的随机变量 X。该步可用多种方法加以实现，其中包括直接法和舍去法。

直接法(也称反演法或变换法)，需要转换与随机变量 X 相关的累积概率函数 $F(x)=\mathrm{prob}(X\leqslant x)$[即 $F(x)$为 $X\leqslant x$ 的概率]。$0\leqslant F(x)\leqslant 1$ 显然表明，通过产生(0，1)内均匀分布随机数 U，经转换，我们可得服从 $F(x)$分布的随机样本 X。为了得到这样的具有概率分布 $F(x)$的随机数 X，不妨设 $U=F(x)$，即可得

$$X = F^{-1}(U)$$

其中，X 具有分布函数 $F(x)$。例如，若 X 是均值为 μ 呈指数分布的随机变量，且

$$F(x)=1-e^{-x/\mu}, 0<x<+\infty$$

在 $U=F(x)$ 中解出 X，可得

$$X=-\mu\ln(1-U)$$

由于 $(1-U)$ 本身就是区间(0，1)内的随机数，故可简写为

$$X=-\mu\ln U$$

有时反函数 $F^{-1}(x)$ 不存在或很难获得。这种情况可用舍去法来处理。令 $f(x)=\dfrac{\mathrm{d}F(x)}{\mathrm{d}x}$ 为随机变量 X 的概率密度函数。令 $a>x>b$ 时的 $f(x)=0$，且 $f(x)$ 上界为 M[即 $f(x)\leqslant M$]，如图 4-7 所示。我们产生区间(0，1)内的两个随机数(U_1,U_2)，则 $X_1=a+(b-a)U_1, f_1=U_2M$ 分别为在(a，b)和(0，M)内均匀分布的随机数。若 $f_1\leqslant f(X_1)$，则 X_1 为 X 的可选值，否则被舍去，然后再试新的一组(U_1,U_2)。如此运用舍去法，所有位于 $f(x)$ 以上的点都被舍去，而位于 $f(x)$ 上或以下的点都由 $X_1=a+(b-a)U_1$ 来产生 X_1。

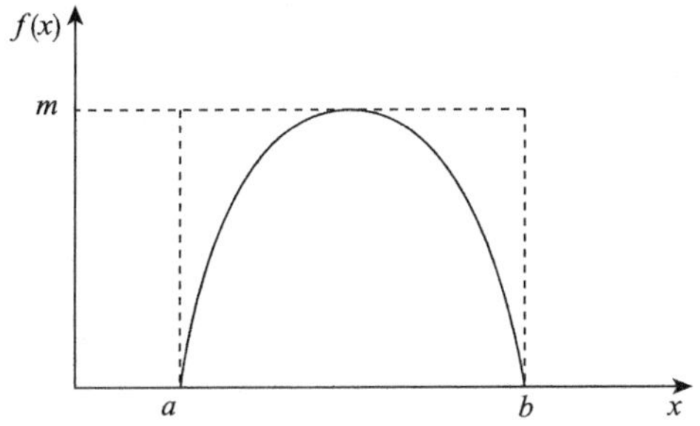

图 4-7　舍去法产生概率密度函数为 $f(x)$ 的随机变量

随机数生成器的算法还有很多。不管采用什么方法，在使用随机数生成器时应注意：尽量不要使用不了解的随机数生成器；在选用一个随机数生成器之前，应用多种不同的方法进行详细的检验；不要使用即兴方法来改进随机数生成器。

4.3.3　蒙特卡罗方法

随机性的概念可以和数学上的概率论以及现代计算机的计算功能相结合，用以提供一种计算流程，丰富所提供的信息，这种方法被称为蒙特卡罗方法。蒙特卡罗方法是用来解决数学和物理问题的非确定性的(概率统计的或随机的)数值方法。

蒙特卡罗方法的应用有两种途径，即仿真和取样。仿真是指提供实际随机现象的数学上的模仿的方法。一个典型的例子就是对中子进入反应堆屏障的运动进行仿真，用随机游动来模仿中子的锯齿形路径。取样是指通过研究少量的随机的子集来演绎大量元素的特性的方法。例如，$f(x)$在 $a<x<b$ 上的平均值可以通过

间歇性随机选取的有限个数的点的平均值来进行估计。这就是数值积分的蒙特卡罗方法。蒙特卡罗方法已被成功地用于求解微分方程和积分方程、求解本征值、矩阵转置，尤其是计算多重积分。

从概念上理解，蒙特卡罗方法非常简单。例如，对于图 4-8 中所示正方形中的不规则图形。正方形的面积很容易求出：$A_s=s^2$，其中，s 表示正方形的边长，A_s 表示正方形的面积。而计算不规则图形的面积就比较困难了。从图 4-8 中可以看出，不规则图形是正方形的一部分。因此，$A_i=\mu A_s=\mu s^2$，其中，A_i 表示不规则图形的面积，$0<\mu<1$。现在，只要能够求出 μ 的值，就可以知道不规则图形的面积了。假如，将图挂在墙上，然后站在一定远的距离外掷飞镖。假定是在随机的条件下掷飞镖，那么 μ 的值可以看做是落入不规则图形内的飞镖数目与落入正方形内(含不规则图形)的总飞镖数目的比值。事实上，在随机情况下，如果投掷的飞镖越多，落入不规则图形内的飞镖数与落入正方形内的总飞镖数的比值就越接近 μ。这就是蒙特卡罗方法的本质。在实际使用蒙特卡罗方法的过程中，可以采用计算机产生随机数的方法来模拟掷飞镖的过程。

图 4-8　用蒙特卡罗方法求解不规则图形面积的模型

假如，有一台计算机产生[0，1]区间内均匀分布的随机数，让产生的这个随机数表示正方形边长的系数。用两个随机数表示一个点在正方形上的具体位置，然后判断该点是否落在不规则图形内，记录落在不规则图形内的点数和实验的总次数，这两个数值的比值就是 μ。使用计算机的好处就是能够在很短的时间内产生大量的随机数，而且还能记录统计结果。

由此可见，蒙特卡罗方法依靠计算机产生的随机数来模拟实际系统。同时，计算机也负责相关的计数工作，以便获得最终的统计结果。

蒙特卡罗仿真方法的流程如图 4-9 所示。

采用蒙特卡罗方法时，基本上遵循一个约定俗成的流程。为存储仿真结果，

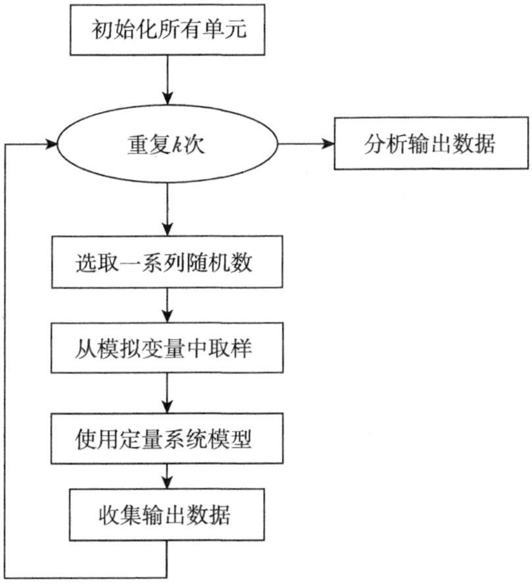

图 4-9　典型蒙特卡罗方法的逻辑流程

计算机程序代码必须为蒙特卡罗方法分配大量的存储空间。

4.3.4　随机数的产生方法

1. 计算机产生随机数的算法

当对不同的系统或过程进行仿真时，如果系统或过程本身包含固有的随机组成成分，就需要按照一定的方法来生成或获得随机数。在计算机仿真中，能否产生具有一定性能要求的随机数是决定仿真是否可信的重要因素之一。

最早的时候，人们通过物理的方法来产生随机数，如采取抽签、投骰子、抓阄等方法，后来出现了用脉冲电子管的电子电路来产生随机数的方法，即利用电子噪声或放射源去激励一个周期为 0～9 的计数器，对计数器定时采样就可以得到所需的随机数的一位数。多次重复此过程或者利用几个计数器同时运行，就可以得到任意位数的随机数。随着人们经验的不断丰富和对随机数的研究，人们把物理产生的随机数制成表，该表叫做随机数表，这些从表中取出的随机数还可以任意截断或拼接处理。随着计算机技术的发展，对随机数的产生提出了更高的要求，于是在 20 世纪 40 年代，人们开始寻求用数字或算数的方法来产生随机数。

计算机产生随机数的通常方法是利用一个递推公式：$x_n = f(x_{n-1}, x_{n-2}, \cdots, x_{n-k})$，给定了 k 个初始值 $x_{n-1}, x_{n-2}, \cdots, x_{n-k}$，就可以利用这个递推公式推算出第 $k+1$ 个数：$x_{k+1} = f(x_1, x_2, \cdots, x_k)$。

常见的递推公式有两种：一种是平方取中法，另一种是同余法。

平方取中法是最早产生随机数的一种方法，任取一个 $2k$ 位的数为种子，乘方后去掉头尾取中间 $2k$ 位作为第一个随机数，再取第一个随机数为种子，按相同的方法得到第二个随机数，依此类推，就可以得到一个随机数列。这种方法的缺点是容易产生退化，一旦尾数出现 0 后就无法清除。此外，用这种方法得到的随机数分布均匀性比较差。

同余法是将一组数据通过一系列特定的数字运算，最后利用一个数字的整除求余，所得到的数值就是一个伪随机数。这种特定的数字运算公式为

$$X_{n-1} = (aX_n + c)\bmod M$$

其中，a 为乘法因子；c 为加法因子；M 为模数(为随机数的周期)。当 $a=1$ 时，为加法同余；当 $c=0$ 时，为乘法同余；当 $a\neq1$、$c\neq0$ 时，为混合同余。

同余法有两个缺点：一个缺点是所有随机数发生器都是存在的，也就是说，由公式计算得到的随机数序列并不是真正意义上的随机数；另一个缺点是所得到的随机数序列只能取有理数值 0，$1/M$，$2/M$，…，$(M-1)/M$。实际上，随机数序列只能取到这些数值的一部分，这取决于每个参量的值。只有当 M 足够大时才能获得与真实的分布足够接近的随机数。

为了产生具有更长周期和更好统计性能的随机数，人们采取了两个或者更多个独立的随机数发生器，将它们组合到一起，来生成最后的随机数，而使最后的随机数的周期长度和性能比其中某个单独的随机数发生器产生的随机数都更好。组合发生器有的由两个独立的随机数发生器构成，有的由三个独立的随机数发生器构成。对于由相同数目的随机数发生器构成的组合发生器，产生随机数的机制也可以是不同的。

2. 各种离散分布随机数的产生

随机数产生方法的发展经历了一段漫长的历史，到目前为止，已经有许多获得随机数的方法。现列举如下：

(1)手工方法。如抽签、发纸牌或从“搅拌均匀的箩筐”中摸编号球的方法等，它们的效率都很低。

(2)随机数表法。由人工制成的表格存放随机数，但随机数表在计算机上使用占用内存较大，且长度有限，故使用较少。随机数表由 0,1，…，9 共 10 个数字组成，每个数字以 0.1 的等概率出现，数字之间相互独立。这些数字序列叫做随机数字序列。如果要得到 n 位有效数字的随机数，只需将表中每 n 个相邻的随机数字合并在一起，且在最高位的前边加上小数点即可。例如，某随机数表的第一行数字为 7634258910…，要想得到三位有效数字的随机数，依次为 0.763、0.425、0.891。

(3)物理方法。即利用某些物理现象，在计算机上增加些特殊设备，可以在计算机上直接产生随机数。这些特殊设备称为随机数发生器。用来作为随机数发

生器的物理源主要有两种：一种是根据放射性物质的放射性，另一种是利用计算机的固有噪声。用物理方法产生的随机数序列无法重复实现，不能进行程序复算，给验证结果带来很大困难。而且，需要增加随机数发生器和电路联系等附加设备，费用昂贵。因此，该方法也不适合在计算机上使用。

(4)数学方法。在计算机上用数学方法产生随机数，是目前使用较为广泛、发展较快的方法。它利用数学递推公式来产生随机数，通常把这样得到的随机数称为伪随机数。由于这种方法属于半经验性质，故只能近似地具备随机数的性质。但是只要产生伪随机数的递推公式选得较好，由此产生的随机数序列的独立性是可以近似得到满足的。而且只要公式的参数选得适当，就可以保证所得到的随机数循环周期足够长。若所使用的随机数总数不超过伪随机数序列的循环周期时，使用要求即可得到满足。

在计算机上产生随机数最实用、最常见的方法是数学方法，即用如下递推公式：$\xi(n+k)=T(\xi(n),\xi(n+1),\cdots,\xi(n+k-1))$，$n=1,2,\cdots$，产生随机数序列。对于给定的初始值 $\xi(1),\xi(2)\cdots,\xi_k$，确定 $\xi(n+k)$，$n=1,2,\cdots$。经常使用的是 $k=1$ 的情况，其递推公式为 $\xi(n+k)=T(\xi(n))$，对于给定的初始值 $\xi(1)$，确定 $\xi(n+1)$，$n=1,2,\cdots$。

用数学方法产生的随机数存在两个问题：①递推公式和初始值 $\xi(1)$，$\xi(2)$，…，$\xi(k)$ 确定后，整个随机数序列便被唯一确定。不满足随机数相互独立的要求。②由于随机数序列是由递推公式确定的，而在计算机上所能表示的[0,1]上的数又是有限的，故这种方法产生的随机数序列就不可能不出现无限重复。一旦出现这样的 n'、$n''(n'<n'')$，使得下面等式成立：$\xi(n'+i)=\xi(n''+i)$，随机数序列便出现了周期性的循环现象。对于 $k=1$ 的情况，只要有一个随机数重复，其后面的随机数全部重复，这与随机数的要求是不相符的。

由于这两个问题的存在，常称用数学方法产生的随机数为伪随机数。对于以上存在的两个问题，作如下具体分析。关于第一个问题，不能从本质上加以改变，但只要递推公式选得比较好，随机数间的相互独立性是可以近似满足的。至于第二个问题，则不是本质的。因为用蒙特卡罗方法解任何具体问题时，所使用的随机数的个数总是有限的，只要所用随机数的个数不超过伪随机数序列出现循环现象时的长度就可以了。用数学方法产生的伪随机数容易在计算机上得到，可以进行复算，而且不受计算机型号的限制。因此，这种方法虽然存在着一些问题，但仍然被广泛地在计算机上使用，是在计算机上产生伪随机数的主要方法。

思考题

1. 简述随机变量的概念。

2. 简述随机变量分布函数的性质。
3. 举例说明几种重要的离散型随机变量的概率分布。
4. 举例说明几种连续型随机变量的分布。
5. 分别说明离散型随机变量和连续型随机变量的数字特征。
6. 简述离散事件系统仿真中常用的概率分布形式。
7. 简述随机数的定义以及获得的方法。
8. 简述蒙特卡罗仿真方法的流程。

第5章

仿真输入数据分析

仿真的输入数据是仿真的基础和源泉，收集和分析仿真输入数据是系统仿真的前提和基础。在仿真模型中输入数据的正确与否直接影响着仿真输出结果分析。在仿真模型中几乎所有的数据输入都包含了随机输入，例如，在排队系统仿真中，典型的输入数据可以是到达的时间间隔和服务时间的分布；在库存系统仿真中，输入数据包括需求的分布和提前期的分布；在生产系统中，输入数据包括作业到达的时间间隔、作业类型的概率分布以及每种作业每道工序服务时间的分布。

5.1 仿真输入数据分析概述

对具有随机变量的系统进行仿真时，为了在仿真模型中对这些分布进行取样以得到需要的随机变量，必须确定其随机变量的概率分布。确定随机变量的模型技术是搜集随机模型的观测数据，当输入随机变量的分布已知时，可以用合适的方法生成相应分布的随机数作为系统的输入。在实际问题中，常常是只能通过对系统的观察收集到感兴趣的输入随机变量的观察数据，而对输入的总体分布一无所知或仅有部分信息。确定随机变量的分布模型通常采用两种方法：一是利用观察数据建立实验分布函数，并用实验分布抽样法生成相应的输入随机数；二是通过对这些数据的分布形式假定、参数估计和分布拟合优度检验等过程，确定输入随机变量的分布模型。

输入数据模型确定的基本方法如图5-1所示。

5.2 数据的收集与处理

数据收集是针对实际问题，经过系统分析或经验的总结，以系统的特征为目标，收集与此有关的资料、数据、信息等反映特征的相关数据。数据收集是输入

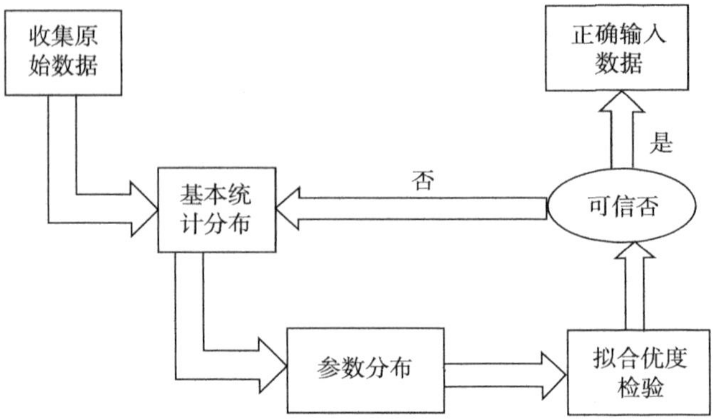

图 5-1 输入数据模型确定的基本方法

数据分析的基础，需要对数据进行分析，对收集的方法、数据需要作预先的设计和估算。因此收集正确的原始数据是进行系统仿真的一个关键因素。实际系统中会存在很多输入数据，根据仿真目的判断资料和数据的收集是十分重要的，因此数据的收集也是一项工作量很大的工作。收集到的数据通过统计的数学手段(计数统计、频率分析、直方图制作等)，得出统计分布的假设函数(如正态分布、负指数分布、Erlang 分布等)，对数据进行分析。如果收集到的输入数据不准确或者采用的数据分析方法不正确，即使仿真系统的模型是正确的，利用该数据进行仿真也不能得到正确的结果，最终造成决策失误和损失，仿真的意义没有得到充分体现。

在进行数据收集时应该注意以下几个问题：根据问题的特征，进行仿真的前期研究。分析影响系统的关键因素，做好仿真计划，了解仿真时所需要的数据。尽量把性质相同的数据集组合在一起，形成不同类型的数据分组，便于数据本身的管理和仿真的对比分析。在收集数据时应注意对数据的分析，抓住仿真研究的关键，对于仿真无用的数据无需收集。数据的自相关性的检验，考察一个似乎是独立的观察序列数据存在自相关的可能性，自相关可能存在于相继的时间周期或相继的顾客中。数据应该满足独立的要求，通过进行回归分析，判断两个随机变量之间的相关性。

在进行系统仿真时，可以通过对原始数据的收集获得数据，也可以通过实际观察获得系统的输入数据(例如，观测在一段时间内到银行的顾客数目，观测超市中顾客到达收银台的时间间隔)；通过项目管理人员提供的实际系统的运行数据(配送中心在一段时间内收到的订单数目)获得数据；通过文献参考，从公开发表的研究资料、论文等中收集相关系统的输入数据模型。利用研究机构或组织提供的用于测试仿真或算法的数据包进行仿真或算法性能对比。同时由于这些数据具有较高的可信度和权威性，便于进行对比分析。

通过对系统输入数据的分析及分析确定输入数据模型，使建立的输入数据模型能够正确反映数据的随机特征。数据模型的确定是得到正确仿真结果的前提。

5.3 数据分布的分析与假设

5.3.1 连续分布类型的假设

若观测数据来自连续分布，最常用的预处理方法有三种，即点统计法、直方图法及概率图法。

1. 点统计法

点统计法是基于连续分布的变异系数特征来进行分布类型的假设，观测数据的预处理则是计算其变异系数，根据偏差系数的特征寻找与其相近的理论分布。变异系数的定义是

$$\delta = \sqrt{S^2(n)}/\bar{x}(n)$$

其中，$S^2(n)$与$\bar{x}(n)$分别为观测数据的方差与均值。

例如，指数分布 $\exp(\beta)$，无论β为何值，$\sigma=1$。

点统计法对观测数据进行如下预处理：

均值：

$$\bar{x}(n) = \sum_{i=1}^{n} x_i/n$$

方差：

$$S^2(n) = \sum_{i=1}^{n}[x_i - \bar{x}(n)]^2/(n-1)$$

则σ的似然估计为

$$\hat{\delta} = \sqrt{S^2(n)}/\bar{x}(n)$$

然后根据$\hat{\delta}$值并参照各类分布的偏差数据δ来假设观测数据的分布类型。点统计法不能唯一地确定分布的类型。由于存在许多分布的变异系数的取值范围是重合的，并且$\hat{\delta}$是σ的似然估计值，但不一定是无偏的。但点统计法仍可作为分布假设的一种粗糙的指导性方法加以使用。

2. 直方图法

直方图法将观测数据 x_1，x_2，…，x_n 的取值范围分成k个断开的相邻区间$[b_0, b_1)$，$[b_1, b_2)$，…，$[b_{k-1}, b_k)$，每个区间宽度相等，记为$\Delta b = b_j - b_{j-1}$，$j=1,2,\cdots,k$。对任意j，令n_j表示第j个区间上观测数据的个数，记$g_j = n_j/n, j=1,2,\cdots,k$，定义函数：

$$h(x)=\begin{cases}0 & ,x<b_0\\ g_j & ,b_{j-1}\leqslant x<b_j\\ 1 & ,x\geqslant x_k\end{cases}$$

做出 $h(x)$ 的直方图，再将该图与常见的理论分布的密度函数图形进行比较(先忽略位置及比例尺的差别)，观察何种分布与 $h(x)$ 的图形类似，则可假设观测数据 $x_1,x_2,\cdots,x_n$ 服从该类型分布，然后再采用点统计法确定其参数。

直方图法是用观测到的样本数据建立随机变量的概率密度函数分布的直方图，然后通过将直方图与理论分布的概率密度函数曲线图形做对比，从图形上直观地判断被观测随机变量是否满足某种理论分布。

在实际使用时，可能需要对观测数据进行适当的调整，即增加一些其值特别大或特别小的过程数据，以便与理论分布进行比较。使用直方图法的困难在于如何确定好区间长度 Δb。Δb 太大，将丢失信息；Δb 太小，则观测数据中的噪声滤除得不够(一般观测数据中总是存在一定的噪声)。因此，往往需要选择不同大小的 Δb 分别做出相应的直方图，选择一个看上去是“最好的”或“最光滑的”直方图与理论分布进行比较，以便得到较为可靠的分布假设。

3. 概率图法

直方图法是将观测数据的直方图与理论分布的密度函数进行比较，而概率图法则是将观测数据定义为一个实验分布函数，然后将它与理论分布函数进行比较，再进行假设。设观测数据 $x_1,x_2,\cdots,x_n$ 共用 m 个取值($m\leqslant n$，因为可能存在取值相同的观测点)，分别记为 $x_{(1)},x_{(2)},\cdots,x_{(m)}$ 。

实验分布函数定义为 $\bar{F}[x(i)]=n_i/n,i=1,2,\cdots,m$ ，其中，n_i 表示小于或等于观测数据的个数，且 $n_m=n$。为了避免由有限个观测数据得到的实验分布函数值等于 1，对上式可略加修正，可采用下式来定义：$\widetilde{F}[x(i)]=(n_i-0.5)/n$ 。

由于分布函数的图形特征一般没有密度函数那么明显，基本上都是呈“S”形，概率图法不是采用这种实际比较的方法，而是采用所谓分位数“比较法”。定义为分布函数的分位点设 $0<g<1$，则 $x_g=F^{-1}(g)$ 称为 $F(x)$ 分位点。

如果 $F(x)$ 与 $G(y)$ 均为分布函数，分别取不同的 g 值，相应得到不同的(x_g，y_g)，若 $F(x)$ 与 $G(y)$ 是相同的分布函数，则由 (x_g,y_g) 形成的轨迹是斜率为 45°的直线。反之，如果两个分布函数 $F(x)$ 与 $G(y)$ 按照相同的一组 g 值，求得各自的分位点为 x_g,y_g ，在 xOy 平面上确定 (x_g,y_g) 的轨迹，若该轨迹是一条斜率为 45°的直线，则可以确认 $F(x)$ 与 $G(y)$ 的分布是相同的。

为了假设 $\widetilde{F}[x(i)]=\dfrac{(n_j-0.5)}{n}=g_i$ 的分布类型，可取 $\widetilde{F}[x(i)]$ 的分位点为 $x(i)$ ，分别对应 $\widetilde{F}[x(i)]$ 的值为 g_i，从常见的理论分布中选择一种，按 g_i 分别求得其分位点 y_i，然后在 xOy 平面上画出 $(x(j),y_i)$ 的轨迹，观察是否是斜率为

45°的直线，若比较接近，则可假设观察数据的分布分类与所选分布的类型相同。

有时 $(x(i), y_i)$ 的轨迹虽然呈直线状，但不是斜率为 45°的直线，这说明这两个分布的类型是相同的，只是位置参数和(或)比例参数不同，那么可对 $x(i)$ 进行如下变换：$y_i = \gamma + \beta x(i)$，得到的 $(x(i), y_i)$ 的轨迹必然是斜率为 45°的直线。这说明只要分位点 $(x(i), y_i)$ 的轨迹接近直线，观测数据的分布与所选的分布的类型是相同的，其位置参数及比例参数可通过前面的方法来确定。

如果 $(x(i), y_i)$ 的轨迹偏离直线很远，说明所选分布不符合要求，应考虑选择其他类型的分布进行比较。概率图法只需要判断分位点轨迹偏离直线的程度，不会对观测数据造成信息丢失，方法简单，得到广泛应用。

5.3.2　离散分布类型的假设

1. 点统计法

离散情形下的点统计法与连续情形的做法是相同的，即由观测数据 $x_1, x_2, \cdots, x_n$ 计算出均值和方差，并得到偏差系数 δ 的似然估计：

$$\overline{x}(n) = \sum_{i=1}^{n} x_i / n$$

$$S^2(n) = \sum_{i=1}^{n} [x_i - \overline{x}(n)]^2 / (n-1)$$

则 δ 的似然估计为 $\hat{\delta} = \sqrt{S^2(n)} / \overline{x}(n)$。将 $\hat{\delta}$ 值与理论分布的 δ 值进行比较后，就可进行分布类型的假设。将 $\hat{\delta}$ 与理论分布的 δ 值进行比较后，就可以进行分布类型的假设。例如，$\delta < 1$ 时，可假设为二项分布；若 δ 接近 1，则可假设为泊松分布。

2. 线图法

设观测数据为 $x_1, x_2, \cdots, x_n$。将其按递增顺序排列，设共有 m 个取值($m \leqslant n$)，分别为 $x_{(1)}, x_{(2)}, \cdots, x_{(m)}$。记 $x_{(i)}$ 数据个数占整个观测数据个数的比例为 h_i。以 $x(i)$ 为自变量，以 h_i 的值作为函数值，即 $h_i = f(x(i))$ 由函数值 h_i 向相应的自变量 $x(i)$ 做垂线所得到的图形称为线图。

线图法是将观测数据的线图与假设的理论分布的质量函数进行比较，找到相似的图形。

由上可以看出，线图法不需要将观测数据划分新的区间，因此不会丢失任何信息，较之连续情形的直方图法，使用起来更为方便。

5.3.3　实验分布

如果由观测数据难以确定一个理论分布，则只好采用实验分布作为观测数据的模型。原始观测数据一般有两种形式：一种是原始单个数据，另一种是分组数据。

若观测数据是原始单个数据 x_1，x_2，…，x_n，在定义其实验分布时，先将该 n 个数据按递增顺序排列。由于可能有相同值的数据，经排序号得到 $x_{(1)}$，$x_{(2)}$，…，$x_{(m)}$，$m \leqslant n$，该观测数据的实验分布可由下式定义。

$$F(x)=\begin{cases}0 & ,x<x(1)\\ \dfrac{i-1}{n-1}+\dfrac{1}{n-1}\times\dfrac{x-x_j}{x(j+1)-x_j} & ,x(j)\leqslant x\leqslant x(j+1);j=1,\cdots,m\\ 1 & ,x>x_n\end{cases}$$

若观测数据是分组数据，即不知道观测数据的数值，而仅知道该 n 个数据分布在 m 个相邻区间 $[a_0, a_1)$，$[a_1, a_2)$，…，$[a_{m-1}, a_m)$ 上及每个区间上数据的个数。记第 j 个区间上的个数为 n_j，$j=1$，2，…，m，则 $n_1+n_2+\cdots+n_m=n$，实验分布函数的表达式为

$$F(x)=\begin{cases}0 & ,x<a_0\\ \displaystyle\sum_{i=1}^{k-1}n_i/n+\frac{n_j}{n}\times\frac{x-a_{j-1}}{a_j-a_{j-1}} & ,x(j)\leqslant x\leqslant x(j+1);j=1,2,\cdots,m\\ 1 & ,x\geqslant a_m\end{cases}$$

实验分布的缺点：随机变量取值只能在 $x(1)\leqslant x(2)\leqslant x(m)$ 或 $a_0\leqslant x\leqslant a_m$ 范围内。

5.4 分布参数的估计

5.4.1 分布参数的类型

1. 位置参数

位置参数(记为 γ)确定分布函数取值范围的横坐标。当 γ 改变时，相应的分布函数仅仅向左或向右移动而不发生其他变化，因而又称位移参数。如均匀分布函数 $U[a, b]$。

$$f(x)=\begin{cases}\dfrac{1}{b-a}, & x\in[a,\ b],\ a<b\\ 0 & ,\text{其他}\end{cases}$$

其中，参数 a 定义为位置参数，当 a 改变时(保持 $b-a$ 不变)，$f(x)$ 向左或向右移动。

2. 比例参数

比例参数(记为 β)决定分布函数在其取值范围内取值的比例尺。β 的改变只压缩或扩张分布函数，而不会改变其基本形状。如指数分布函数。

$$f(x)=\begin{cases}\lambda e^{-\lambda x}, & x>0\\ 0, & x\leqslant 0\end{cases}$$

3. 形状参数

形状参数(记为 α)确定分布函数的形状，从而改变分布函数的性质。如韦伯函数。

概率密度函数为

$$f(x)=\begin{cases}\dfrac{\alpha}{\beta}x^{\alpha-1}e^{-\left(\frac{x}{\beta}\right)^{\alpha}}, & 0\leqslant x<+\infty\\ 0, & \text{其他}\end{cases}$$

当 α 改变时，其形状也相应发生很大的变化。

随机变量 X、Y，如果存在一个实数 γ，使 X 与 Y 具有相同的分布，则称 X 与 Y 仅仅是位置上不同的变量。如果对于某个正实数 β，使得 βX 与 Y 具有相同的分布，则称 X 与 Y 仅仅是比例尺不同的随机变量；如果 $\gamma+\beta X$ 与 Y 具有相同的分布，则称 X 与 Y 仅在位置与比例上不同。

5.4.2　分布参数的估计

当输入数据变量的分布族确定后，为了完全确定一个具体的分布以便在仿真过程中进行抽样，必须设法确定分布族中参数的值，我们仍然用观测数据来估计这些参数的值。估计问题可以分为参数估计和非参数估计。参数估计总体分布的类型是已知的，但其中包含未知参数，通过样本估计这些未知参数。

极大似然估计法统计思想符合人们的认识和经验。同时具有大样本性质，极大似然估计的渐进分布具有正态性等性质。极大似然估计法应用比较广泛。

1. 离散分布

设总体 X 是离散型随机变量，其概率函数为 $p(x;\theta)$，其中参数 θ 是未知的。设 $X_1,X_2,\cdots,X_n$ 为来自总体 X 的一个样本。$X_1,X_2,\cdots,X_n$ 的联合概率密度为

$$P\{X_1=x_1,X_2=x_2,\cdots,X_n=x_n\}=\prod_{i=1}^{n}p(x_i;\theta)$$

这一概率随 θ 的值而变化。从直观上来看，既然样本值 x_1，x_2，…，x_n 出现了，它们出现的概率相对来说应比较大，应使 $\prod\limits_{i=1}^{n}p(x_i;\theta)$ 取较大的值。

当 θ 固定时，上式表示 X_1，X_2，…，X_n 取值为(x_1，x_2，…，x_n)的概率；反之，当(x_1，x_2，…，x_n)给定时，上式可以看成 θ 的函数，记为 $L(\theta)$，并称 $L(\theta)=L(x_1,x_2,\cdots,x_n;\theta)=\prod\limits_{i=1}^{n}p(x_i;\theta)$ 为似然函数。

X_1，X_2，…，X_n 是变量。若我们一个样本区取的值是 x_1，x_2，…，x_n，则

事件$\{X_1=x_1, X_2=x_2, \cdots, X_n=x_n\}$发生的概率为

$$\prod_{i=1}^{n} p(x_i;\theta)$$

换句话说，θ应使样本值x_1，x_2，…，x_n的出现具有最大的概率。将上式看做θ的函数，并用$L(\theta)$表示，就有

$$L(\theta)=L(x_1,x_2,\cdots,x_n;\theta)=\prod_{i=1}^{n} p(x_i;\theta)$$

称$L(\theta)$为似然函数。似然函数$L(\theta)$的值的大小意味着该样本值出现的可能性的大小，根据实际推断原理，应使$L(\theta)$达到最大值的那个θ作为真值θ的估计值。

因此，求总体参数θ的极大似然估计值的问题就是求极大似然函数$L(\theta)$的最大问题，可通过解方程$\frac{\mathrm{d}L(\theta)}{\mathrm{d}e}=0$来解决。

2. 连续分布

设总体X是连续离散型随机变量，其概率密度函数为$f(x;\theta)$，则样本$(X_1, X_2, \cdots, X_n)$的密度函数为

$$\prod_{i=1}^{n} f(X_i;\theta)$$

在θ固定时，它是$(X_1, X_2, \cdots, X_n)$在$(x_1, x_2, \cdots, x_n)$处的密度，它的大小反映了$(X_1, X_2, \cdots, X_n)$在$(x_1, x_2, \cdots, x_n)$附近的概率的大小。当样本值$(x_1, x_2, \cdots, x_n)$给定时，它是θ的函数，称$L(\theta)=\prod_{i=1}^{n} f(x_i;\theta)$为似然函数。

按极大似然法，应选择θ的值使此概率达到最大。

当似然函数关于未知参数可微时，极大似然估计的求解步骤如下：

(1)由总体分布导出样本的联合概率密度(或联合密度)；

(2)针对总体与样本写出似然函数；

(3)利用多元函数取得极值的必要条件，解出似然函数的驻点；

(4)判断驻点为最大值点；

(5)求出参数的极大似然估计。

若总体X的分布中含有多个未知参数θ_1，θ_2，…，θ_k时，似然函数L是这些参数的多元函数$L(\theta_1, \theta_2, \cdots, \theta_k)$。通过求解方程组$\frac{\partial(\ln L)}{\partial\theta_i}=0$，$i=1, 2, \cdots, k$，得$\hat{\theta}_1$，$\hat{\theta}_2$，…，$\hat{\theta}_k$分别是参数$\theta_1$，$\theta_2$，…，$\theta_k$的极大似然估计值。

若$\hat{\theta}$是θ的极大似然估计，$g(\theta)$是θ的连续函数，则$g(\theta)$的极大似然估计为$g(\hat{\theta})$。

5.5　拟合优度检验

拟合优度检验是检验来自总体中的一类数据分布是否与某种理论分布相一致的统计方法。在实际问题中，总体的分布形式往往是未知的，需对总体所服从的分布类型做初步的判断，提出假设并检验这个假设是否合适。

5.5.1　χ^2 检验

χ^2 检验是一种检验经验分布与总体分布是否吻合的非参数检验方法。它不限于总体是否服从正态分布，并可用于检验总体是否服从一个预先给定的分布。χ^2 检验的基本方法是将样本观察值分组，然后计算各组的理论频数与实测频数之差来判断样本分布是否符合某个理论分布。

设$(X_1, X_2, \cdots, X_n)$是来自未知总体 X 的一个样本，但并不知道 X 的分布，现在检验假设 H_0：X 的分布函数为 $F(x)$；F_1：X 的分布函数不是 $F(x)$，这里的 $F(x)$是一已知的分布函数。如果 $F(x)$中带有未知参数 $\theta=(\theta_1, \theta_2, \cdots, \theta_k)$，则记为 $F(x; \theta)$。

一般情况下，若 F_0 为真，则差异不太显著；若 F_0 为假，则实际频数与理论频数存在差异。构建一个符合 χ^2 分布的统计量，并用此统计量来进行检验假设。

拟合优度检验的思想和处理步骤如下：

(1)将$(-\infty, +\infty)$划分成 r 个小区间，$-\infty=a_0<a_1<\cdots<a_{r-1}<a_r=+\infty$，记为 $I_1=(a_0, a_1]$，$I_2=(a_1, a_2]$，…，$I_r=(a_{r-1}, a_r]$。

(2)计算各区间上的理论频数。如果原假设为真，即总体 X 的分布函数为 $F(x; \theta)$，从而$(i=1, 2, \cdots, n)$落入区间的概率为

$$p_i(\theta)=F(a_i; \theta)-F(a_{i-1}; \theta), \theta、i=1, 2, \cdots, r。$$

(3)由于样本容量为 n，故样本中落入区间 I_i 的个数为 $np_i(\theta)$，这里的 $np_i(\theta)$称为理论频数。如果 θ 是未知的，可用 θ 的极大似然估计 $\hat{\theta}$ 代入 $p_i(\theta)=F(a_i;\theta)-F(a_{i-1}; \theta)$，得到 $p_i(\hat{\theta})$，这里的理论频数为 $np_i(\hat{\theta})$。

(4)计算各区间上的实际频数。设$(X_1, X_2, \cdots, X_n)$中落入区间 I_i 的个数为 n_i，称 n_i 为实际频数。

(5)构造服从已知的确定分布的统计量：

$$\chi^2=\sum_{i=1}^{r}\frac{(n_i-np_i(\hat{\theta}))^2}{np_i(\hat{\theta})}$$

由于 $np_i(\hat{\theta})$是从分布函数 $F(x; \theta)$计算出来的区间 I_i 上的理论频数，而 n_i 是样本中落入 I_i 的实际频数，它们差异的大小度量了样本与分布 $F(x; \theta)$的拟合程度。

(6)根据样本观测值对实际问题进行检验，得出结论。

统计量 χ^2 的观察值比较小时，说明拟合较好，接受 H_0；反之，说明拟合不好，即 X 的分布函数不是 $F(x)$，从而拒绝 H_0。对于给定的显著性水平 α，查自由度为 $r-k-1$ 的 χ^2 分布表，可得 $C_{1-\alpha}(r-k-1)$，满足：

$$P(x^2 \geqslant C_{1-\alpha}(r-k-1))=1-\alpha$$

根据样本观测值算出 Pearson(培生)统计量 χ^2 的观测值 c。当 $c \geqslant C_{1-\alpha}(r-k-1)$ 时，拒绝 H_0；否则，接受 H_0。

实践证明，若 n 充分大，且当 H_0 为真时，统计量 χ^2 总是近似地服从自由度为 $r-k-1$ 的 χ^2 分布，其中，k 为区间个数，r 为需要估计的参数的个数。非参数的 χ^2 检验在使用时要求 n 足够大以及 np_i 不能太小，在实践中，也要求样本容量 n 至少要大于 50。

5.5.2 K-S 检验

χ^2 检验的困难在于按 P_i 相等来确定 $[a_{j-1}, a_j)$ 时，要对 $\widetilde{F}(x)$ 进行逆运算。而在某些情况下，求 $\widetilde{F}(x)$ 的逆运算比较困难，有时甚至 $\widetilde{F}(x)$ 无封闭形式，导致根本无法求 $\widetilde{F}(x)$ 的逆运算，使检验无法进行。另外，当 n 较小时，$P_j \geqslant 5/n$ 的值较大，从而得到的区间过大，结果造成观测数据的信息丢失。因此，需要采用其他的检验方法来进行检验。

K-S 检验是一种拟合优度检验，它涉及一组样本数据的实际分布与某一指定的理论分布间相符合程度的问题，用来检验所获取的样本数据是否来自具有某一理论分布的总体。其基本原理是将拟合的分布函数 $\widetilde{F}(x)$ 与由观测数据的实验分布函数 $S_n(x)$ 进行比较。设观测数据为 x_1，x_2，…，x_n。观测数据的实验分布函数 $S_n(x)$ 采用如下定义。

$$S_n(x)=\frac{(X_i \leqslant X)\text{数据的个数}}{n}\text{，对所有 } x$$

这样，$S_n(x)$ 是右连续的阶跃函数。

K-S 检验规则：根据 $S_n(x)$ 与 $\widetilde{F}(x)$ 的接近程度来决定是否拒绝原假设 H_0。

评价接近程度的指标是 $S_n(x)$ 与 $\widetilde{F}(x)$ 之间的最大距离 D_n。

$$D_n=\max\{\,|\,S_n(x)-\widetilde{F}(x)\,|\,\}$$

K-S 检验的步骤如下：

(1)建立假设。对于所有 x，$S_n(x)=\widetilde{F}(x)$；对于一些 x，$S_n(x) \neq \widetilde{F}(x)$。

(2)计算统计量。$D_n=\max\{\,|\,S_n(x)-\widetilde{F}(x)\,|\,\}$

(3)查找临界值。根据给定的显著性水平 α，样本数据个数为 n，查表得单临界值 d_α。

(4)做出判断。若 $D_n < d_\alpha$，则在 α 的水平上接受 H_0；反之，则拒绝 H_0。

K-S 检验存在的问题在于不同的分布，d_α 的值是不同的；即使是同一分布，不同的 α 下 $d_{\alpha,1-\alpha}$ 也不相同，而且尚无通用的表可查。

χ^2 检验与 K-S 检验之间的比较如表 5-1 所示。

表 5-1　χ^2 检验与 K-S 检验的比较

χ^2 检验	应用范围广，原理简单，受区间数量、大小选择的影响，对同一样本区间数选取不当则可能做出错误的判断；小样本事件无法采用 χ^2 检验
K-S 检验	无需划分区间，对样本数量没有要求，但操作比较烦琐，应用范围比较小，只能用于特定分布

思考题

1. 设 $X \sim B(3, p)$，X_1，X_2，…，X_n 是来自 X 的一个样本，求参数 p 的极大似然估计。
2. 简述非参数的 χ^2 检验的基本思想及基本步骤。

第6章

物流系统仿真输出数据分析

许多仿真系统模型存在一些随机变量，对此类系统的仿真结果进行分析时，一般采用统计方法来估计系统的性能，用随机变量的概率分布、数学期望和方差等统计特征进行描述。然而利用统计分析方法要求样本数据具有统计独立性，但在实际问题中许多统计数据之间是不独立的。例如，某仓库统计每周的存货量得到一组存货量的统计数据是不独立的。因为前一周的期末库存是下一周的期初存货，会对下一周的最终期末存货造成影响。这样就不能直接用经典的统计方法来分析仿真输出数据。因此针对显示的物流系统，必须进行分析，进而判断其是否适合采用仿真的方法。

6.1 仿真输出数据概述

仿真输出的目的是用适当的统计技术对仿真过程中产生的数据进行统计分析，从而实现对未知参数的估计。在多数的情况下，仿真实验的结果是由计算机计算得出的，而这些数据通常不能直接反映出系统的性能，需要经过分析整理并形成仿真报告。

在现实世界中，物流系统存在很多类型(例如，某仓库统计每周的存货量，得到一组存货量的统计数据，则这些数据是不独立的)。

根据研究目的和模型的内部逻辑的不同，仿真运行方式可分为终态仿真(暂态仿真)和稳态仿真两大类。终态仿真是指仿真实验在某个持续时间段上运行。在该模型中明确地规定了仿真开始和结束条件的仿真，这些条件是目标系统实际运行模型的反映。稳态仿真则是通过系统的仿真实验，希望得到一些系统性能测度指标在系统达到稳态时的估计值，对于数量的估计建立在长期运行的基础上，理论运行时间是趋于无穷的。终态仿真的结果对初始状态的依赖性很强，而稳态仿真的实验结果一般应该与初始状态无关。

对仿真的输出结果进行统计分析的主要目的是获得系统状态变量的高精度的

统计特性，以便能够对仿真结果加以正确的利用。

6.2　终态仿真的结果分析

在仿真研究中，除了终态仿真研究之外，还需要研究一次运行时间很长的仿真，研究系统的稳态性能。

6.2.1　重复运行法

对于终态仿真，往往采用中断式系统，即将系统仿真设置特定的时间 T_E，当 E 事件发生时系统就停止仿真。一般情况下终态仿真采用的是重复运行法，又称复演法。重复运行法是指选用不同的独立随机数序列，采用相同的参数、初始条件以及用相同的采样次数 n 对系统重复进行仿真运行。利用重复运行仿真方法可以得到独立的仿真结果。

对于某一终态仿真的系统，由于每次运行是相对独立的，故可以认为每次仿真运行结果 $X_i(i=1，2，\cdots，n)$不存在统计上的相关性，它们是独立同分布的，因此可直接采用统计分析方法进行仿真结果的分析。由于每次仿真运行的初始条件和参数是相同的，每次仿真运行的结果也必然是相近的，相互之间的偏差不会很大，故很自然地可以假设仿真结果 X_1，X_2，…，X_n 是服从正态分布的随机数。

定义统计结果的均值为 $\overline{X}$，则

$$\overline{X}=\frac{1}{n}\sum_{j=1}^{n}X_j$$

样本方差 $S^2(n)$：

$$S^2(n)=\sum_{j=1}^{n}[\overline{x}(n)-x_j]^2/(n-1)$$

方差的估计值为

$$\sigma^2(X_i)=S^2(n)/n=\frac{1}{(n-1)n}\sum_{j=1}^{n}[\overline{x}(n)-x_j]^2$$

$\sqrt{S^2(n)/n}$称为点估计的标准差。

设随机变量 X 的期望值的置信区间为 $1-x$，它的置信区间 μ 为

$$\mu=\frac{1}{n}\sum_{j=1}^{n}X_j\pm t_{n-1,\frac{\alpha}{2}}\sqrt{S^2(n)/n}\tag{6.1}$$

其中，α 为置信水平。

显然，随着仿真次数 n 的增加，即仿真运行的次数越多，则 X_j 越接近于正态分布，标准差的理论值会越来越小，而均值的精确度会越来越高。因此在终态

仿真中使用仿真方法运行的重复次数 n 不能选得太小。

6.2.2 序贯程序法

在终态仿真结果分析的重复运行法中对构造的置信区间长度未加控制。置信区间的长度不但与 X_j 的方差有关，且与置信区间的长度与仿真次数的平方根成反比。因此，为了减小置信区间的长度，需要增加仿真的次数 n。

置信区间的半长称为它的绝对精度，由 β 表示。

由式(6.1)可知：样本 X 的 $100(1-\alpha)\%$置信区间的半长 $\beta=t_{n-1,\frac{\alpha}{2}}\hat{\sigma}(X^2)$。其中，$\hat{\sigma}(X^2)=S/\sqrt{n}$，$S$ 为样本的标准差；n 为重复运行次数。

设给定一准确的临界值 ε，即限定置信区间的长度为$[\hat{X}-\varepsilon,\ \hat{X}+\varepsilon]$，并给定精度 $1-\alpha$。为了达到此精度要求，需要取足够大的仿真运行次数 n，使之满足：

$$P(|\hat{X}-\overline{X}|<\varepsilon)\geqslant 1-\alpha$$

置信区间半长与点估计的绝对值之比称为置信区间的相对精度 ν。

为了得到规定的 β、ν，可先运行 n 次，若得到的 β 或 ν 太大，可再增加 n。一种解析地确定 n 的做法：设 X_j 的总方差估计 $S^2(n)$随着 n 增大而没有显著变化，则

$$n_\alpha(\beta)=\min\{i\geqslant n:\ t_{i-1,1-\alpha/2}\sqrt{S^2(n)/i}\leqslant\beta\}$$

或

$$n_\alpha(\nu)=\min\{i\geqslant n:\ t_{i-1,1-\alpha/2}\sqrt{S^2(n)/i}/|\overline{X}(n)|\leqslant\nu\}$$

实际上，利用 n_0次仿真运行的方差 $S^2(n_0)$来替代 n 次仿真运行的方差，会使得计算得出的 n 值偏大。为了消除这种影响，一般采用序贯程序法，其步骤如图 6-1 所示。

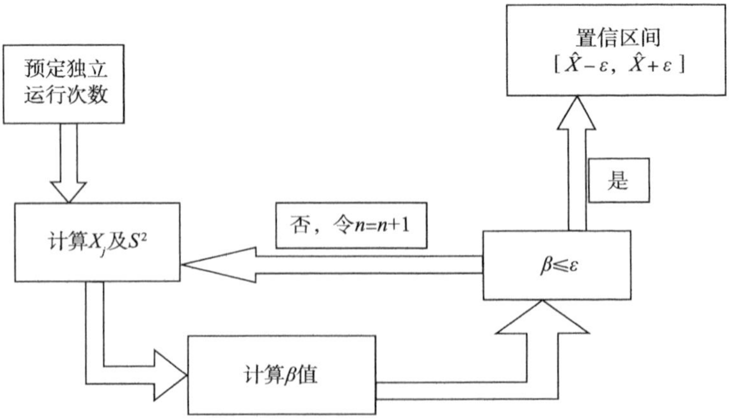

图 6-1 序贯程序法的步骤

6.3 稳态仿真的结果分析

对于稳态仿真，通常采用非中断式系统。非中断式系统指连续执行一段时间，甚至可近似认为永远不会中断系统。稳态型仿真的具体方法有批均值法、稳态序贯法、重新产生法、重复删除法。

对非中断系统来说，为了观察系统长期的特性，在仿真运行过程中，每隔一段时间即可获得一个观测值 Y，从而可以得到一组自相关时间序列的采样值 Y_1，Y_2，…，Y_n。其稳态平均值定义为

$$\upsilon = \lim_{n\to\infty}\frac{1}{n}\sum_{i=1}^{n} Y_i$$

其中，υ 值并不受系统起始状态的影响，即不同的起始状态的结果都应收敛于 υ。

6.3.1 批均值法

稳态仿真若采用类似重复运行法那样利用全部观测值进行估计，得到的估计值 $\hat{Y}$ 与实际的稳态值 Y 之间会有偏差：$b=\hat{Y}-Y$，这里 b 称为在点估计 $\hat{Y}$ 中的偏移。而偏移是由于人为的或任意的初始条件造成的，我们希望偏移值 b 相对于 Y 值尽可能地小。重复运行的次数越多，只会使置信区间范围错误的估计点 $Y+b$ 变短，而不会围绕 Y 变短。

为了降低偏移的影响，可以采用批均值法。批均值法把仿真运行划分为长度(采样次数)相等的 N 段，每一段看做一次独立的仿真运行，得到的样本平均值为 X_1，X_2，…，X_m，X 可以近似认为是独立同分布的随机变量；再利用与重复运行法相同的统计方法来构造仿真结果的置信区间，即如果运行的总次数为 m 次，分为 N 批。即将足够多的观测值 Y_1，Y_2，…，$Y_m(i=1，2，…，m)$分为 n 批，每一批中有 l 个观测值，则每批观测数据如下：

第 1 批：Y_1，Y_2，…，Y_l

第 2 批：Y_{l+1}，Y_{l+2}，…，Y_{2l}

……

第 n 批：$Y_{(n-1)l+1}$，$Y_{(n-1)l+2}$，…，Y_{nl}

首先对每批数据进行处理，分别得出每批数据的均值：

$$\hat{Y}_1 = \frac{1}{l}\sum_{k=1}^{l} Y_{(j-1)l+k}$$

由此可得总的样本的均值和方差分别为

$$\overline{Y} = \frac{1}{n}\sum_{j=1}^{n}\overline{Y}_j = \frac{1}{m}\sum_{i=1}^{m} Y_i$$

$$S_j^2(n)=\frac{1}{n-1}\sum_{j=1}^{n}(\bar{Y}_j-\bar{Y})^2$$

由于假设样本满足独立同分布且是正态分布，则对随机变量 Y 的期望值的区间为 μ：

$$\mu=\bar{Y}\pm t_{n-1,\frac{\alpha}{2}}\sqrt{S_j^2(n)/n}$$

重复运行法和批均值法在原理上和方法上类似，但是，它们对同一样本空间做了不同的处理。前者是每次运行都从初始状态开始，后者是每次运行的结束作为下一次运行的开始，因此，各自有不同的特点。重复运行法每次仿真运行都经过初始空载状态，空载状态的影响会导致较大的均值估计偏差，但是每次仿真运行之间独立性较好；批均值法有利于消除初始状态的影响，但需要特别注意消除各批之间的相关性。

6.3.2 稳态序贯法

批均值法对置信区间的精度未加控制，先讨论基于批均值的稳态序贯法，以满足规定精度置信区间的要求。

设某次稳态运行得到的观测值是 Y_1，Y_2，…，Y_m。其批长度为 l，共 n 批，每批观测值的均值为 $\bar{Y}$，总体样本均值为 $\bar{Y}_k(k=1,2,\cdots,n)$。

利用批均值法进行计算时，假定每批观测值的均值是独立的，但实际上 $\bar{Y}_1$，$\bar{Y}_2$，…，$\bar{Y}_n$ 是相关的。为了得到不相关的 $\bar{Y}_j$，直观的做法是保持批数 n 不变，不断增大 l，直到满足不相关的条件为止。但是如果 n 选择过小，则 $\bar{Y}_j$ 的方差加大，结果得到的置信区间就会偏大，为此 n 也必须足够大。这样为了达到精度要求就必须选择足够大的 n 和 l，使得样本总量 $m=n\times l$ 特别大，而仿真过程中时间的耗费也是一个必须考虑的重要因素。

下面给出一种尽可能减少 m 的方法。

设仿真运行观测值的批长度为 l，已有观测值 $\lambda\cdot l$ 批($\lambda\geqslant 2$)，考察相隔为 i 的两批观测值批均值的相关系数：

$$\rho_i(l)=\text{cov}[\bar{Y}_j,\ \bar{Y}_{j+i}],\ j=1,2,\cdots,n-1$$

随 l 的变化，$\rho_i(l)$大致有三种情况：

(1)$\rho_i(l)$为递减函数；

(2)$\rho_i(l)$的值一次或多次改变方向，然后严格地减少到 0；

(3)$\rho_i(l)<0$ 或者随 l 变化无一定规律。

根据 $\rho_i(l)$的以上 3 种特性，基于批均值法的稳态序贯法原理如下：

(1)给定批数因子 n、f 以及仿真长度 m_1(m_1 是 nf 的整数倍)，$\rho_i(l)$的判断值为 μ，置信区间的相对精度为 γ，置信水平为 α。令 $i=1$。

(2)进行长度为 m_i 的仿真运行，获得 m_i 个观测值 Y_1，Y_2，…，Y_{m_i}。

(3)令 $l=m_i/(nf)$，计算 $\bar{Y}_k$，$k=1, 2, \cdots, nf$，计算 $\rho_j(nf, l)$(可以取 $j=1$)。

(4)若 $\rho_j(nf, l)\geqslant\mu$，则说明 m_i 太小，需加大 m_i，可令 $i=i+1$，且 $m_i=2m_{i-1}$，返回第(2)步获取其余 m_{i-1} 个观测值。

(5)若 $\rho_j(nf, l)\leqslant 0$，则表明增加仿真运行长度(批长度)无助于 $\rho_j(l)$ 的判断，执行第(8)步。

(6)若 $0<\rho_j(nf, l)\leqslant\mu$，计算 $\bar{Y}_k(2l)$，$k=1, 2, \cdots, nf/2$，计算 $\rho_j(nf/2, 2l)$，$j=1$，判断 $\rho_j(l)$ 是否具有第 2 类特征：若 $\rho_j(nf/2, 2l)\geqslant\rho_j(nf, l)$，则说明 $\rho_j(l)$ 确实具有第 2 类特征，需进一步加大 m_i，令 $i=i+1$，且 $m_i=2m_{i-1}$，返回第(2)步获取其余 m_{i-1} 个观测值。

(7)若 $\rho_j(nf/2, 2l)<\rho_j(nf, l)$，则说明 $\rho_j(l)$ 已具有第 1 类特征，且达到 $\rho_j(l)$ 的判断值 μ 的 l 已得到，可以相信 $\rho_j(nf, l)$ 的值满足独立性要求，此时用批均值法计算该 n 批长度为 fl 的置信区间。

(8)计算 $\bar{Y}_k(n, fl)$、$\bar{Y}(n, fl)$ 以及置信区间的半长 $\delta=t_{n-1,\alpha/2}\cdot\sqrt{S^2/n}$，最后得 $\hat{\gamma}=\delta/\bar{Y}(n, fl)$。

(9)如果 $\hat{\gamma}>\gamma$，说明精度不满足要求，令 $i=i+1$，且 $m_i=2m_{i-1}$，返回第(2)步获取其余 m_{i-1} 个观测值。

(10)如果 $\hat{\gamma}\leqslant\gamma$，则达到精度要求，可令估计值 $\nu=\bar{Y}(n, fl)\pm\delta$，仿真停止。

与终态仿真结果分析类似，稳态序贯法较好地解决了批长度的确定及仿真运行总长度的确定问题，并能满足规定的置信区间要求。

6.3.3　重新产生法

在批均值法中，将一次长度为 m 的稳态仿真结果分成等长的若干批数据进行处理，批长度的确定对于这种方法是十分重要的，它直接影响到批均值法的效能，但到目前为止，选取批长度的原则尚未完全确定，因此有必要考虑其他有效的方法。

重新产生法的基本思想为在一次稳态型仿真中，设仿真从某一初始状态开始运行，当运行到系统重新达到该状态时，其以后的过程可以认为是与当前的过程独立的，这就相当于系统在此时重新运行，将这一过程称为重新生产周期。系统初始状态重复出现的时刻点称为系统的再重新产生点，重新产生法思想就是要找出稳态仿真过程中系统的重新产生点，由每个重新产生点开始的再生周期中所获得的统计样本都是独立同步的，可以采用经典统计方法对参数进行评估并构造参数值的置信区间。

重新产生法的缺点在于系统重新产生点的数量要求足够多，并且每个周期应该是独立的。但是在实际系统的仿真运行中可能没有重新产生点或者重新产生周期过长，则要求仿真运行的总长度要足够大。另外，这种方法难以预先确定置信区间的精度，因而无法得到规定精度要求的置信区间。

6.3.4 重复删除法

终态型仿真时虽然每次运行是相互独立的，但是系统的初始状态是完全相同的，但初始状态并不一定能代表系统稳定特性的状态。同时，由于每次仿真的长度是有限的，初始装填对仿真结果的影响没有消除，因此得到的结果必然也是系统的有偏估计。

重复删除法的基本思想是设对某一系统进行 K 次独立仿真，每次长度为 m，运行得到的观测值是 Y_1，Y_2，…，Y_m；Y_{21}，Y_{22}，…，Y_{2m}；Y_{k1}，Y_{k2}，…，Y_{km}。系统的稳态性能测度为

$$\upsilon = \lim_{n\to\infty} \frac{1}{n} \sum_{i=1}^{n} Y_i$$

且 υ 与系统的初始条件无关。由于初始条件的影响，系统的性能往往会经过一段时间的波动(瞬态过程)以后，才逐渐趋于平稳(稳态过程)。在统计计算系统性能时，应删除每一次运行的前 l 个观测数据。

令

$$\overline{Y}_j(m,l) = \sum_{i=l+1}^{m} Y_{ji}/(m-1)$$

$$\overline{Y}_j(k,m,l) = \sum_{i=l+1}^{k} \overline{Y}_j(m,l)/K$$

将 $\overline{Y}_j(m, l)$作为每次运行的均值，$\overline{Y}_j(k, m, l)$作为系统稳态性能的估计值，其置信区间半长为 $t_{K-1,1-\alpha/2}\sqrt{S^2_{\overline{Y}_j(m,l)}(K)/K}$。其中，$S^2_{\overline{Y}_j(m,l)}(K) = \frac{1}{k-1}\sum_{i=1}^{K}\left(\overline{Y}_j(m,l) - \overline{Y}_j(K,m,l)\right)^2$。

给定初始条件[$L(0)=1$]时，系统性能参数在 n 时的瞬态概率分布设为 $F_{n,l}(x)$，即

$$F_{n,l}(x)=P\{Y_n \leqslant x \mid L(0)=1\}$$

从理论上说，系统性能的稳态概率分布应为

$$F(x)=\lim_{n\to\infty} F_{n,l}(x)$$

但是，从实际应用的观点出发，总存在一个 n^*(n^* 为有限值)，使得

$$F_{n,l}(x) \approx F(x), \quad n \geqslant n^*$$

当 $F_{n,l}(x)$基本上不随 n 的增大而变化时，系统进入平衡状态。根据这一概念，在稳态仿真中仍可做有限次仿真运行来估计系统性能的置信区间。

重复删除法将每次仿真运行分为瞬态阶段(0，T_0)和数据收集阶段(T_0，

T_E)，在 T_E 时终止仿真运行，要求 $t=T_0$ 时系统的状态有一定的稳态代表性。在此基础上做多次独立重复运行，即可对结果进行统计分析。

重复删除法虽然有很强的吸引力，它只需要运行 K 次独立的终止型仿真，所需样本容量可以大大减少。但是问题在于难于正确选择要去除的观测值数目和确定 l 的值。因为采用此方法需要每次运行结束时重新初始化系统，所以系统能较快进入稳态并运行长度有限时，较适宜采用重复删除法。

6.4　系统性能比较分析

很多情况下，仿真常用来对两种不同的规划方案进行对比分析。例如，在库存管理中，需分析何种库存策略使得库存水平最低且不至于缺货，也需要对两个不同的系统进行仿真并分析；制造车间中不同的派工方法、交通系统中不同的控制策略、生产线中不同工位的换成容量等，都需要对两个或两个以上系统进行对比分析。

两系统性能比较的基本思想为对每一个系统分别独立地运行 n 次，各自得到同一性能的 n 个样本值，然后建立对应样本的置信区间。以 ATM 取款机为例，经过仿真后，方案一的取款人平均等待时间为 θ_1；方案二的取款人平均等待时间为 θ_2。对 $\theta_1-\theta_2$ 的差异进行分析，即求得 $\theta_1-\theta_2$ 的点估计与置信区间。

假设比较两种不同系统 $i=1$，2 的设计方案的绩效，仿真的重复次数为 N_i。Y_{ni} 为系统 i 的第 n 次仿真所收集到的绩效指标，用来估计系统 i 的绩效 $\theta_i(i=1,2)$。以 $\overline{Y}_1$ 和 S^2 代表系统 i 的样本均值和样本方差。于是 $\theta_1-\theta_2$ 的点估计值可近似为 Y_1-Y_2，且有

$$\overline{Y}_i=\frac{1}{N_i}\sum_{n=1}^{N_i}Y_{ni}$$

$$S^2=\frac{1}{N_i-1}\sum_{n=1}^{N_i}(Y_{ni}-\overline{Y}_1)^2$$

在 $100(1-\alpha)\%$的置信区间下 $\theta_1-\theta_2$ 的置信区间为

$$Y_1-Y_2-t_{\frac{\alpha}{2}}(\upsilon)\sqrt{\frac{S_1^2}{N_1}+\frac{S_2^2}{N_2}}\leqslant\theta_1-\theta_2\leqslant Y_1-Y_2+t_{\frac{\alpha}{2}}(\upsilon)\sqrt{\frac{S_1^2}{N_1}+\frac{S_2^2}{N_2}}$$

其中，υ 的计算方法为 $\upsilon=\dfrac{\left(\dfrac{S_1^2}{N_1}+\dfrac{S_2^2}{N_2}\right)^2}{\dfrac{\left(\dfrac{S_1^2}{N_1}\right)^2}{N_1-1}+\dfrac{\left(\dfrac{S_2^2}{N_2}\right)^2}{N_2-1}}$。

若 $\theta_1-\theta_2$ 的置信区间完全落在零点左方，则有充分证据说明 $\theta_1-\theta_2<0$，即有充分信心说明 $\theta_1<\theta_2$；若 $\theta_1-\theta_2$ 的置信区间完全落在零点右方，则有充分证据

说明 $\theta_1-\theta_2>0$，即有充分信心说明 $\theta_1>\theta_2$；若 $\theta_1-\theta_2$ 的置信区间包括零点，则没有充分证据表示两系统之间有明显差异。

实际发展时可能会出现多种方案的仿真结果，需要比较 K 种结果的优劣。多系统选择较优方案的本质是参数优化问题。离散事件系统参数优化是一个非常困难的问题，到目前为止仍然没有得到很好的解决，特别是多参数的优化问题，原因在于离散事件系统的随机性。

思考题

1. 终态仿真和稳态仿真的区别及使用范围是什么？

2. 某一排队系统，在相同的初始条件下经过 10 次独立的仿真运行，得到顾客排队平均等待时间如表 6-1 所示。如果希望估计出的顾客排队平均等待时间以 0.95 的概率落在半长为 0.4 的区间，求还需要附加仿真运行的次数。

表 6-1 顾客排队平均等待时间

运行序号 i	1	2	3	4	5	6	7	8	9	10
平均等待时间 D_i	3.11	3.24	4.14	3.44	3.26	3.35	3.57	3.76	3.62	3.27

第7章

Flexsim 软件介绍

7.1 Flexsim 的功能特点

一般模拟软件可分成结构型(hierarchical)和分散型(discrete manufacturing)两大类型，Flexsim 属于分散型模拟软件。它是由美国的 Flexsim Software Production 公司出品的，是一款商业化离散事件系统仿真软件。Flexsim 采用面向对象技术，并具有三维显示功能。建模快捷方便和显示能力强大是该软件的重要特点。该软件提供了原始数据拟合、输入建模、图形化的模型构建、虚拟现实显示、运行模型进行仿真实验、对结果进行优化、生成 3D 动画影像文件等功能，也提供了与其他工具软件的接口。图 7-1 是 Flexsim 软件及其构成模块的结构图。

Flexsim 仿真软件的特点主要体现在采用面向对象技术，突出的 3D 显示效果，建模和调试简单方便，模型的扩展性强，易于和其他软件配合使用等方面。

1. 基于面向对象技术建模

Flexsim 中所有用来建立模型的资源都是对象，包括模型、表格、记录、GUI(图形用户界面)等。同时，用户可以根据自己行业和领域特点，扩展对象，构建自己的对象库。面向对象的建模技术使得 Flexsim 的建模过程生产线化，对象可以重复利用，从而减少了建模人员的重复劳动。

2. 突出的 3D 图形显示功能

Flexsim 是基于 OpenGl 开发的，也支持 3ds、wrl、dxf 和 stl 等文件格式，三维效果非常好，用户可以建立逼真的模型，从而可以帮助用户对模型有一个直观的认识，并帮助模型的验证。用户可以在仿真环境下很容易地操控 3D 模型，从不同角度、放大或缩小来观测。

3. 建模和调试的方便

Flexsim 提供使用者一个简洁的编排方式，通过拖曳的方式轻松地建构出图

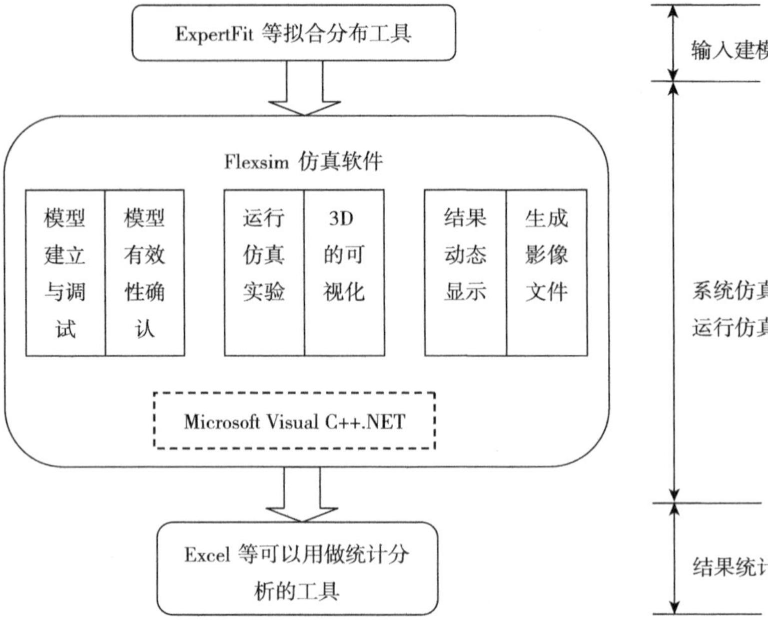

图 7-1 Flexsim 功能结构图

形化模式，功能齐全。元件库已详细分类为树状结构、通过 2D 图形化模式建立，能自动产生 3D 实体化及 VR 虚拟实境之模式。建模的工作简单快捷，不需要编写程序。

4. 建模的扩展性强

Flexsim 支持建立用户定制对象，融合了 C++编程。用户完全可以将其当做一个 C++的开发平台来开发一定的仿真应用程序。它是迄今为止世界上唯一一个在图形建模环境中集成了 C++IDE 和编译器的仿真软件。这个软件环境，C++不但能够直接用来定义模型，而且不会在编译中出现任何问题。这样，就不再需要传统的动态链接库和用户定义变量的复杂链接。

5. 开放性好

提供了与外部软件的接口，可以通过 ODBC 与外部数据库相连，通过 socket 接口与外部硬件设备相连，与 Excel、Visio 等软件配合使用。

Flexsim 应用包括：①物流行业资产项目评估；②物流行业有规律地运行模型，测试生产计划；③物流行业更改提案评估；④物流行业更改管理。

Flexsim 仿真系统已被广泛应用在交通路线规划、交通流量控制分析、生产能力仿真与分析、港口、机场、物流中心设计等多个领域。自从系统推出以来，已有上千家企业在使用 Flexsim。物流行业使用 Flexsim 平台的收益主要体现在以下几个方面：①评估装备与流程设计的多种可能性；②提高物流公司与资源的运行效率；③减少库存；④缩短制造物流行业产品上市时间；⑤提高生产线产量；⑥优化资本投资；⑦在一个小的增长阶段内，模型能被建立和测试，大大简化了模型构造，提供了识别逻辑错误的能力，使得模型更可靠；⑧在运行时，模型能在任何时候改变，更改能被立即合并，引导更快速地建立模型。

7.2　Flexsim 仿真环境及关键技术

7.2.1　Flexsim 仿真环境

1. Flexsim 主界面

Flexsim 主界面如图 7-2 所示。

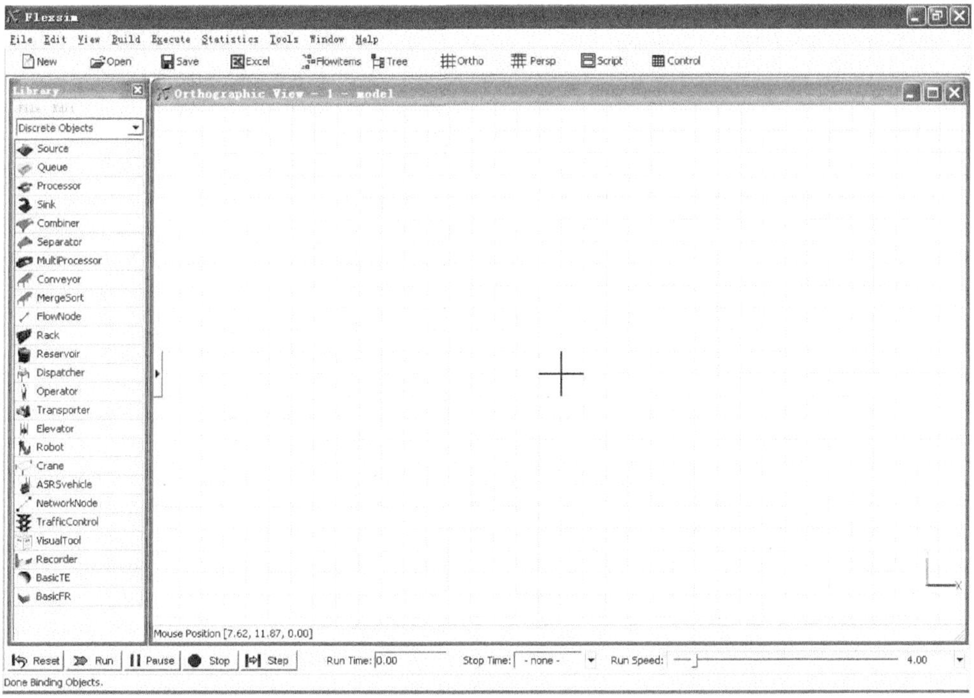

图 7-2　Flexsim 主界面

Flexsim 主界面由菜单栏、工具栏、实体对象库、模型视图、仿真控制栏五部分构成。

2. Flexsim 实体对象库

Flexsim 实体可在对象库栅格面板中找到，这些实体栅格被分为几组，默认状态下显示最常用的实体。

Flexsim 实体对象库如图 7-3 所示。

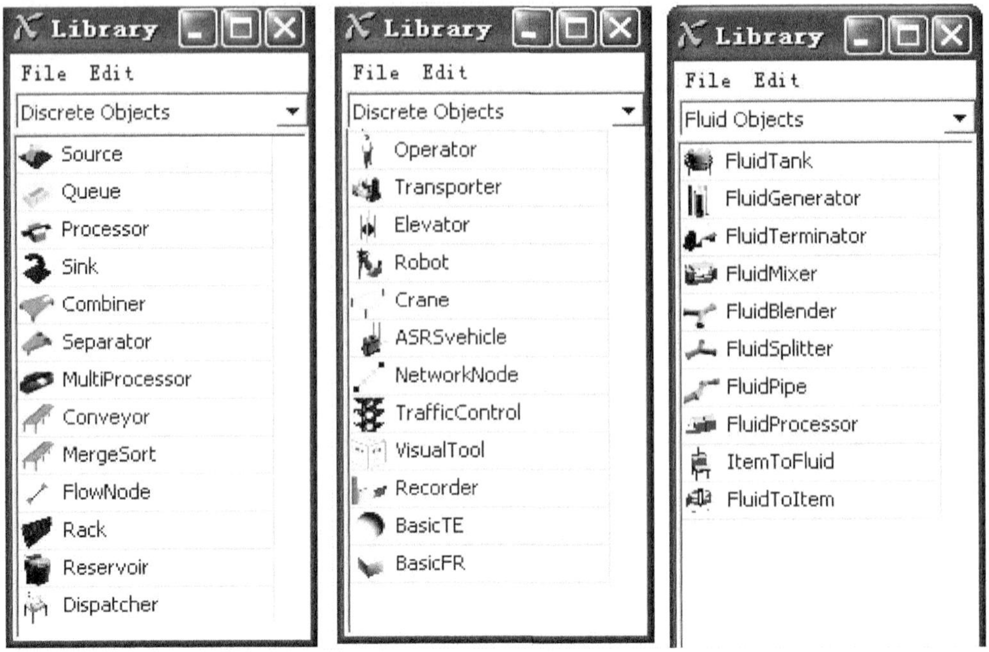

图 7-3 Flexsim 实体对象库

Source：零件生成器，根据零件的生成序列生成零件。
Queue：缓冲器，临时存放零件的地方。
Processor：单道工序加工器，根据零件的类型来加工零件。
Sink：零件吸收器，零件加工工序全部完成后吸收工件。
Combiner：装配器，把部件装配到零件上。
Separator：衍生器，由一个源零件复制生产多个具有相同性质零件的副本。
MultiProcessor：多道工序加工器，加工零件由多个加工工序来完成。
Conveyor：零件传送带。
MergeSort：分类传送带，实现零件的分类输入和输出。
FlowNode：流节点，用于将临时实体从一个位置移动到另一个位置。
Rack：货架，储存零件。
Reservoir：储液罐，储存液体。
Dispatcher：工人调度管理器，根据调度策略派出工人，无需求时招回工人。
Operator：表示一个具体的工人。
Transporter：铲车，当要搬运的物件(item)比较多或者比较大时需要铲车。
Elevator：升降机，上下运输移动零件。

Robot：机器人手，加工零件或者在搬运距离很近缓冲器里面工件的时候使用。

Crane：起重机，完成输送任务，用来模拟有轨梁导引的起重机，如门式、桥式和悬臂式起重机。

ASRSvehicle：堆垛机，专门设计用来与货架一起工作。

NetworkNode：网络节点，定义传送带和操作员(separator)遵循的路径网络。

TrafficControl：交通控制器，控制一个交通网络上给定区域的交通。

VisualTool：以文字的形式显示分析结果。

Recorder：以表或图的形式显示结果。

BasicTE：任务执行器，进行碰撞检测和执行偏移行进。

BasicFR：固定实体，定义将临时实体拉入到站点(station)并继续发送实体的逻辑。

3. 菜单栏

1)File 菜单

File(文件)菜单如图 7-4 所示。

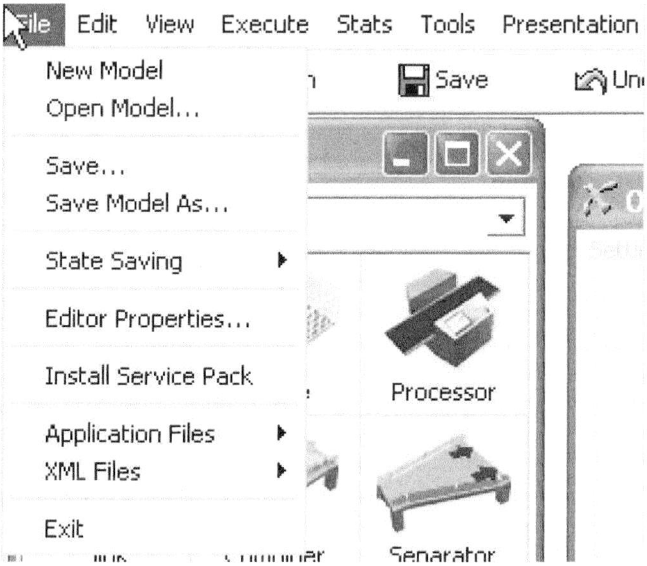

图 7-4　File 菜单

New Model(新建模型)：创建一个新的仿真模型。

Open Model...(打开模型...)：打开一个 Flexsim 模型文件(扩展名为.fsm)。

Save...(保存...)：保存当前模型文件(扩展名为.fsm)。

Save Model As...(模型另存为...)：将仿真模型保存为扩展名为.fsm的文件。

State Saving(状态存取)：保存模型的状态(模型当前运行)，或者导入已保存的模型状态文件。State Saving 的级联菜单如图 7-5 所示。

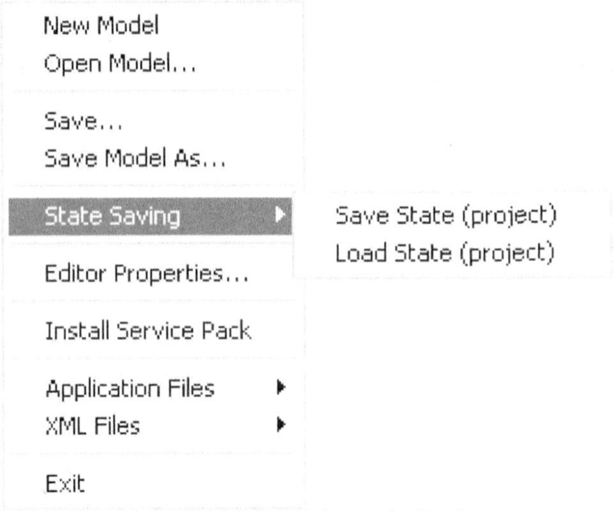

图 7-5 State Saving 的级联菜单

☞Save State(project)[保存状态(项目)]：保存模型的当前状态。

☞Load State(project)[导入状态(项目)]：载入并重新编译先前保存的状态模型。

Editor Properties...(编辑器属性...)：打开字体视窗，为在任意一个 Flexsim 代码视窗中显示的文字选择字体类型和字体大小，也可以配置文字的高亮属性。

Install Service Pack(安装服务包)：安装 Flexsim 的补丁文件。

Application Files(应用文件)：载入或保存视图布局、项目或者整体文件(视图布局和项目)。Application Files 的级联菜单如图 7-6 所示。

☞Open View Layout…(打开视图布局…)：选择并打开一个 Flexsim 视图布局文件(扩展名为.fsv)。

☞Save View Layout As…(保存视图布局…)：保存一个 Flexsim 视图布局文件(扩展名为.fsv)。

☞Open project or session…(打开项目或整体文件…)：选择并打开一个 Flexsim 项目文件或整体文件(扩展名为.fsp 或.fss)。

☞Save Project As...(项目另存为...)：保存项目文件(扩展名为.fsp)。

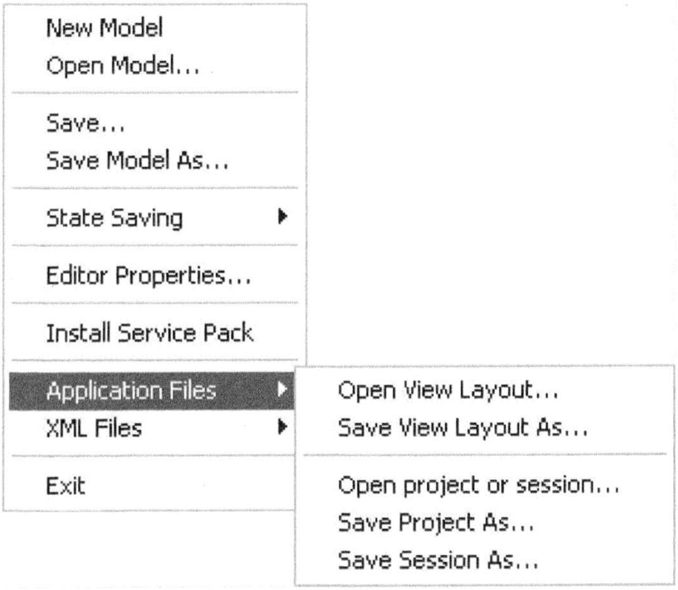

图 7-6　Application Files 的级联菜单

☞Save Session As...(整体文件另存为...)：选一个 Flexsim 整体文件(扩展名为 .fss)保存，或打开。

XML Files (XML 文件)：打开和保存 XML 格式的文件，而不是标准的 Flexsim 二进制格式。

Exit(退出)：在不进行任何保存的情况下关闭 Flexsim。

2)Edit 菜单

Edit(编辑)菜单如图 7-7 所示。

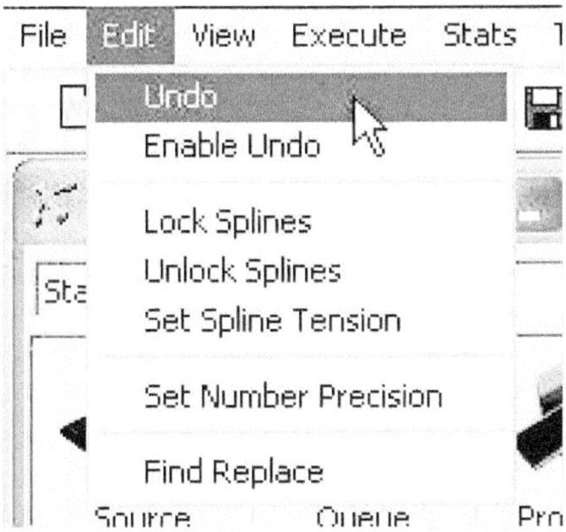

图 7-7　Edit 菜单

Undo(撤销)：撤销对模型做的最后一次改变。

Enable Undo(允许撤销)：激活或者关闭模型操作撤销功能的切换开关。

Lock Splines(锁定样条线)：锁定当前模型中所有网络路径的样条线。

Unlock Splines(撤销锁定样条线)：解除对网络路径的锁定。

Set Spline Tension(设定样条线张力)：设定模型中的样条线张力。

Set Number Precision(设定数值精确度)：设定数值精确度。

Find Replace(查找替换)：打开查找替换对话框。

3) View 菜单

View(视图)菜单如图 7-8 所示。

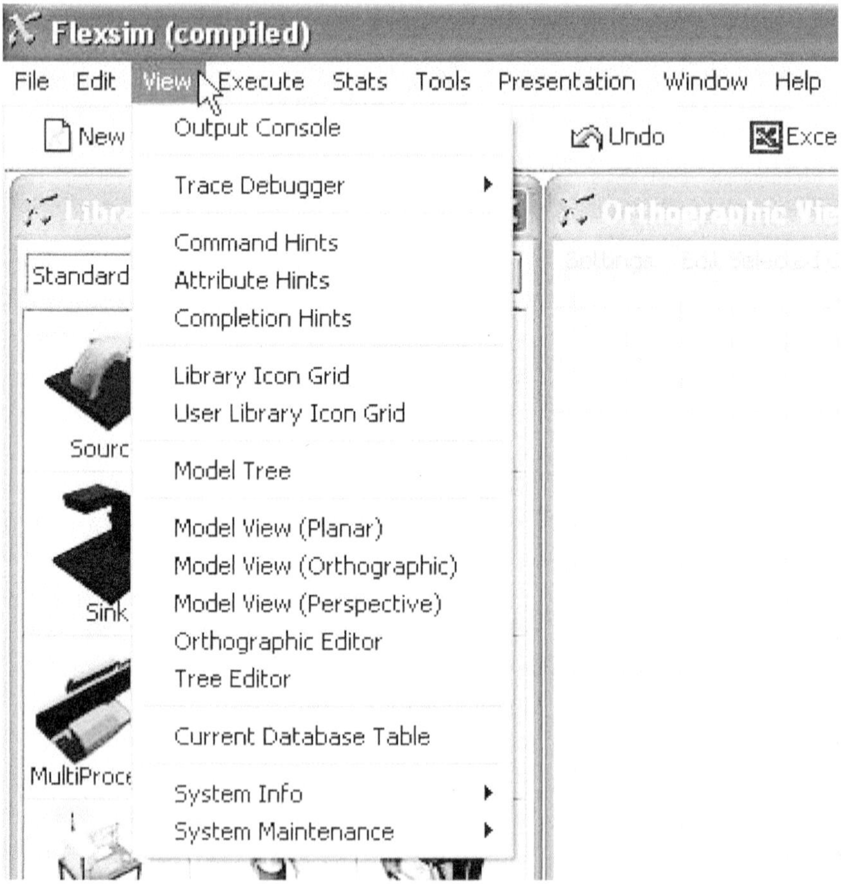

图 7-8 View 菜单

Output Console(输出控制台)：打开一个显示输出信息的视窗，可以使用 pt()、pr()、pd()、pf()等命令在输出控制台里打印自己的信息。

Trace Debugger(跟踪调试器)：此级联菜单(图 7-9)包含调整跟踪“设定”“打

开跟踪”以及打开“跟踪控制台”方面的信息。

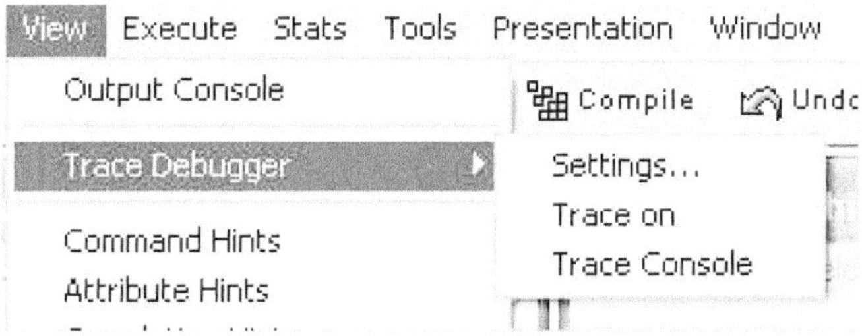

图 7-9 Trace Debugger 的级联菜单

☞Settings...(设定...)：打开一个跟踪调试器，选择要显示在跟踪视窗里的事件类型。

☞Trace on(打开跟踪)：打开或关闭跟踪。

☞Trace Console(跟踪控制台)：打开一个视窗，此视窗中将会打印模型中所选实体发生事件的相关信息。

Command Hints(命令提示)：打开 Command Hints 视窗，列出可用的命令及其参数。

Attribute Hints(属性提示)：打开 Attribute Hints 视窗，列出可用的实体属性以及这些属性的概要性描述。

Completion Hints(完成提示)：打开 Completion Hints 视窗，列出当前情况下可以使用的命令。

Library Icon Grid(库图标栅格)：打开 Library 视窗，栅格中有实体图标，实体图标可以被拖动进入模型。

User Library Icon Grid(用户库图标栅格)：打开 User Library 视窗。

Model Tree(模型树)：打开一个 Tree 视窗，显示模型的文件夹。

Model View (Planar)[模型视图(平面)]：打开 Planar Model View(平面模型视图)，以 2D 方式显示模型。

Model View (Orthographic)[模型视图(正投影)]：打开模型的一个新的 Orthographic View(正投影视图)。

Model View (Perspective)[模型视图(透视)]：打开模型的一个新的 Perspective View(透视视图)。

Orthographic Editor(正投影编辑器)：打开高级正投影编辑器。

Tree Editor(树编辑器)：打开高级树编辑器。

Current Database Table(数据库表)：打开一个视窗，显示当前激活的数据表，这些表可由命令 dbopen()、dbchangetable()、dbsqlquery()打开或者查询。

System Info 系统信息：此级联菜单用来打开库树、主树以及视图树视图。

☞Compiler Console(编译器控制台)：打开一个视窗，模型编译时，相关信息在此视窗里被打印。

☞System Console(系统控制台)：打开一个视窗，打印出程序引擎状态的相关信息。

☞Library Tree(库树)：打开显示库树的 Tree 视窗。

☞Main Tree(主树)：打开显示项目树的 Tree 视窗，在此视窗中对树进行操作。

☞View Tree(视图树)：打开显示视图布局树的 Tree 视窗，在此视窗中对视图布局树进行操作。

System Maintenance(系统维护)：此子菜单在边编辑模型边想要清理碎片时采用。此选项包括生成和清理 Flexsim 脚本和重载媒体。

☞Build Flexscript(生成)：读取树中的所有节点，并为所有被标志为 Flexscript 节点的节点生成 Flexscript 树，允许它们被 Flexsim 引擎执行。

☞Compile Entire Session(编译整体)：编译所有定义在主树或视图树中的代码节点。

☞Clean Flexscript(清除)：读取树中的所有节点，并且从那些被标为 Flexscript 的节点中删除 Flexscript 树。

☞Reload Media(重新导入媒体)：重新导入所设置的所有实体要显示的图像形状。

4)Execute 菜单

Execute(执行)菜单如图 7-10 所示。

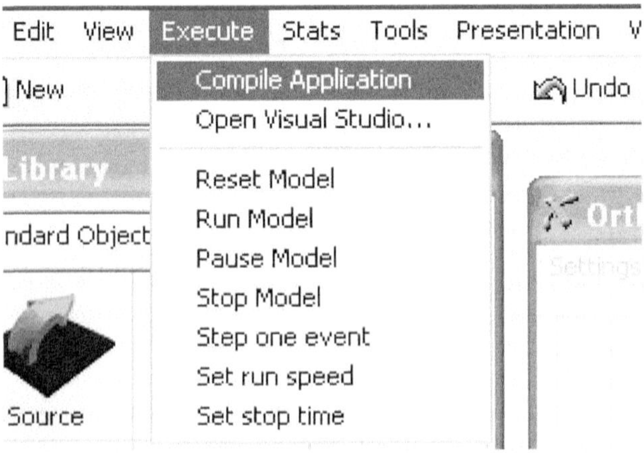

图 7-10　Execute 菜单

Compile Application(编译应用)：编译模型。

Open Visual Studio...（打开 Visual Studio...）：打开 Microsoft Visual Studio（如果可用），里面含有 Flexsim 生成的 C++项目。

Reset Model（重置模型）：与选择仿真运行控制面板上的“重置”按钮相同。

Run Model（运行模型）：与选择仿真运行控制面板上的“运行”按钮相同。

Pause Model（暂停模型）：与选择仿真运行控制面板上的“暂停”按钮相同。

Stop Model（停止模型）：与选择仿真运行控制面板上的“停止”按钮相同。

Step one event（步进一个事件）：与选择仿真运行控制面板上的“逐步”按钮相同。

Set run speed（设定运行速度）：设定模型的仿真运行速度。

Set stop time（设定停止时间）：设定模型仿真运行的停止时间。

5）Stats 菜单

Stats（统计）菜单如图 7-11 所示。

图 7-11　Stats 菜单

Standard Report（标准报告）：打开创建标准输出报告的对话框。

State Report（状态报告）：创建并打开模型中所有选定实体的状态报告。

Model Documentation（模型文档）：打开模型文档对话框，用来在一个外部文本文件中保存模型相关信息。

ExpertFit：打开由 Averill Law 和 Associates 开发的 ExpertFit 软件。

Experimenter…（实验控制器…）：打开仿真实验控制导入视窗，与点击主视窗右下角的实验控制器按钮的功能一样。

Repeat Random Streams(重复随机数流)：在每次重置和运行模型的时候重复随机数流。

Stats Collecting(统计收集)：在 Flexsim 中打开一个子菜单来打开和关闭统计收集功能。

☞Global On(全局打开)：此选项被选中，那些本地统计被切换锁定的实体将开始在其不断更新过程中记录它们的临时实体数和停留时间信息。打开了本地统计的实体在模型中被一个绿色指示框框住(除非"隐藏绿色指示框"菜单被选中)。

☞All Objects On(所有实体打开)：打开模型中所有实体的本地统计。

☞All Objects Off(所有实体关闭)：关闭模型中所有实体的本地统计。

☞Selected Objects On(选定实体打开)：打开所有选定实体(用红色方框框住指示)的本地统计。

☞Selected Objects Off(选定实体关闭)：关闭所有选定实体(用红色方框框住指示)的本地统计。

☞Hide Green Indicator Boxes(隐藏绿色指示框)：此选项被选中，实体周围用来指示统计收集的绿色方框将被隐藏。

OptQuest：打开优化编辑器。

6)Tools 菜单

Tools(工具)菜单如图 7-12 所示。

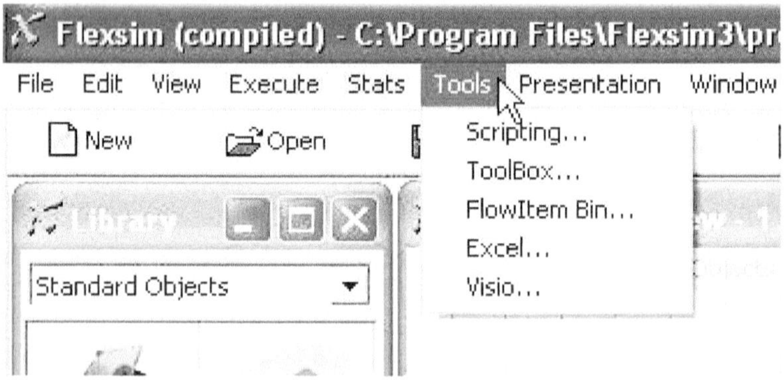

图 7-12 Tools 菜单

Scripting...(编写脚本...)：打开脚本编辑视窗。

ToolBox...(工具箱...)：与点击工具条中的"工具箱"按钮相同。

FlowItem Bin...(临时实体箱...)：与点击工具条中的"临时实体"按钮相同。

Excel...：与点击工具条中的"Excel"按钮相同。

Visio...：此选项打开 Visio 导入视窗。

7)Presentation 菜单

Presentation(演示)菜单如图 7-13 所示。

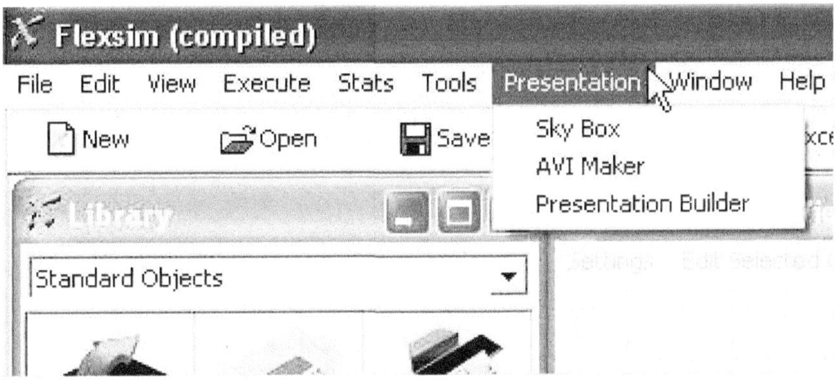

图 7-13　Presentation 菜单

Sky Box(背景设计箱)：为模型增加一个背景设计箱，并且打开背景设计箱编辑器。

AVI Maker(AVI 制作器)：打开 AVI 制作器。

Presentation Builder(演示生成器)：打开一个叫演示生成器的特定透视视图，用来进行演示过程的视角推移。

8)Window 菜单

Window(窗口)菜单如图 7-14 所示。

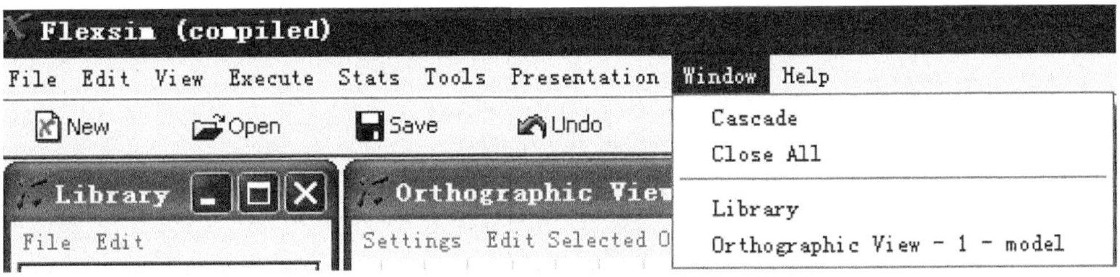

图 7-14　Window 菜单

Cascade(重叠视窗)：将重叠当前打开的视窗以便容易选择。

Close All(全部关闭)：关闭 Flexsim 中当前所有的激活视窗。

Other options(其他选项)：其他选项是 Flexsim 中当前打开的视窗。当选择其中的一个选项时，那个选中的视窗就会变为活动视窗并呈现到屏幕顶层。

9）Help 菜单

Help（帮助）菜单如图 7-15 所示。

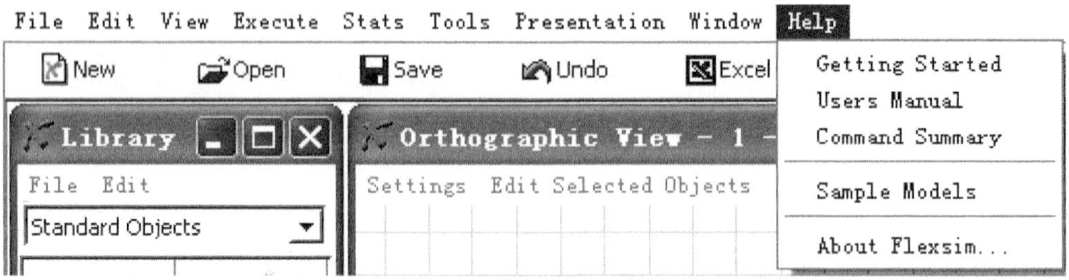

图 7-15 Help 菜单

Getting Started（开始起步）：打开 Flexsim 的帮助文档的“开始”部分。

Users Manual（用户手册）：打开 Flexsim 的用户手册。

Command Summary（命令集）：打开命令集。

Sample Models（模型例库）：打开模型例库对话框。

About Flexsim...（关于 Flexsim...）：打开一个有关 Flexsim 的信息，显示当前运行的 Flexsim 版本信息、此 Flexsim 的注册用户信息、显卡信息以及联系信息。

4. 工具栏

Flexsim 界面的工具栏如图 7-16 所示。

图 7-16 Flexsim 界面的工具栏

New：建立一个新的模型。

Open：打开一个先前保存的模型（文件扩展名为 .fsm）。

Save：保存当前模型。

Undo：撤销所做的最后一步操作。

Excel：打开 Excel 界面对话框。

ToolBox：打开工具箱。

FlowItems：打开临时实体箱。

Commands：打开命令集视窗。

Hints：打开命令提示视窗，提供 Flexscript/C++命令提示。

Tree：打开模型的树视图。

Ortho：打开正投影视图视窗。

Persp：打开透视或者虚拟现实视图视窗。

Script：打开脚本编辑器。

5. Flexsim 的仿真时间控件

Flexsim 的仿真时间控件如图 7-17 所示。

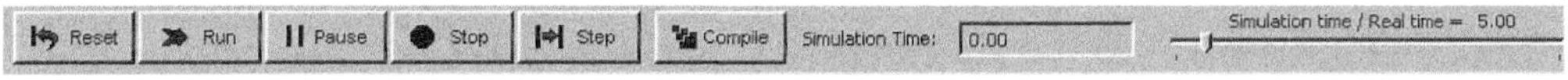

图 7-17　Flexsim 的仿真时间控件

：仿真模型整体复位，如调用各个对象的复位函数、清空缓冲区、数据表格(Global Table，Time Table)参数设置。

：仿真模型运行。

：仿真模型停止，按 Run 后可以继续运行模型。

：仿真模型运行结束，调用各个对象的 OnFinish 函数，按 Run 后不可以继续运行模型。

：仿真模型步进，它是按事件步进的。

：仿真模型的编译和连接，模型建立后或者对以前模型做的任何改变又要重新编译连接才能够运行新的模型。

Simulation Time：仿真模型转换在实际环境中运行的真正时间。

Simulation Time/Real Second：Real Second 是仿真模型运行的时间。例如，Simulation Time 为 10 000 Simulation Time/Real Second＝5. 00 代表模型在实际环境中运行了 10 000s，而真正仿真用时间为 2 000s。

7. 2. 2　Flexsim 中鼠标操作及键盘交互

1. 鼠标操作

移动实体：要在模型中移动实体，则用鼠标左键点击该实体，并拖动至所需要的位置；还可以用鼠标右键点击并拖动鼠标来旋转此实体；也可以使用鼠标滚轮，或同时按住鼠标左右键点击该实体并拖动鼠标，可沿 z 轴方向上下移动该实体。

移动视窗：要移动模型的视景观察点，可用鼠标左键点击视窗的一个空白区，并拖动鼠标；要旋转模型视点时，用右键点击空白区并拖动鼠标；要放大或缩小视图时，使用鼠标滚轮或同时按住鼠标左右键并拖动鼠标。

连接端口：按住键盘上不同字母，单击一个实体并拖动至第二个实体。如果在单击和拖动过程中按住 A 键，则将在第一个实体上生成一个输出端口，同时在第二个实体上生成一个输入端口，这两个新的端口将自动连接。如果按住 S 键，则将在这两个实体上各生成一个中间端口，并连接这两个新的端口。当按住 Q 键或 W 键时，输入、输出端口之间或中间端口之间的连接被断开，端口被删除。

2. 键盘交互

在正投影或透视视图中工作时，可以使用若干快捷键来建立、定制和获取模型信息。图 7-18 显示了键盘布局，图中用浅灰色高亮显示的键在与 Flexsim 交互中具有特定的含义。

图 7-18 键盘布局

注：必须在正投影或透视视图是激活视窗情况下，快捷键才能正常工作。在按下任何键之前，应首先点击视窗的标题栏使得视窗激活。否则，快捷键只有在尝试第二次时才会生效。

1)A、J 键：情景敏感连接

A 键用来连接某些类型的两个实体。按住 A 键点击此实体，按住鼠标键不放，拖动到另一个实体，在那个实体上释放鼠标按钮。通常 A 键连接是一个实体的输出端口到另一实体的输入端口。对于网络节点，A 键将其连接到作为移动物的任务执行器，或连接到作为移动路径关口的固定资源，或者连接到作为移动路径的其他网络节点上。如果习惯使用左手，也可以用 J 键。如果用 A 键连接两个实体，但是没有看见任何变化，首先去查看确认视图设定没有隐藏连接。如果仍没有变化，则可能是那些实体不支持 A 键连接。

2)Q、U 键：断开情景敏感连接

Q 键用来断开某些类型的两个实体的连接。按住 Q 键点击实体，按住鼠标左键不放，拖动到另一个实体，在其上释放鼠标按钮。通常使用 Q 键来断开一个实体的输出端口到另一个实体的输入端口之间的连接。对于网络节点来说，Q 键断开一个网络节点与作为移动物的任务执行器，或者断开移动资源和固定资源之间的连接，并设定一条移动路径的单行线连接为“无连接”(红色)。如果习惯使用左手，也可以用 U 键。

3)S、K 键：中间端口连接

S 键用来连接两个实体的中间端口。中间端口的使用是为了引用，采用 centerobject()命令可对其进行引用。按下 S 键点击一个实体，按住鼠标键不放，拖动到另一个实体，然后释放鼠标按钮。如习惯使用左手，也可用 K 键。

4)W、I 键：断开中间端口连接

W 键用来断开两个实体的中间端口连接。按下 W 键点击一个实体，按住鼠标键不放，拖动到另一个实体，然后释放鼠标按钮。如习惯使用左手，也可以用 I 键。

5)D 键：情景敏感连接

D 键是第二个用来进行上下文敏感连接的键。网络节点和交通控制器都采用 D 键连接。

6)E 键：断开情景敏感连接

E 键是第二个用来断开上下文敏感连接的键。网络节点采用 E 键连接。

7)X 键：情景敏感点击/切换

X 键用来根据实体类型改变一个实体或者实体的视图信息。使用方法：按下 X 键点击实体。网络节点将让整个网络在不同的显示模式间切换。X 键也在网络路径上创建新的样条节点。货架也将在不同的显示模式间切换。传送带将重新布置下游传送带位置以使传送带末端齐平。

8)B 键：情景敏感点击/切换

B 键是用来根据实体的类型来改变实体或实体视图信息的附加键。使用方法：按住 B 键点击实体。网络节点将使整个网络在不同的显示模式之间切换。交通控制器也使用 B 键。

9)V 键：查看输入/输出端口的连接

V 键用来查看一个实体的输入/输出端口连接。按住 V 键点击实体，同时按住 V 键和鼠标左键。如果先释放鼠标按钮，则相关信息消失；如果先释放 V 键，则会持续显示相关信息。

10)C 键：查看中间端口连接

C 键用来查看一个实体的中间端口连接。按住 C 键点击实体，同时按住 C 键和鼠标左键。如果先释放鼠标按钮，则相关信息消失；如果先释放 C 键，则会持续显示相关信息。

7.3 Flexsim 建模的相关概念

Flexsim 是目前国内最新的仿真软件，关于该软件的资料和使用经验还很少。作者是在不断的摸索中学习的，所以希望本书能对其他人有一定的借鉴。要完全掌握好 Flexsim，并将其用到我们的工作、学习和研究当中，理解该软件的一些重要概念和思想是很重要的。

7.3.1 面向对象的思想

相对于目前的一些仿真软件(如 Witness，eM-Plant 等)，Flexsim 是采用面向对象思想和技术开发的，其本身更是用 C++语言实现的。严格地说，该仿真软件包括了两部分，即仿真软件和后台支持环境 VC++.NET。由于 C++是一种面向对象的语言，所以使用 Flexsim 软件，从用户用于系统建模，或是做一些二次开发，这些工作都有面向对象思想的体现。可以这样说，没有领会面向对象的思想，就不能完全发挥 Flexsim 软件本身的特点，也就不能用其实现用户的目的。使用 Flexsim 软件的用户需要对 C++语言有一定程度的熟悉。本节主要是解释 Flexsim 中所特有的一些面向对象思想，而不涉及面向对象语言的解释(关于 C++语言的知识请查看相关书籍)。

对象的概念在 Flexsim 软件中无处不在，我们先直观地感受一下。软件的运行界面左边是一个常用的对象库(图 7-19)。库中的各种部件就是有特定功能的对象，这些对象是软件本身自带的，使用这些基本的部件对象，用户可以完成大多数的仿真工作。我们使用处理器来解释一下对象的概念：我们日常所见的任何具体事物都可看做对象，这里处理器就是一种设备，它的作用就是对经过它的物件进行一些加工，即改变物件的状态。这里我们可以将其当做现实中的设备，如机床等。

这里我们借用 C++程序设计语言中的对象的概念。对象是类的实例，类是对现实对象的抽象。类中包含了对象的数据(相当于现实对象的状态)和对象的方法(相当于现实对象用来处理外界所给信息的方法)。对象封装了属性和方法，进一步到 Flexsim 中，对于软件中可用的库对象，它们本身有自己的属性(如颜色、尺寸、位置等)，还有处理物件的方法。在使用软件的过程中，我们完全可以以人们平时的思维方式来思考，而无需过多地抽象化，这也就是面向对象方法的优点。

7.3.2 Flexsim 的对象层次结构

面向对象方法的一个优点是类与类之间可以有继承关系，对象的继承性给我

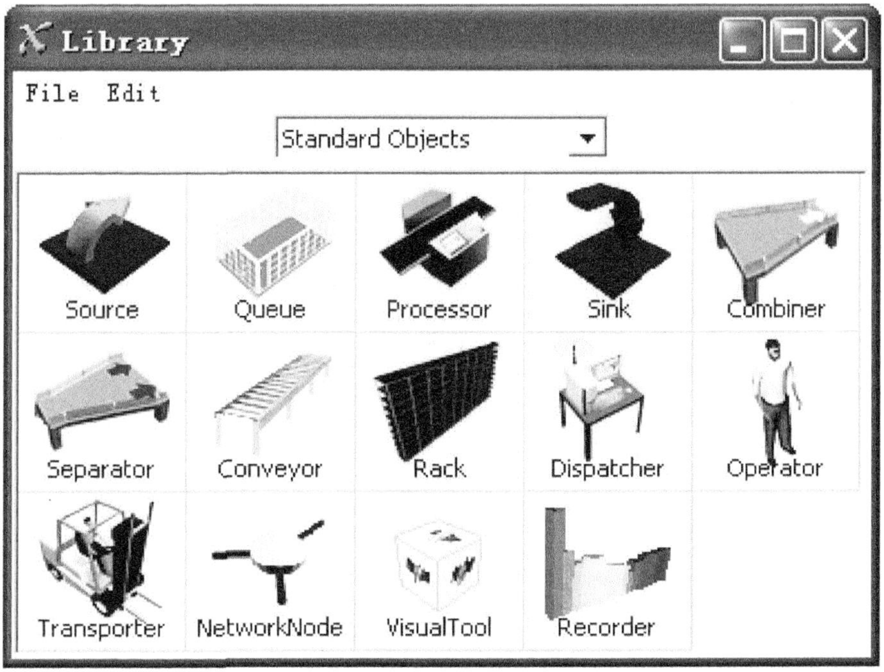

图 7-19　标准对象库

们提供了更大的柔性来扩展我们自己的对象，即衍生出新的对象。在 Flexsim 中我们可以充分利用继承性来开发我们自己的对象，而软件本身也给用户提供了这样的机制。Flexsim 本身的库对象是高度抽象化的，具有很强的通用性，几乎涵盖了仿真中可能遇到的所有对象。这些对象之间有一定的继承关系，它们之间存在着逻辑关系。图 7-20 是 Flexsim 中对象的层次结构。

从类的派生关系图中我们可以对 Flexsim 中各种对象的逻辑关系一目了然。对象库中的对象分为两种：一种是从 FixedResource(固定实体)中派生下来的，另一种是从 TaskExecuter(任务执行器)中派生下来的。通过分析我们不难发现，从 FixedResource 中派生的对象有一个共同的特点，即其本身是不会运动的，它们的作用只是产生或消除物件、存储物件、加工物件等；从 TaskExecuter 中派生的对象，其本身是可以运动的，其作用是将物件从一个地点运送到另一个地点。

当现有的库对象不能满足用户的需要时，用户就需要创建自己的对象。Flexsim 为用户提供了这样一种机制——用户可以定制自己的库对象。在图 7-20 中，我们看到有两个虚线框，这表示用户可以从 FixedResource 和 TaskExecuter 中派生出自己的对象。Flexsim 的早期版本中从这两个类中派生新的对象比较复杂，最新的版本中增加了 BasicFR 和 BasicTE 类，使用户的开发工作更容易。后

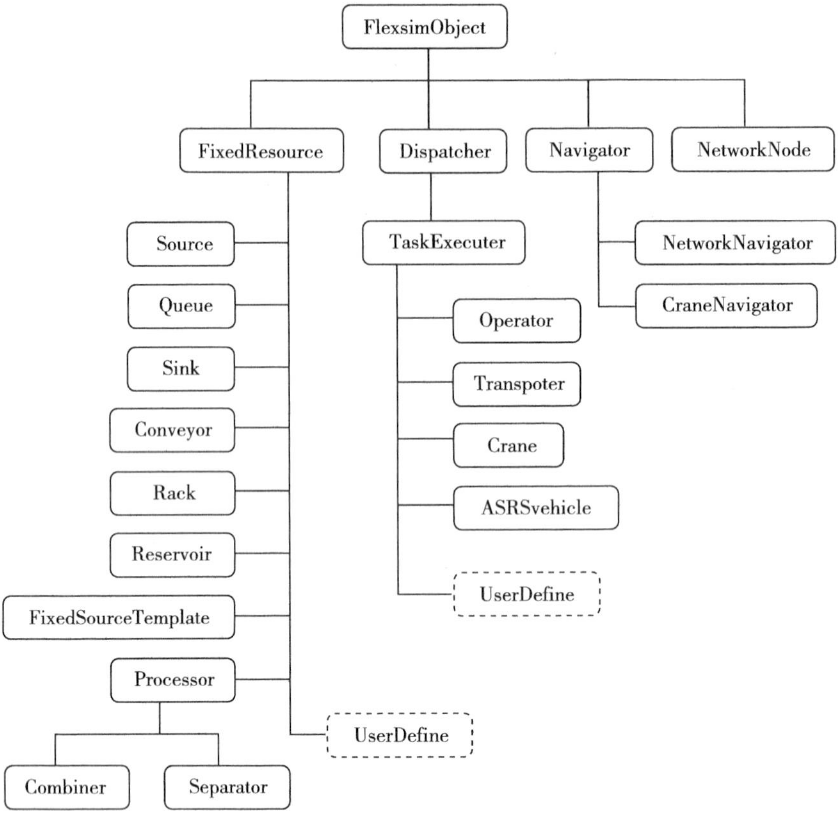

图 7-20 Flexsim 中对象的层次结构

面的章节中将具体介绍怎样来实现一个新对象的定制。

7.3.3 节点和树

在介绍树结构之前，我们先来了解 Flexsim 中节点的概念。

节点是树结构的最基本的组成单元，它们组成了链接的层次。所有的节点都有一个文本缓冲区，用来保存节点的名字。节点可以是其他节点的容器，可以用来定义一个对象属性的关键字，或是拥有一个数据项。属于一个节点的数据项类型可能是数值(number)、字符串(string)、对象或指针(pointer)。

用户可以在对象的树结构中任意地操作节点，如增加节点、删除节点、改变节点所包含的值等。含有对象数据的节点可能包含有节点的子列表。含有对象数据的节点称为对象节点。当单击一个对象节点时，会看到在节点的左边有一个大于号(>)。单击“>”，将打开对象数据的树分支。如果一个节点包含子节点，可以按下“+”按钮来展开。如果一个节点包含对象数据，可以按下“>”来展开。

图 7-21 展示了一个队列(Queue)展开的对象数据树。

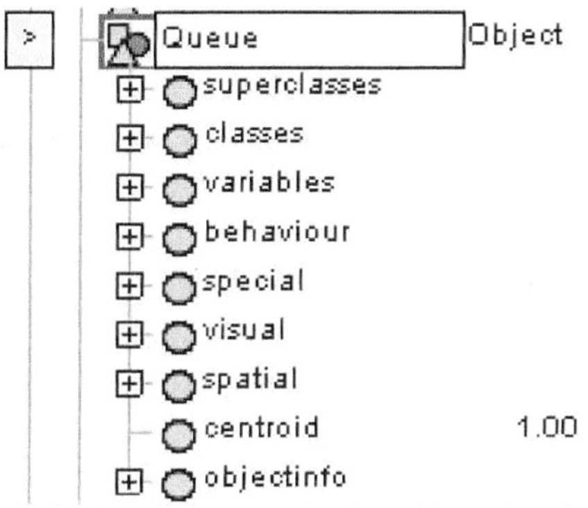

图 7-21　对象数据树

树结构是一种很常用的数据结构。Flexsim 仿真模型中的对象，或对象中的属性和方法节点等都是树结构，用户甚至可以直接在树结构中操作对象。在 Flexsim 中有两个主要的对象类型，即模型(Model)或仿真对象(Simulation Object)和视图对象(View Object)。两种类型都有对象数据树，包含了属性和行为控件。一个对象节点的对象数据树中的节点可以作为属性、变量或成员函数，也有的只是作为简单的容器来包含节点以达到组织的目的。

7.3.4　任务序列

任务序列(Task Sequences)是 Flexsim 仿真软件中的核心机制。各种复杂仿真的实现很大程度上取决于怎样实现任务序列。前面介绍了 Flexsim 中有两种对象：一种是派生至 FixedResource 的静态对象(即对象本身不运动)；另一种是派生至 TaskExecuter 的动态对象(即对象本身可运动)。如果用户建立的系统模型全部使用了静态对象，那么就不需要任务序列的机制，但是这种情况几乎没有。使用动态对象搬运物件，对象怎样运动，实现什么样的功能等，这就需要任务序列来控制。

任务序列是由 TaskExecuter 执行的一组命令序列。这里 TaskExecuter 涵盖了所有派生自它的动态对象，如 Operators、Transpoters、Crane、ASRSvehicle、Robots、Elevators 以及其他可运动的对象。图 7-22 表示一个任务序列，该任务序列由多个任务组成。

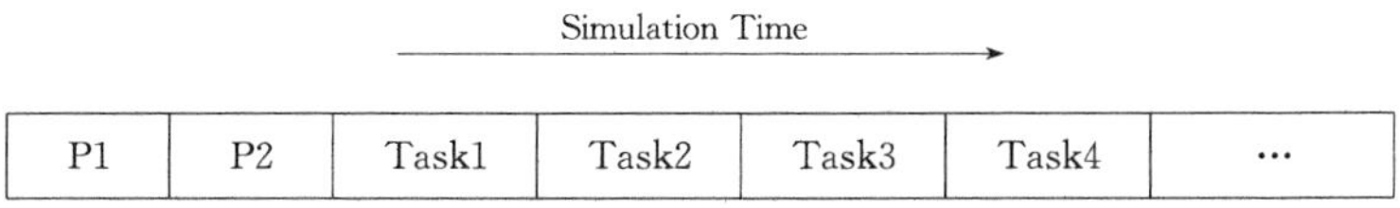

图 7-22　任务序列

注：P1：Priority Value；P2：Preempt Value。

Flexsim 中为用户提供了功能齐备的任务类型。常用的任务序列有 TASK-

TYPE _ TRAVEL、TASKTYPE _ LOAD、TASKTYPE _ UNLOAD、TASKTYPE _ TRAVELTOLOC 等。不同的任务序列有不同的设置参数，用户可以根据需要在使用的时候查询帮助文档。

1. 默认任务序列

FixedResource 为了将物件移至下一个站点，有一个创建任务序列的默认机制。FixedResource 对象的参数对话框中有一个通用的"Flow"选项页，选择其中的"Use Transport"复选框，这样就可创建默认的任务序列。对于 Processor 对象，还可以自动创建对 Setup Time/Process Time/Repair Operation 的任务序列。

当仿真运行时，这些自动创建的任务序列就会传递给与其中心端口相连的动态对象来执行。这里给个简单的例子说明。假设用户选择了 Queue 对象参数对话框的"Flow"选项页中的"Use Transport"复选框，当系统运行时，产生了如图 7-23 所示的任务序列。

P1	P2	Travel	Load	Break	Travel	Unload

图 7-23 默认任务序列

当 Operator 收到该任务序列时，顺序地执行任务序列中的每个任务，执行过程如下：Operator 首先移动到 Queue 处(Travel)，其次拿起物件(Load)，再次移动到下一个站点处(Travel)，最后放下物件(Unload)。

在仿真运行的任意时刻，一个 TaskExecuter 只能执行一个任务序列，而此时 FixedResource 可能创建了许多任务序列，这些未执行的任务序列被放置在缓存队列中等待执行。

2. 协同作业的任务序列

协同作业的情况有很多，如叉车作业需要一个司机来操控，或者一件物品需要两个人来同时搬运等。在 Flexsim 中叉车、人都是可运动对象，要实现协同作业的任务序列相对于只对一个对象创建任务序列要复杂许多。我们以叉车和司机的协同工作为例来说明怎样实现协同作业的任务序列。

我们先来分解任务的执行过程：①人运动到叉车上(Travel)；②人进入驾驶室(这里是叉车的动作)(Load)；③叉车运动到指定地点(Travel)；④叉车装载货物(Load)；⑤叉车运动到卸载点(Travel)；⑥卸载货物(Unload)。图 7-24 是叉车和人的任务序列。

Forklift	P	P	Wait	Load	Travel	Load	Travel	Unload
Operator	P	P	Travel to Forklift	Wait				

图 7-24 协同任务序列

从图 7-24 中可以看出，叉车在人到达之后才执行任务，人进入叉车之后就随着叉车一起完成叉车的任务。人的任务序列中只有一个任务，其他时间不做任何事情。

3. Dispatcher 对象及任务序列的分配规则

现在考虑一种较为复杂的情况：有两个 Queue 对象用于存放物件；三个 Operator 对象用于搬运物件，三个 Operator 是自由的，没有被分配给固定的 Queue，那么怎样来有效地调用这三个 Operator 呢？此时就要用到 Dispatcher 对象。

Dispatcher 用来控制一组 Transporter 或 Operator。任务序列从一个静态对象发送到 Dispatcher，然后 Dispatcher 来调配这些任务序列分配给与其输出端口相连的动态对象，动态对象接收到任务序列后执行相应的命令序列。

Dispatcher 对象的功能就是将任务序列进行队列存储和发送任务序列。根据用户建模的逻辑，任务序列可以被排队等待或是立即传送个相应的对象。Dispatcher 的参数设置对话框只有两项，当接收到一个任务序列时，调用 Pass To 函数。顾名思义，该函数将任务序列发送给接收对象，如果该函数返回值是 0，即该任务序列不能被立即分配，则根据 QueueStrategy 定义的规则将任务序列放入队列中等候。QueueStrategy 函数返回任务序列的相关值，然后根据优先级来确定任务序列在队列中的位置。高优先级的任务序列放在队列的前面，低优先级的任务序列放在队列的后面。如果优先级相同，则根据队列的先进先出原则来处理。用户可以根据需要，动态地改变任务序列的优先级。

当将队列中的任务序列进行排序时，Dispatcher 执行队列策略函数，遍历取得已有任务序列的优先级值，与最新的任务序列优先级值比较，根据比较的结果重新进行队列排序。

在 Flexsim 对象层次图中，我们发现 Dispatcher 是所有 TaskExecuter 的父类，也就是说所有的 TaskExecuter 也是 Dispatcher。这就意味着 Operator 或 Transporter 也可以担当 Dispatcher 的角色来分配任务序列，或者是自己执行任务序列。

7.4 Flexsim 仿真模型建立

7.4.1 Flexsim 仿真模型的基本组成

(1)对象：Flexsim 采用对象对实际过程中的各元素建模。

(2)连接(Connections)：Flexsim 中通过对象之间的连接定义模型的流程。

(3)方法(Methods)：对象中的方法定义了模型中各对象所需要完成的作业。

7.4.2 Flexsim 建模的基本步骤

1)构建模型布局

将仿真所需要的对象模型从对象库中拖曳到仿真视图窗口中的适当位置，如图 7-25 所示。

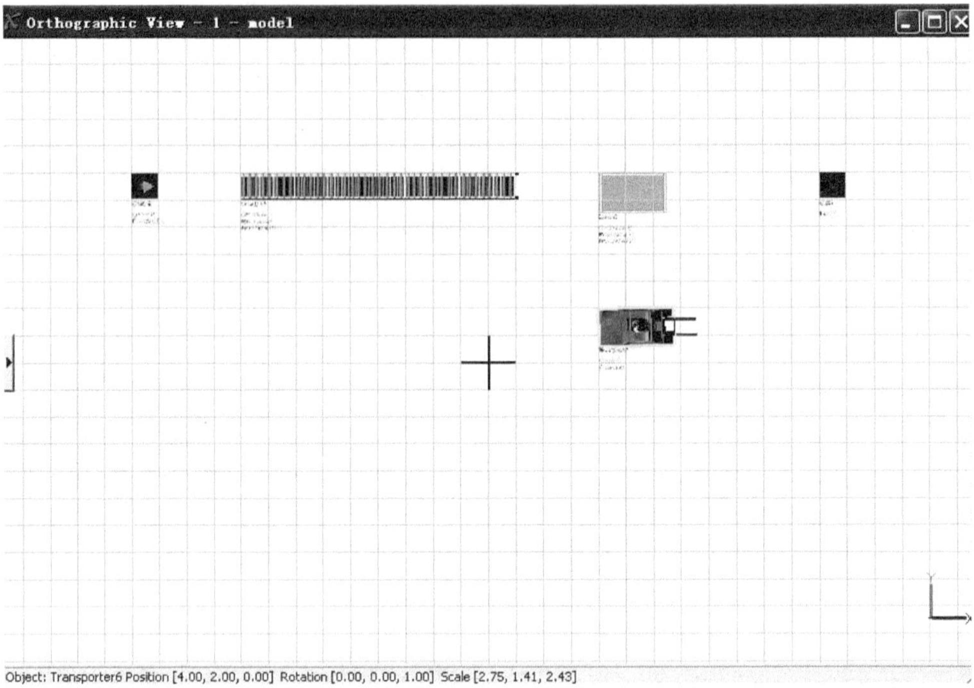

图 7-25 模型布局

2)定义物流流程

根据连接类型，按下“A”或“S”键的同时，用鼠标从一个对象拖拉到另一个对象上以连接二者，如图 7-26 所示。

连接两个对象端口所需按键如下：

“A”键：用来将对象 1 的输出端口连接到对象 2 的输入端口上。

“Q”键：用来取消对象 1 的输出端口与对象 2 的输入端口之间的连接。

“S”键：用来连接对象 1 与对象 2 的中心端口。

“W”键：用来取消对象 1 与对象 2 的中心端口的连接。

各类端口连接的显示位置：输出端口显示在对象的右上角，输入端口显示在对象的左上角，中心端口显示在对象底部中心，如图 7-27 所示。

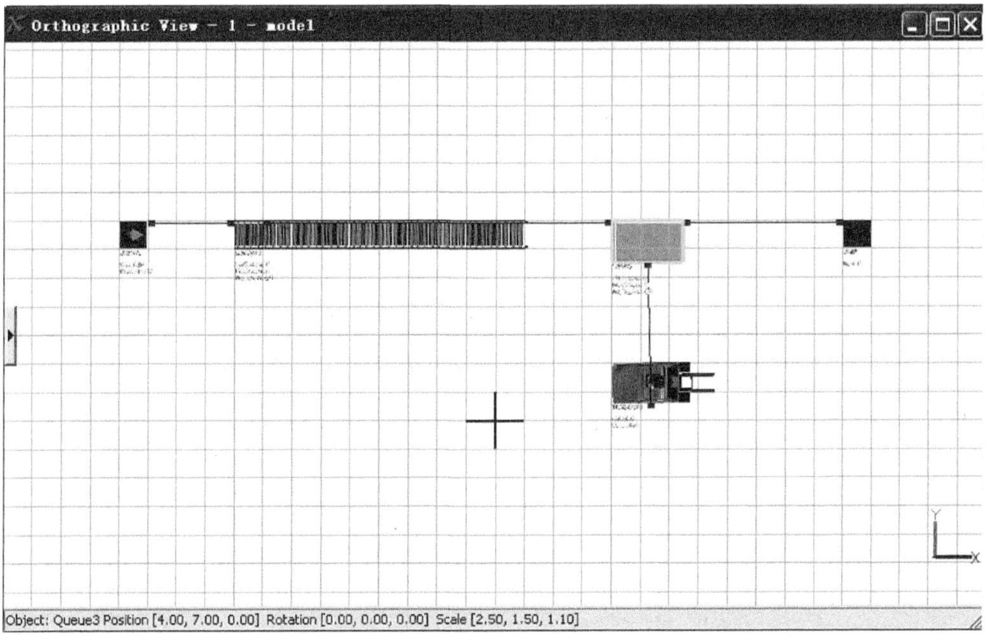

图 7-26　物流流程

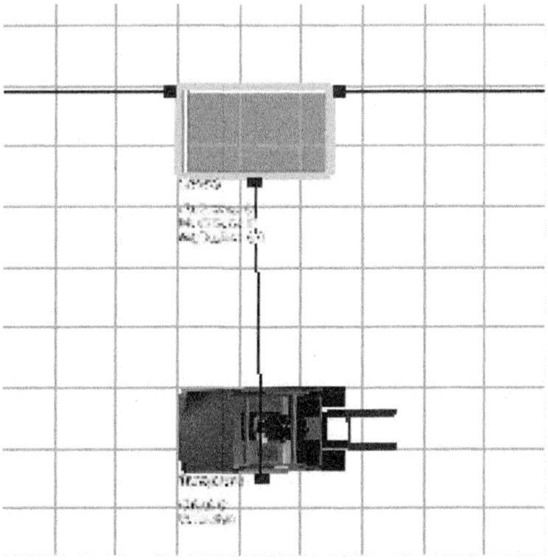

图 7-27　对象连接

察看对象的端口连接：对象属性窗口 General 选项卡、可调整端口的编号顺序(图 7-28)。

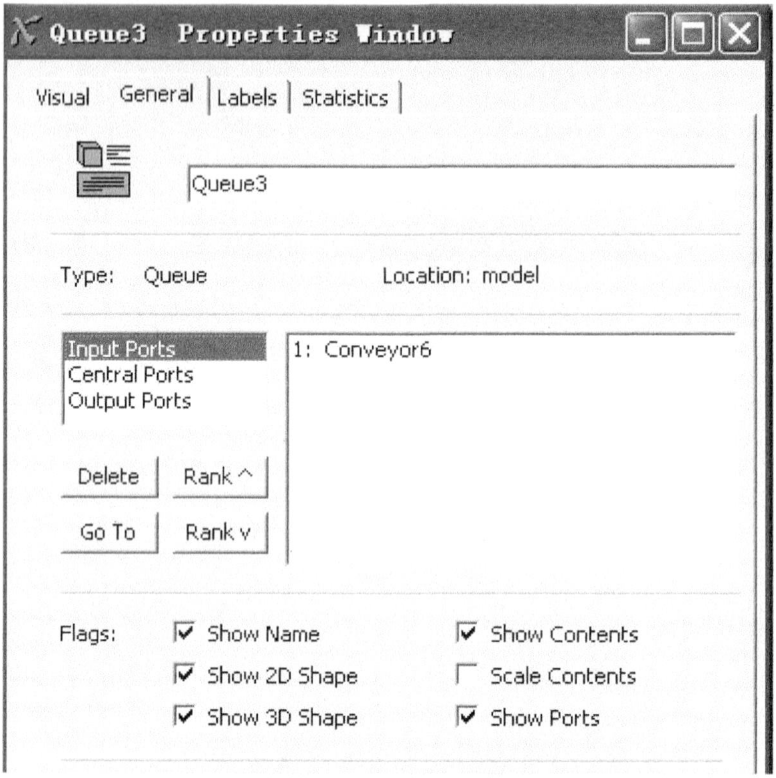

图 7-28 可调整端口编号顺序

3)编辑对象参数

双击对象可以打开对象的参数对话框，如图 7-29 所示。

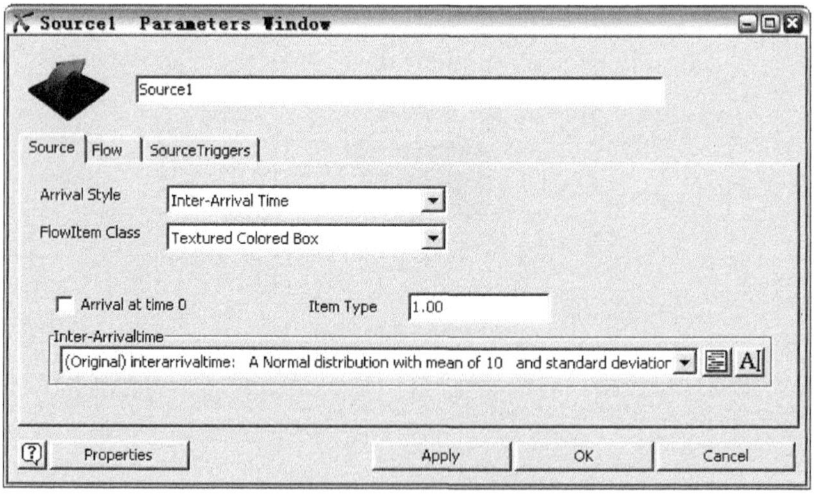

图 7-29 设置参数对话框

点击对象窗口左下角“Properties”按钮可调出对象属性对话框，对象属性对话框中包括 Visual(图形)、General(常规)、Labels(标签)、Statistics(统计)，如图 7-30 所示。

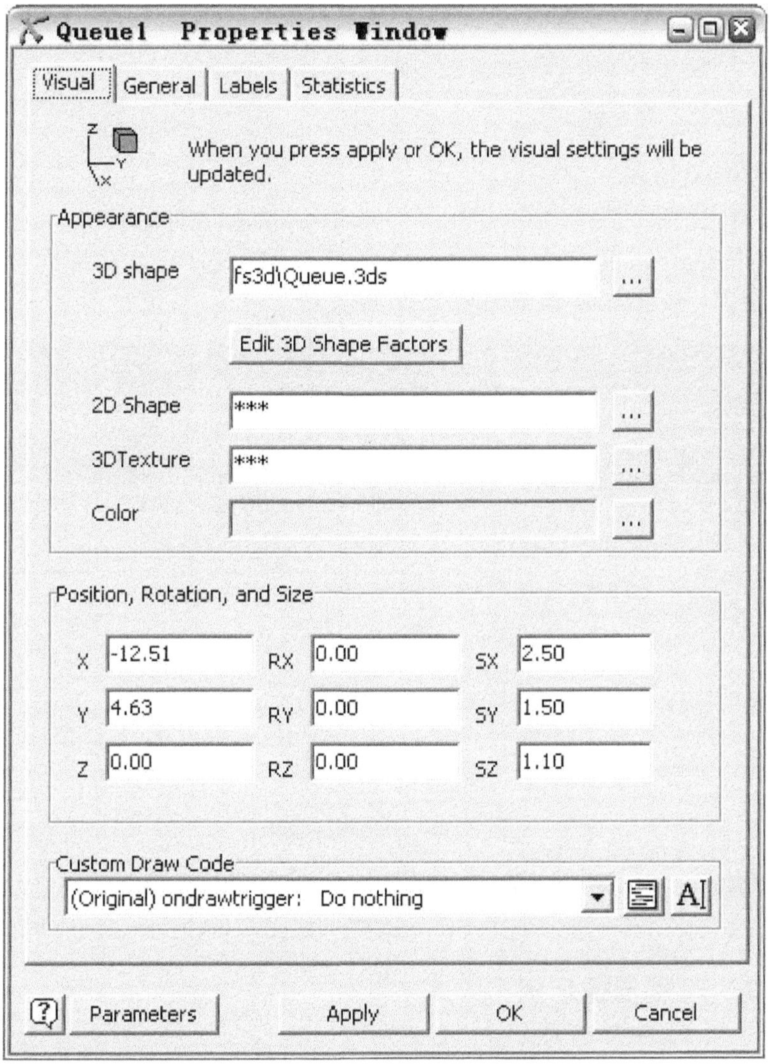

图 7-30　对象属性对话框

4)编译运行仿真

编译运行仿真栏如图 7-31 所示。

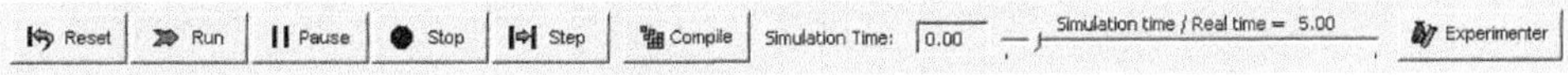

图 7-31　编译运行仿真栏

编译模型：

重置模型：

控制动画速度：

运行仿真：

5)分析仿真结果

(1)仿真之前通过菜单 Stats/Stats Collecting 选择统计对象。

(2)点击 Stats 下的 Standard Report 或 State Report 可生成标准统计报告和状态统计报告。Statistics 菜单如图 7-32 所示。

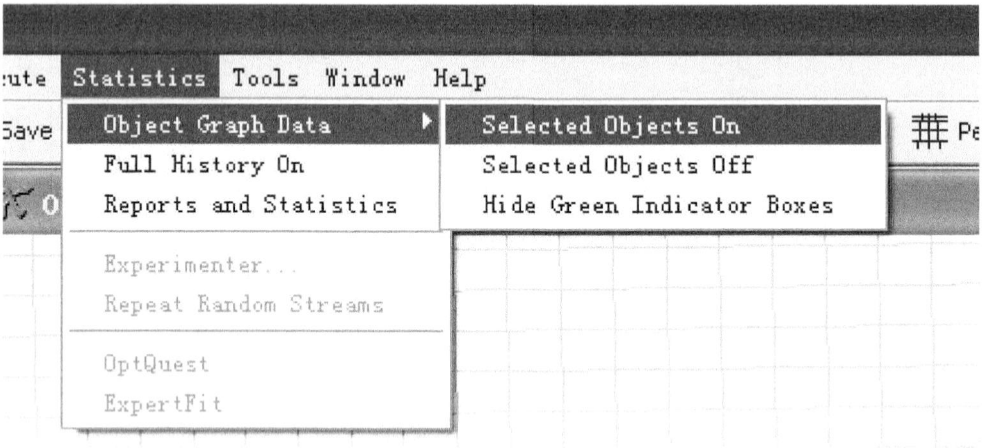

图 7-32　Statistics 菜单

(3)仿真时在对象属性对话框 Statistics 选项卡中可实时察看相应对象的统计数据和图表。Statistics 选项卡中 State 选项卡如图 7-33 所示。

7.4.3　建模步骤示例

下面我们通过一个多产品单阶段制造系统仿真的小例子来具体说明 Flexsim 仿真建模的基本步骤。

某工厂加工三种类型产品，这三类产品分别从工厂其他车间到达该车间。这个车间有三台机床，每台机床可以加工一种特定的产品类型。一旦产品在相应的机床上完成加工，所有产品都必须送到一个公用的检验台进行质量检测。质量合格的产品就会被送到下一个车间；质量不合格的产品则必须送回相应的机床进行再加工。

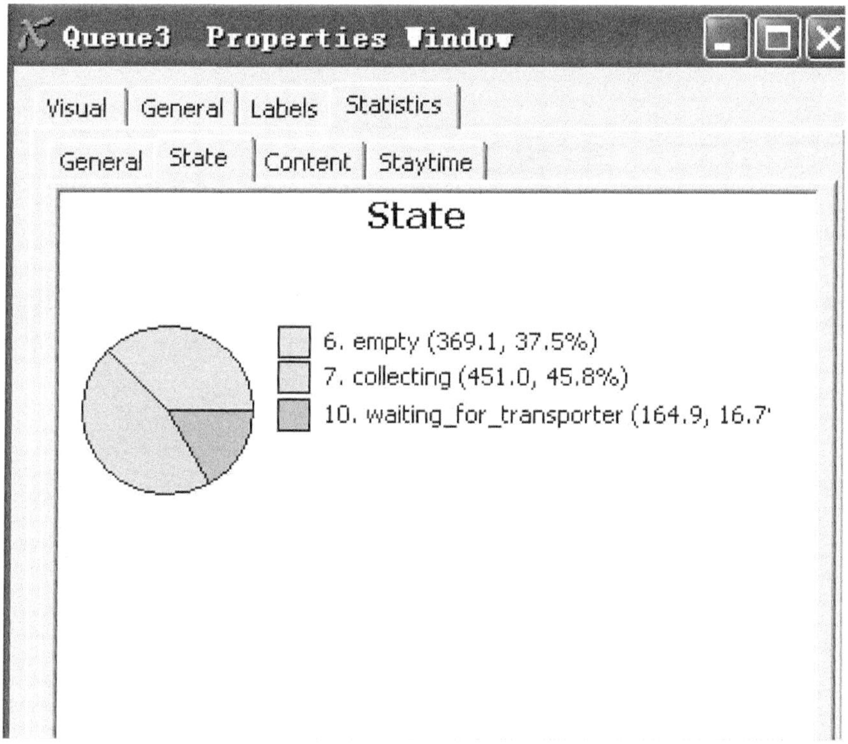

图 7-33　State 选项卡

产品到达：平均每 5s 到达一个产品，到达间隔时间服从指数分布；

产品加工：平均加工时间 10s，加工时间服从指数分布；

产品检测：固定时间 4s；

产品合格率：80％；

暂存区(queue)容量：10 000.00；

仿真时间：50 000.00s。

步骤 1：构建模型布局

根据题意要求，从实体库里拖出一个发生器(source)、两个暂存区、四个处理器(processor)、一条传送带和一个吸收器(sink)放到正投影视图中，如图 7-34 所示。

步骤 2：定义物流流程

根据临时实体的路径连接端口，固定实体之间的连接用 A，移动实体与固定实体的连接用 S。本实验都是用 A 连接，连接过程：按住“A”键，然后用鼠标左键点击发生器并拖曳到处理器，再释放鼠标键。拖曳时将看到一条黄线，释放时变为黑线，如图 7-35 所示。

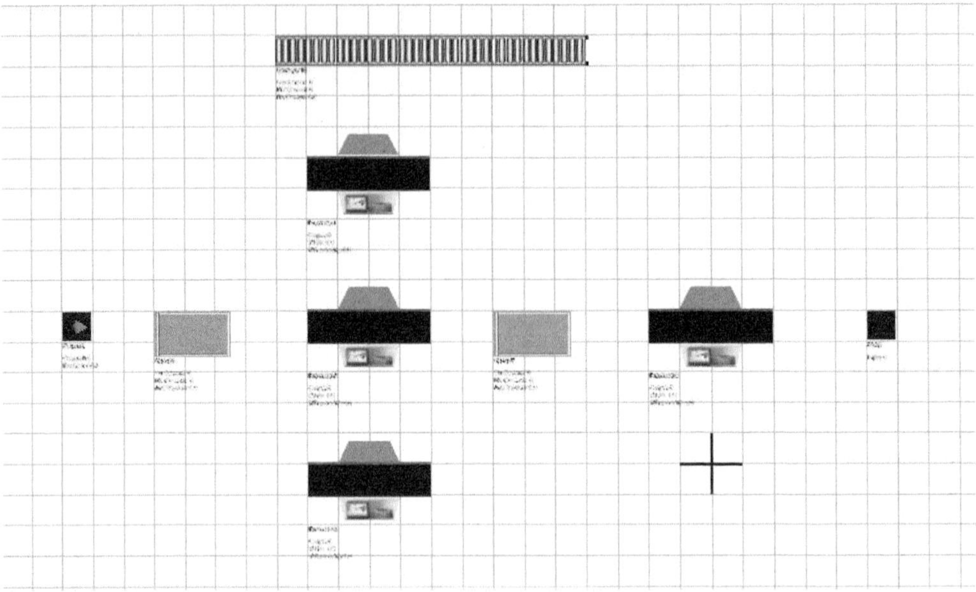

图 7-34 构建模型布局

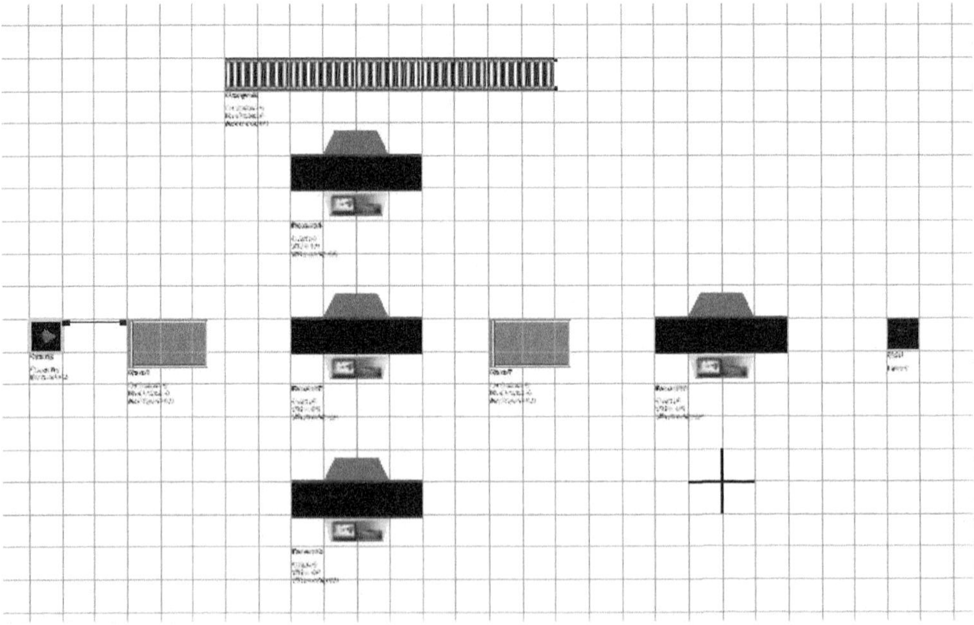

图 7-35 定义发射器与暂存区的流程

连接发生器到对应的暂存区，连接暂存区到每个处理器，连接每个处理器到暂存区，连接暂存区到对应的处理器，连接处理器到传送带和吸收器，连接传送带到第一个暂存区，这样就完成了连接过程。完成连接后，所得到的模型布局如

图 7-36 所示。

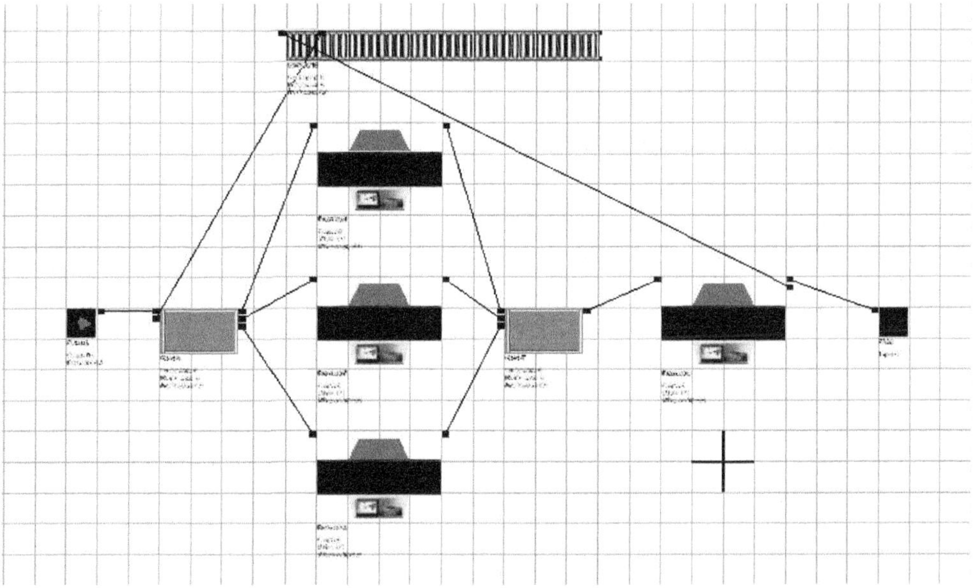

图 7-36　仿真模型的物流流程

步骤 3：编辑对象参数

根据对实体行为特性的要求，改变不同实体的参数。我们首先从发生器开始设置，最后到吸收器结束。

1)发生器的参数设置

发生器时间间隔、产品类型和颜色参数设置如图 7-37、图 7-38 所示。

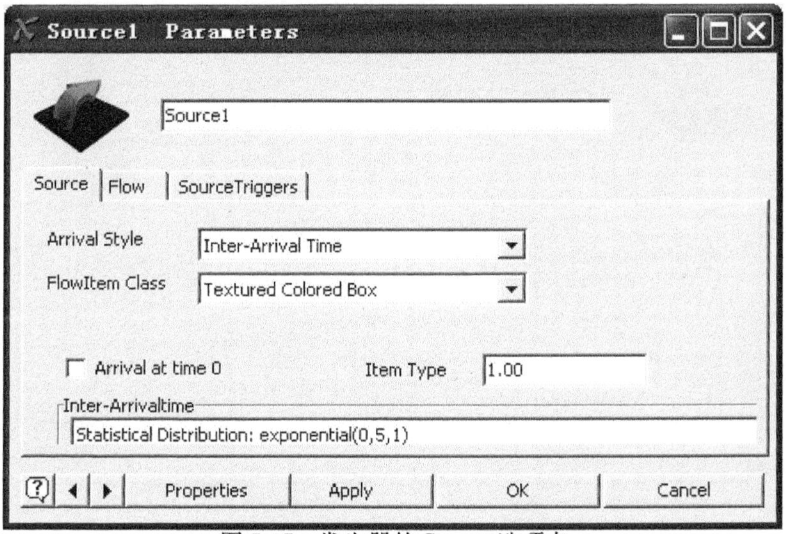

图 7-37　发生器的 Source 选项卡

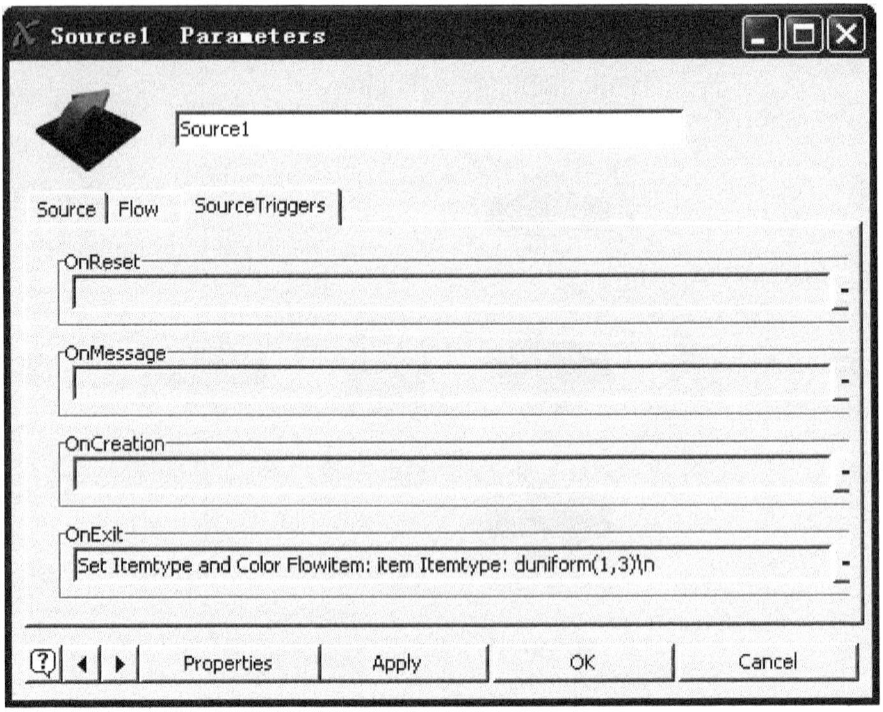

图 7-38 发生器的 SourceTriggers 选项卡

2)第一个暂存区的参数设置

暂存区 Queue 选项卡和 Flow 选项卡设置如图 7-39、图 7-40 所示。

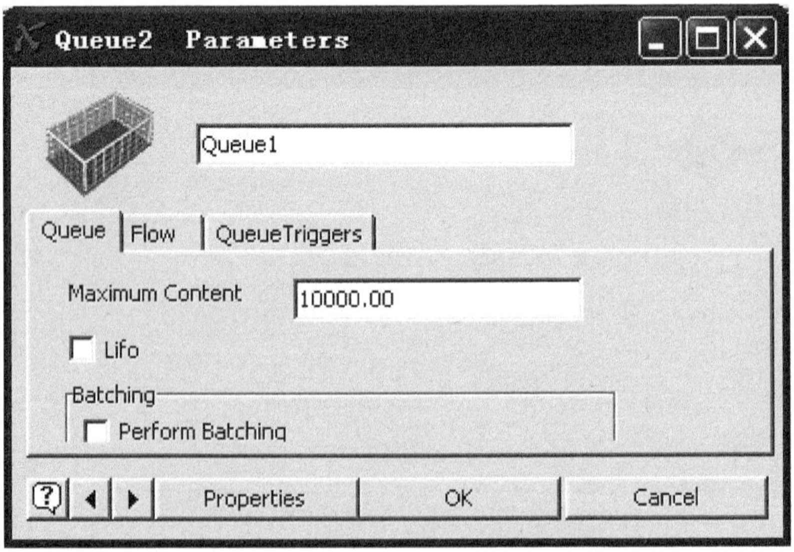

图 7-39 第一个暂存区的 Queue 选项卡

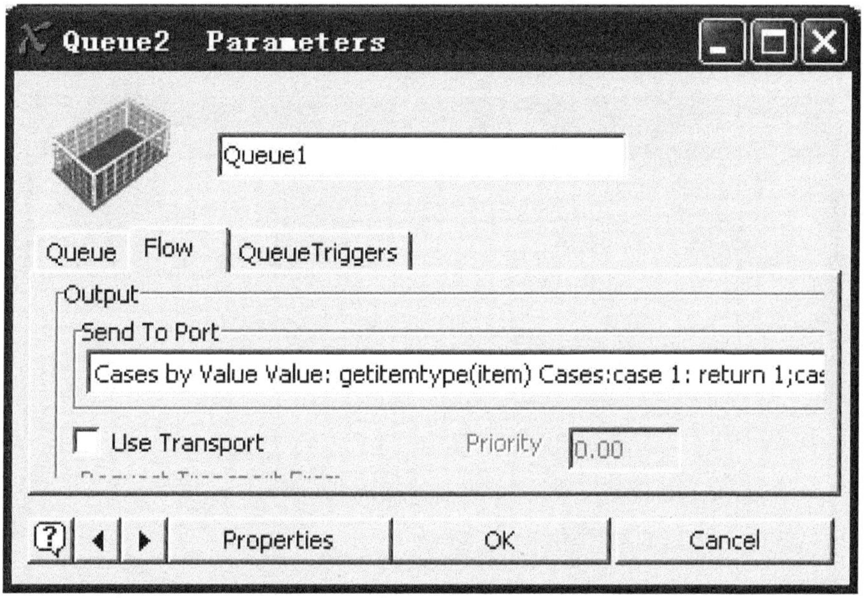

图 7-40 第一个暂存区的 Flow 选项卡

3)前三个处理器同样设置

前三个处理器的参数设置如图 7-41 所示。

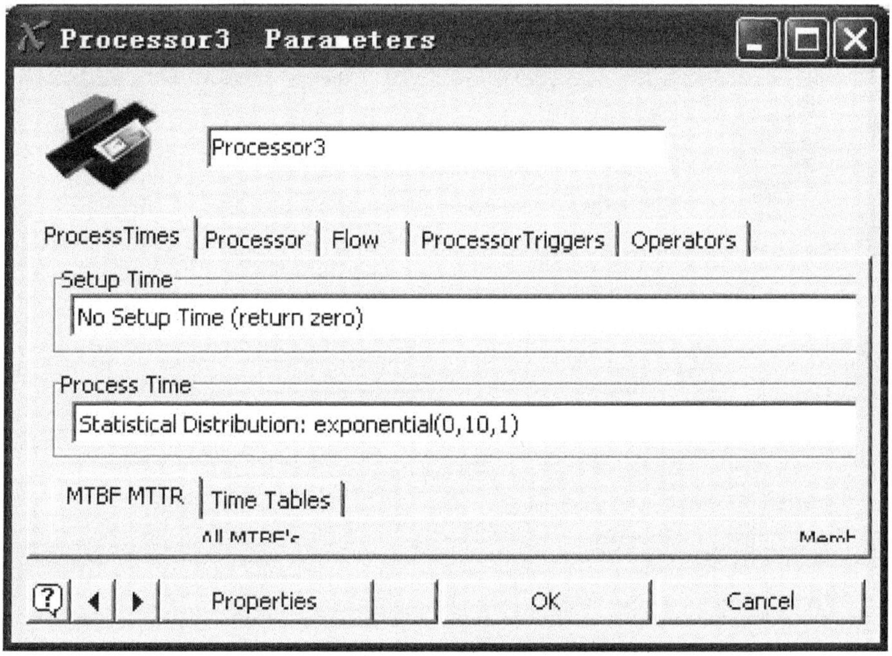

图 7-41 前三个处理器的参数设置

4)第二个暂存区的参数设置

第二个暂存区的参数设置如图 7-42 所示。

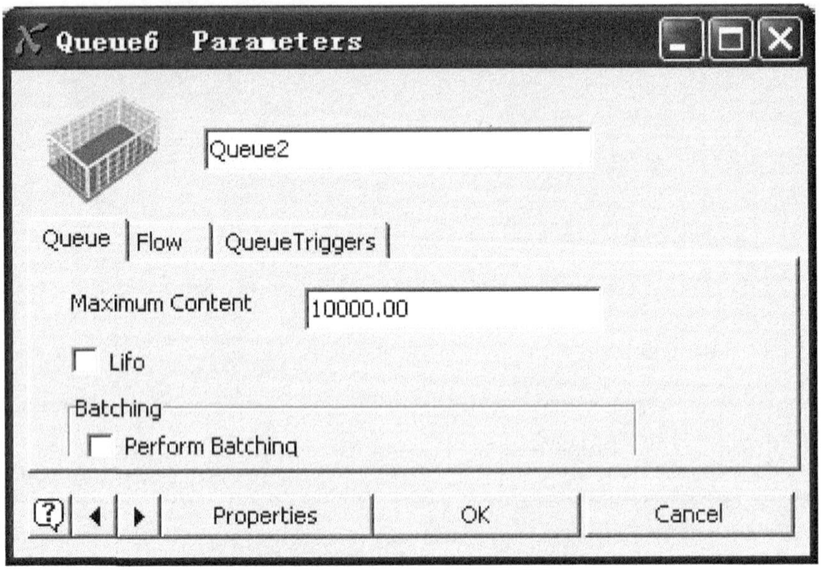

图 7-42 第二个暂存区的参数设置

5)第四个处理器的参数设置

第四个处理器的 Process Times 选项卡设置如图 7-43 所示。

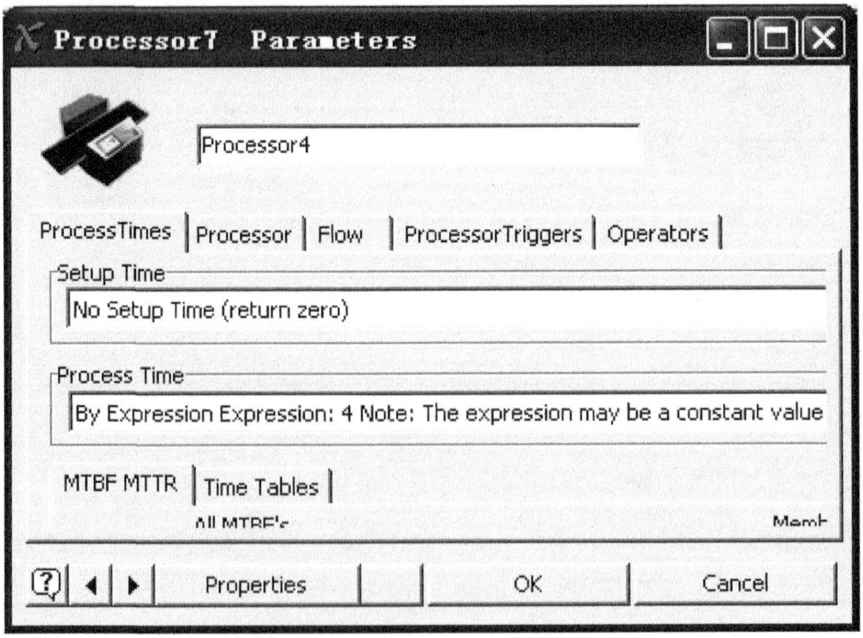

图 7-43 第四个处理器的 ProcessTimes 选项卡

第四个处理器的 Flow 选项卡设置如图 7-44 所示。

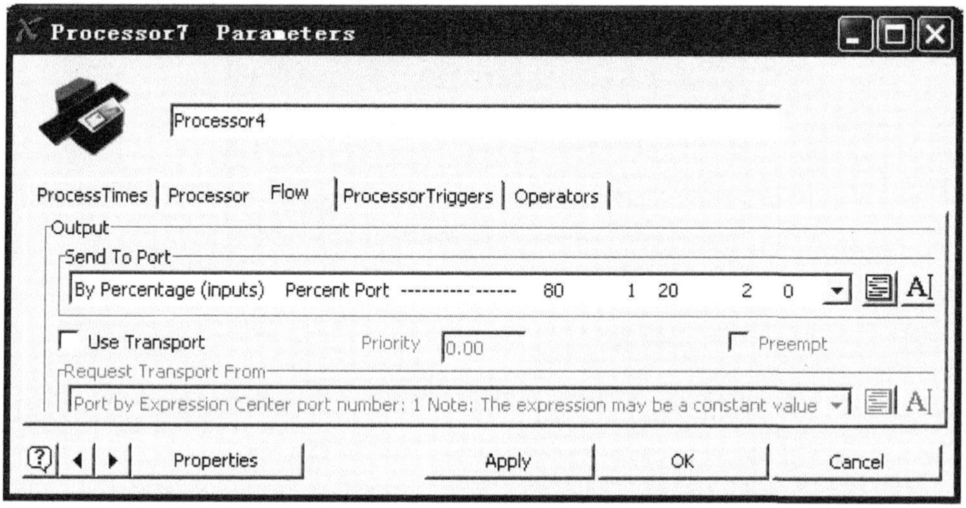

图 7-44　第四个处理器的 Flow 选项卡

第四个处理器的 ProcessoTriggers 选项卡设置如图 7-45 所示。

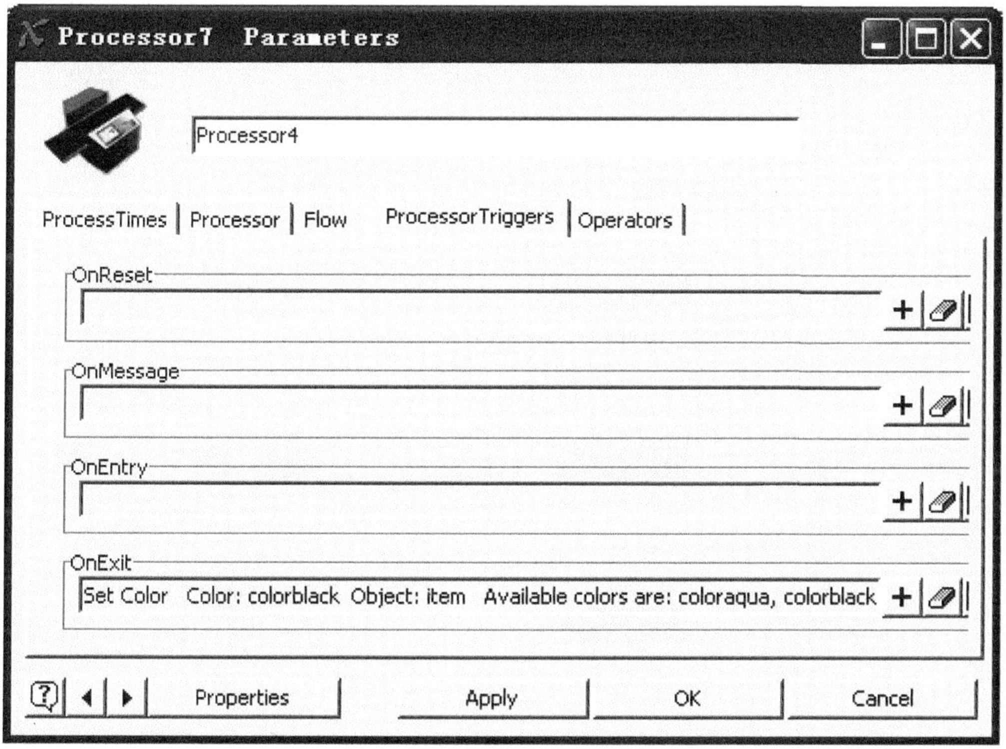

图 7-45　第四个处理器的 ProcessoTriggers 选项卡

6)设置仿真结束时间

仿真结束时间设置如图 7-46 所示。

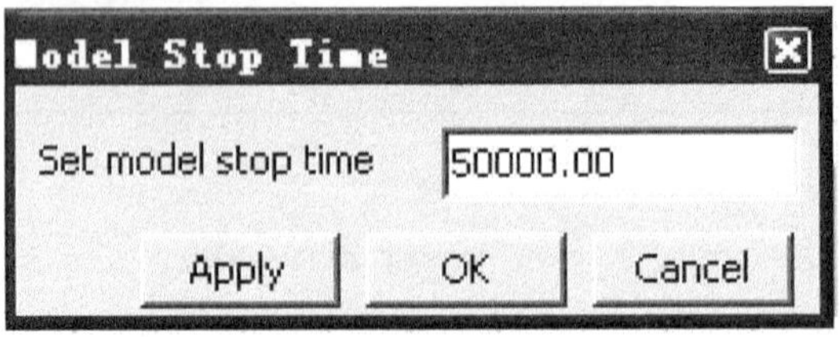

图 7-46 仿真结束时间设置

步骤 4：编译运行仿真

点击编译运行栏中的 Compile 按钮进行编译，完成编译过程后就可以运行模型了。

为了在运行模型前设置系统和模型参数的初始状态，总是要先点击主视窗底部的 Reset 键。

按 Run 按钮使模型运行起来。

从图 7-47 中可以看到临时实体进入暂存区，移动到处理器，然后进入下一个暂存区，再移动到处理器，然后合格产品进入吸收器，不合格产品通过传送带返回暂存区。

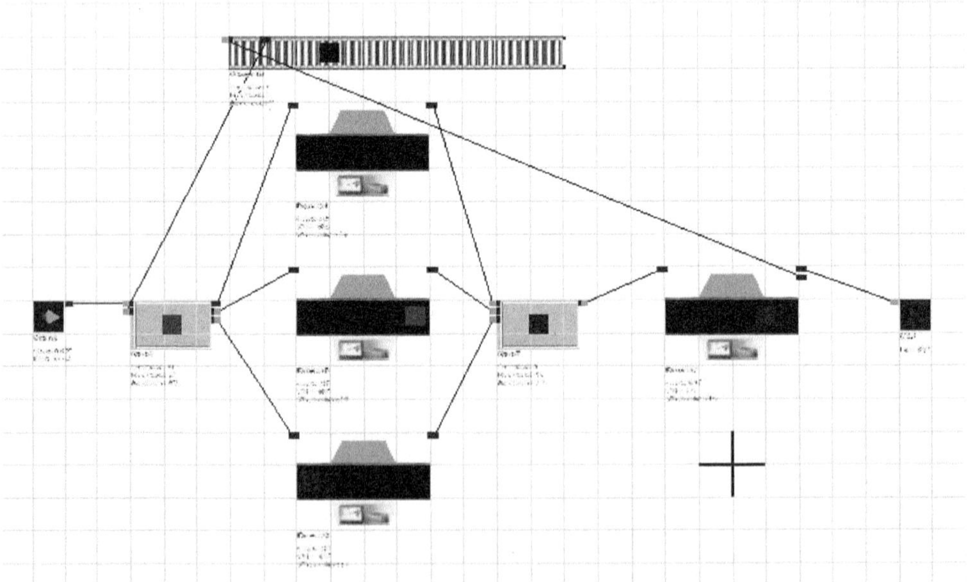

图 7-47 多产品单阶段制造系统模型运行平面图

整个系统仿真模型运行立体图如图 7-48 所示。

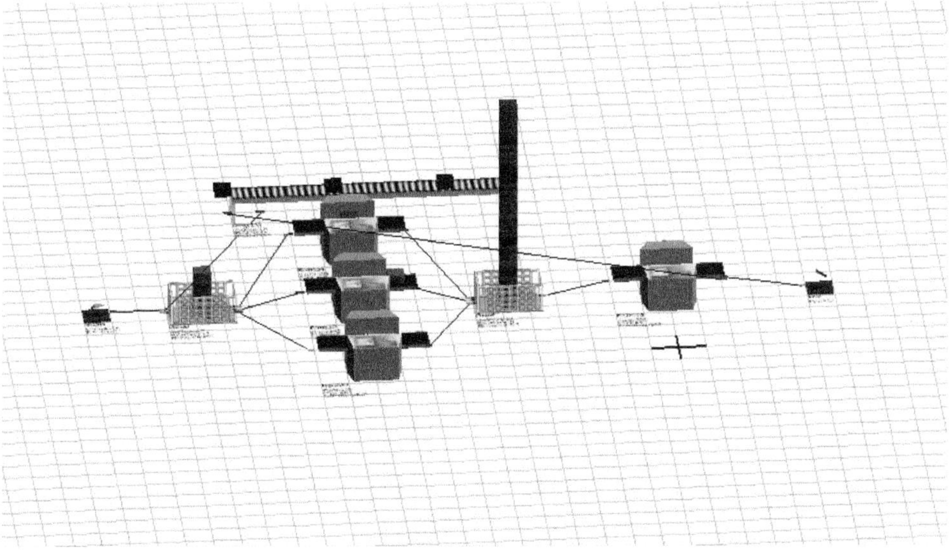

图 7-48　多产品单阶段制造系统模型运行立体图

步骤 5：观察仿真结果并优化

第四个处理器的属性窗口如图 7-49 所示。

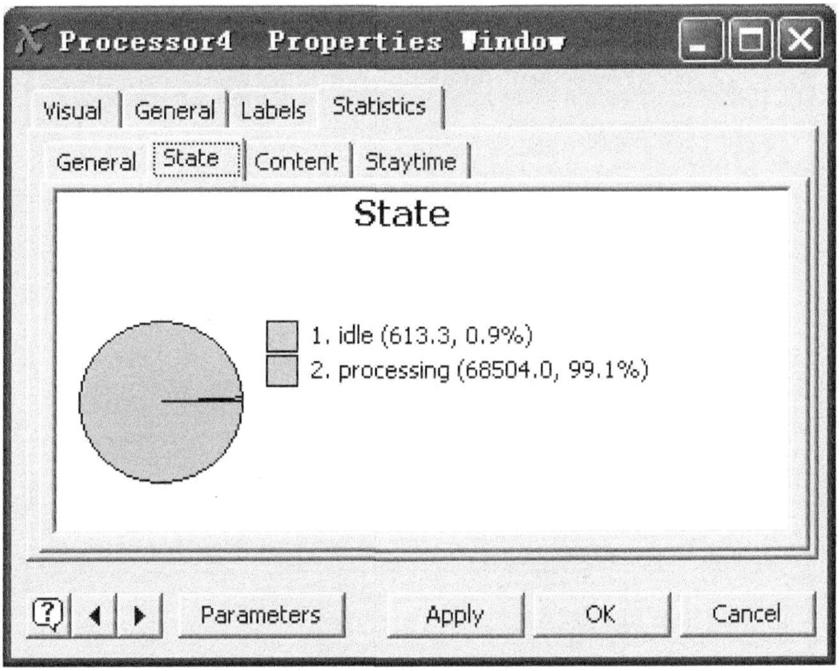

图 7-49　第四个处理器 Statistics 属性的 State 选项卡

由上述结果可以看出，第四个处理器(产品检验设备)处于高负荷运转状态，一刻不停地在运转，利用率接近100%。由此，我们可以想到增加一个同样设置处理器，分担产品检验作业，如图7-50所示。

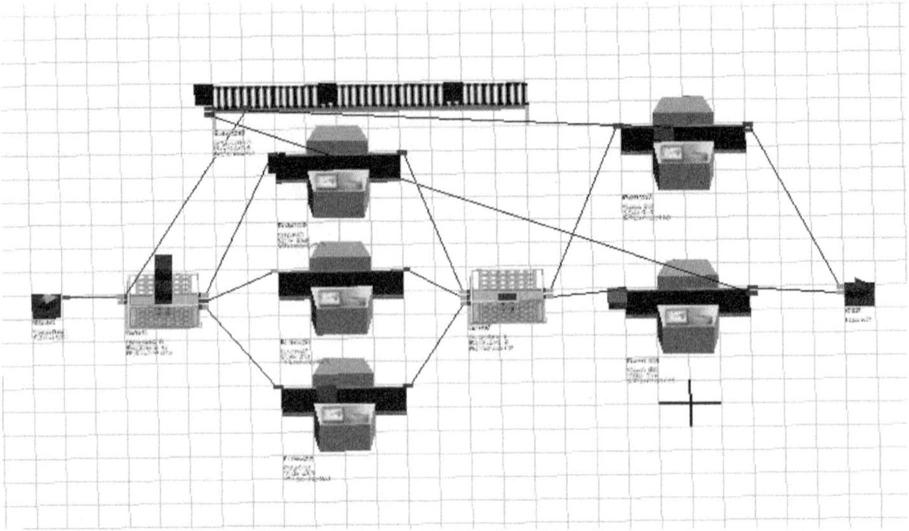

图7-50　多产品单阶段制造系统优化

优化后的两个处理器的利用率如图7-51、图7-52所示。

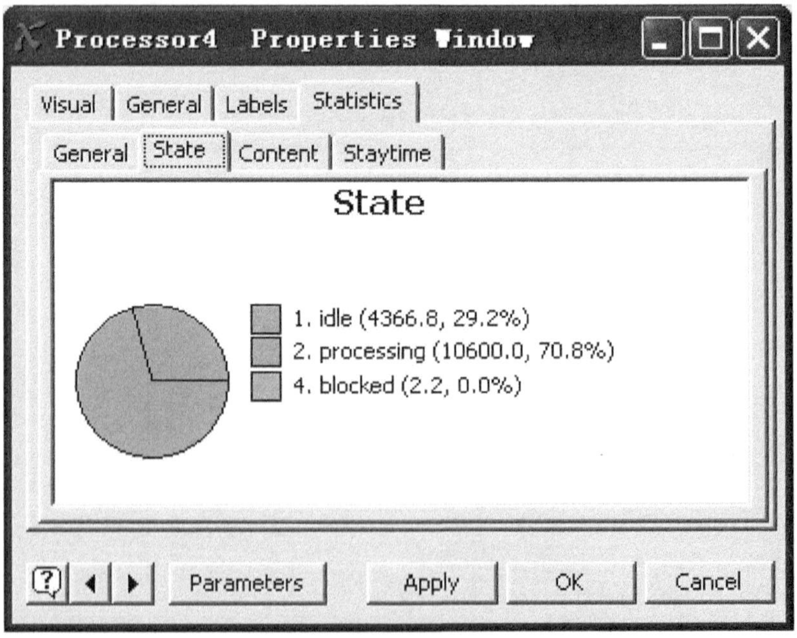

图7-51　优化后的第四个处理器Statistics属性的State选项卡

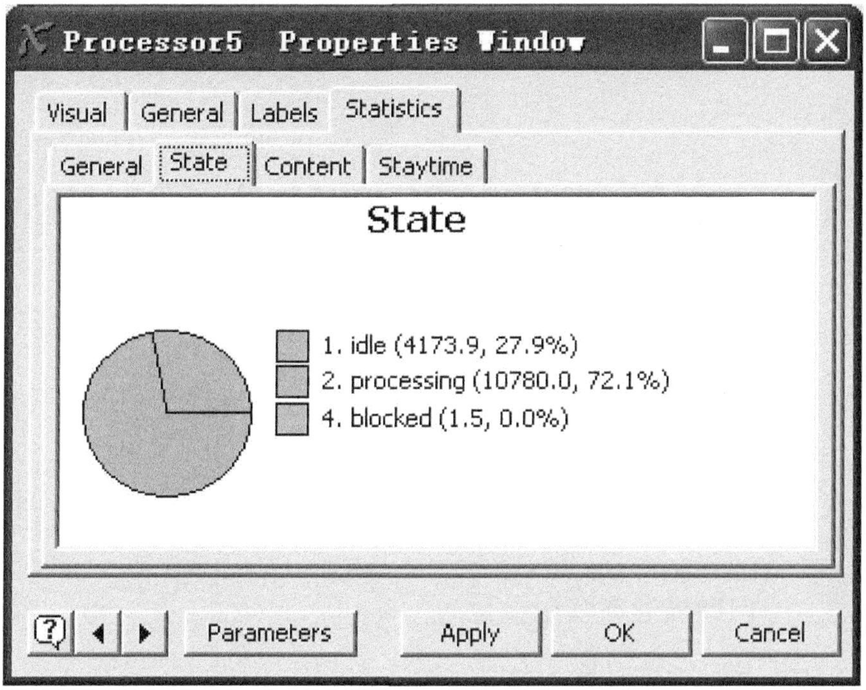

图 7-52　优化后的第五个处理器 Statistics 属性的 State 选项卡

思考题

1. 总结 Flexsim 仿真软件的特点。
2. 简述 Flexsim 使用的快捷键有哪些以及相应作用。
3. 简述 Flexsim 仿真建模的基本步骤。
4. 针对 7.4 多产品单阶段制造系统仿真案例，回答以下问题：

(1)如何让返修产品颜色与原来不同？

(2)分析系统瓶颈在哪里。

(3)暂存区容量是否重要？

第8章

Flexsim软件在物流系统仿真中的应用

8.1 配送中心仿真案例

8.1.1 问题描述与模型参数

1. 配送中心设计方案与作业流程

物流配送中心仿真的主要目的：①判断系统中设备的配置是否合理；②检验系统运行过程是否畅通及货物通过能力；③评价和改进配送中心系统的设备配置。该配送中心的系统流程分为5个主要环节，即入库处理区、存储区、流通加工区、拣货区和发货区。

配送中心根据空间属性和设备的物理位置建立仓库的Flexsim三维模型。货物的到达和离开分别使用发生器和吸收器模拟；自动分拣机用传送带来模拟，各条传送带之间通过一定的逻辑连接，并在参数中设置使用操作员；码盘作业使用合成器(combiner)模拟；对出入库托盘的处理使用处理器模拟，模拟一段时间的延迟；出入库台用暂存区模拟；拆分托盘用分解器(separator)模拟，并使用操作员；其他的运输工具、操作员等均使用Flexsim实体资源中相应的模型来模拟。各模型建立后按照前述的参数进行设置。

货物到达收货区以后，经过卸货、拆装、标示、验收等工作流程后入库。流通加工区从货物存储区或者拣货区取出货物以后，对货物进行贴价签、更换包装等二次加工后，将从货物存储区取出的货物送回货物存储区重新入库，从拣货区取出的货物送到发货区直接出库。作业控制区发出发货命令后，配送中心把相应货物送到发货区，等待装货。发货区的货物一部分来自货物存储区，另一部分来自拣货区。

设计配送中心整体概念运作方式如图8-1所示，配送中心作业流程如图8-2

所示。

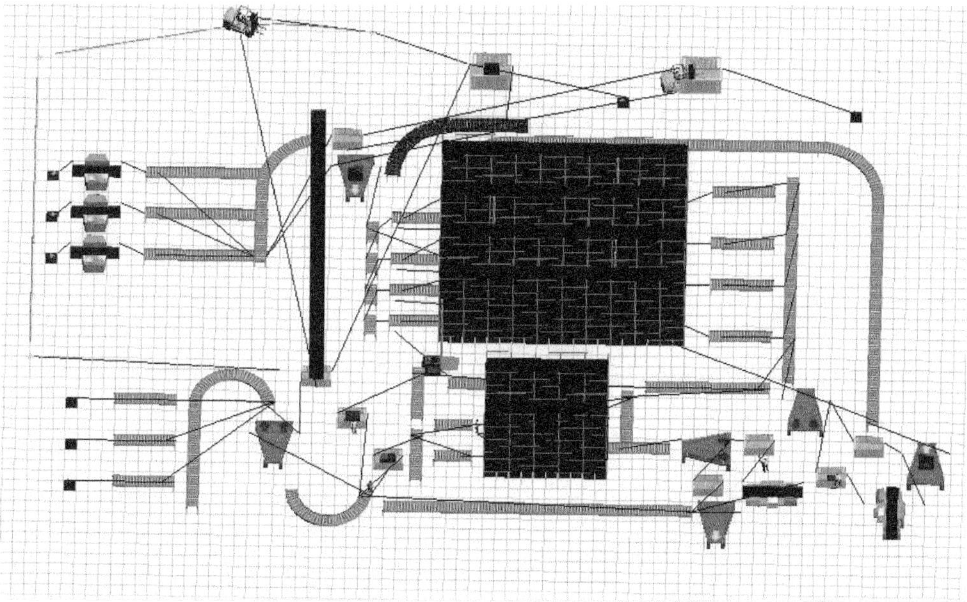

图 8-1　配送中心整体概念图

2. 包装以及托盘方案尺寸

3 种产品在进入传送带主干线时进行托盘装盘。库房托盘采用标准托盘 800mm×1 000mm。每类产品每盘装载 4 件。

3. 主要参数设计

(1)收货：货物到达服从泊松分布，数学期望为 55。

(2)不良货物率为 10%。

(3)生成托盘，数量为 340 个。

(4)合成器装盘，每个托盘装货量为 4 件。

(5)流通加工区从货物存储区和拣货区取货操作员服从定长分布，均值分别为 68、92。

(6)到达流通加工区的时候用分解器去托盘。

(7)存储区货架设置成 10 行 10 列，货物的放置从第一排第一列开始放置，停留时间按泊松分布，均值为 7 200，随机数流为 1；拣货区货架设置成 10 行 5 列，停留时间按泊松分布，均值为 3 600，随机数流为 1。

4. 建模仿真研究的问题

仿真周期设为 10h，使用复演法做多次独立的仿真实验，然后通过观察、统计、分析实时状态图和导出的仿真实验数据，得到最终的仿真结果，解决以下

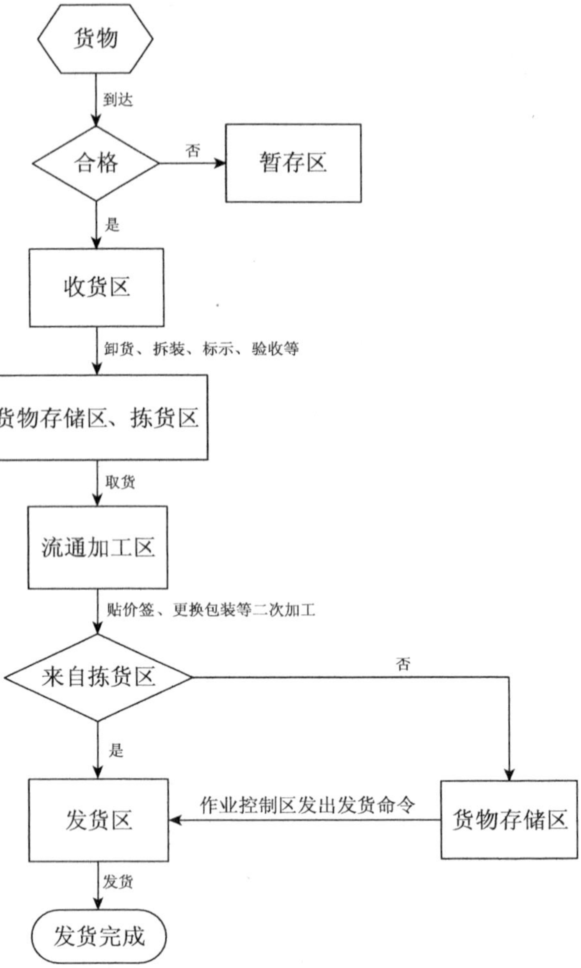

图 8-2　配送中心作业流程

问题：

(1)对堆垛机、运输小车、货架的仿真结果进行分析。

(2)找出配送中心瓶颈，解决瓶颈，从而提高整个配送中心的效率。

(3)分析 340 个托盘是否合适，如果不合适，如何进行优化?

8.1.2　Flexsim 仿真建模

1. 入库处理区的 Flexsim 模型

这个区域主要负责收货、检验、整理等工作，实现库外物资的转运，装载单元采用 AGV 运输小车或叉车，收货检查时，如果发现有不良品，货物不能入库，将货物送入暂存区。入库处理区由 4 个发生器、1 个吸收器、3 个处理器、5 条传送带、3 个暂存区、1 个合成器和 1 辆叉车组成，如图 8-3、图 8-4 所示。

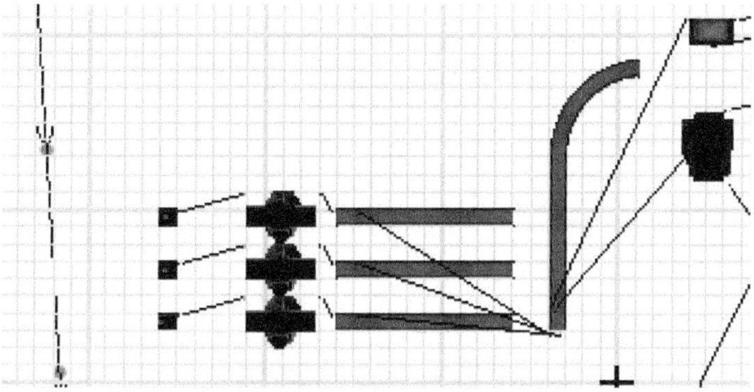

图 8-3　入库处理区(一)

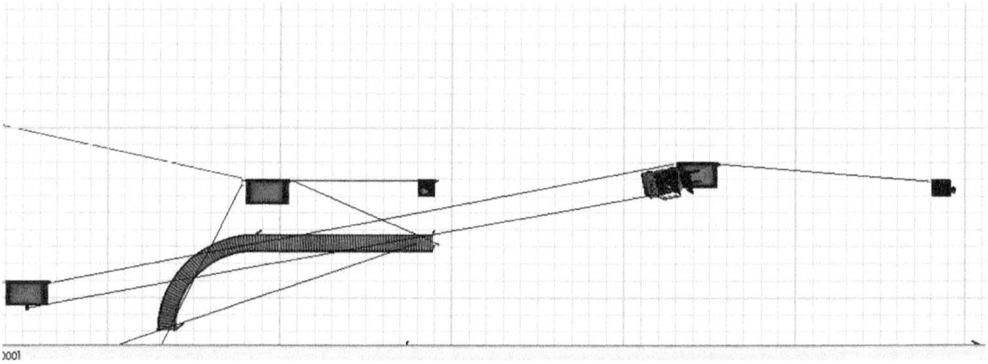

图 8-4　入库处理区(二)

入库处理区实体参数设置如表 8-1 所示。

表 8-1　入库处理区实体参数设置

实体名称	对象说明	参数设置
Source1～3	产品发生器	发生器 1～3 代表 3 种货物的到达。货物都按照泊松分布到达，均值为 55，随机数流为 1
Source68	托盘发生器	系统一开始运行就立即产生 340 个托盘；托盘产生的初始颜色为绿色
Processor1～5	入库加工台	参数保持默认设置
Conveyor7～9、Conveyor71	传送带	参数保持默认设置

续表

实体名称	对象说明	参数设置
Conveyor10	传送带	货物的不良货物的概率为 10%
Queue11、Queue67	产品暂存区	参数保持默认设置
Queue66	托盘存放区	最大容量设置为 350
Combiner12	组盘合成器	合成器的托盘装货量为 4 件
Transporter73	托盘叉车	参数保持默认设置
Sink69	不合格物品区	参数保持默认设置

系统中产品发生器、托盘发生器、发生器产品颜色、传送带、暂存区最大容量以及合成器设置如图 8-5～图 8-10 所示。

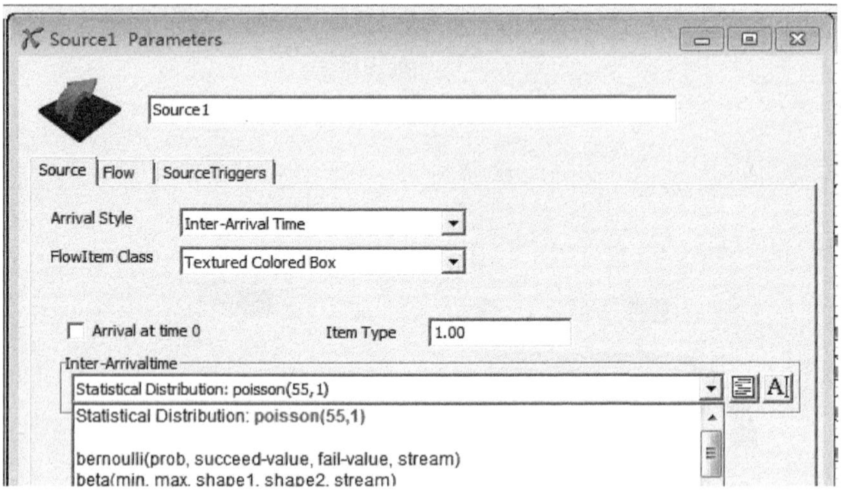

图 8-5　产品发生器设置

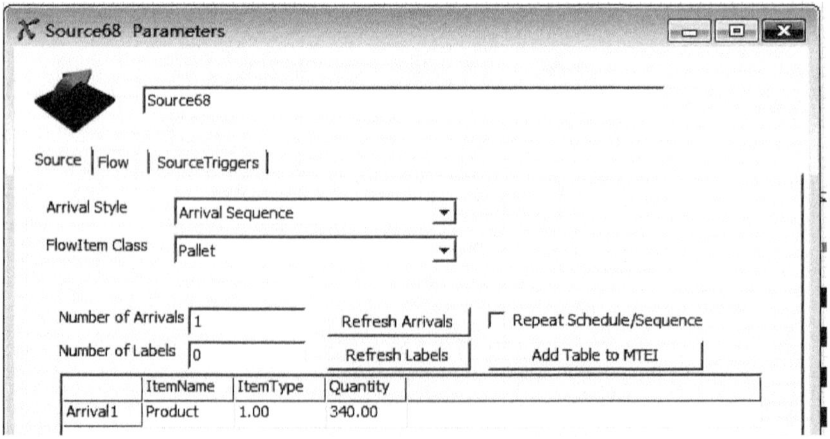

图 8-6　托盘发生器设置

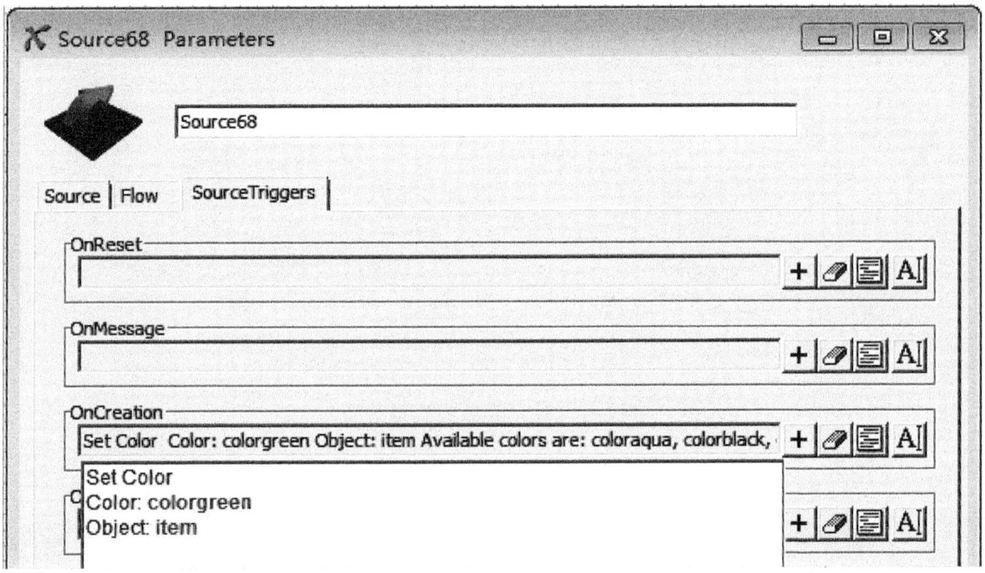

图 8-7　发生器产品颜色设置

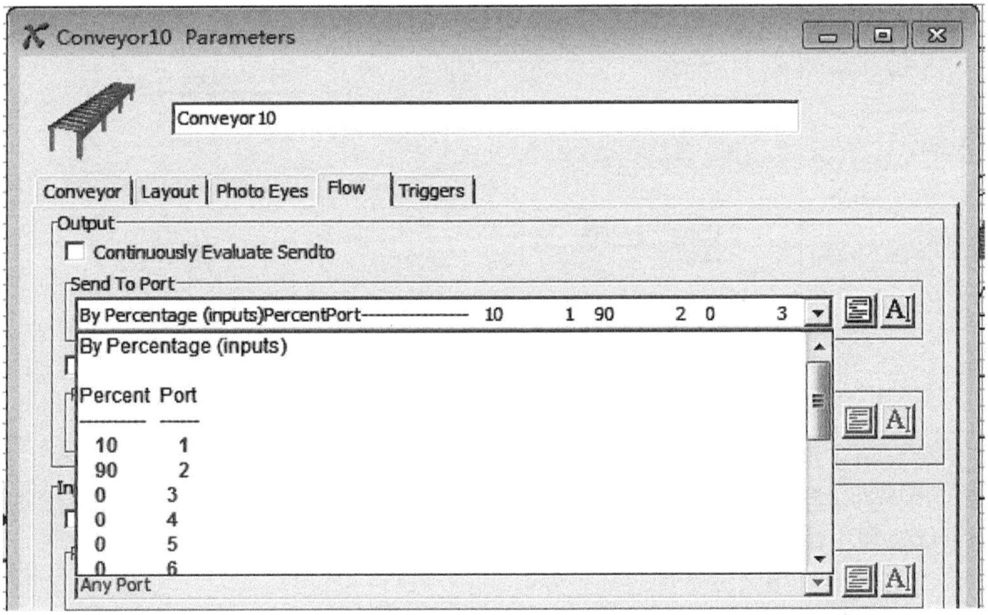

图 8-8　传送带百分比设置

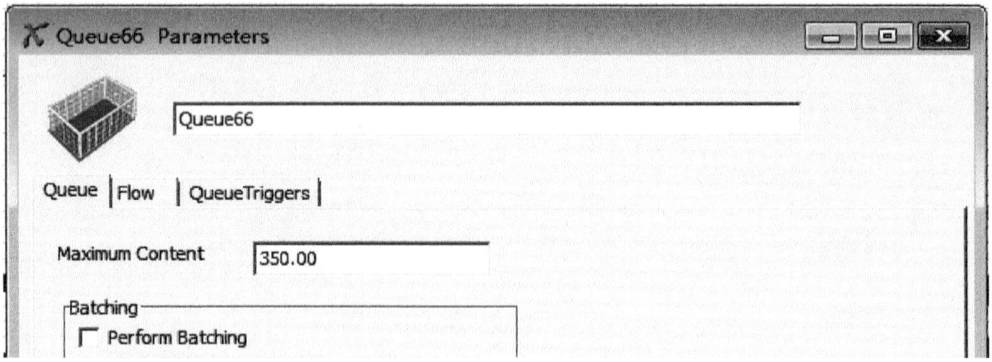

图 8-9 暂存区最大容量设置

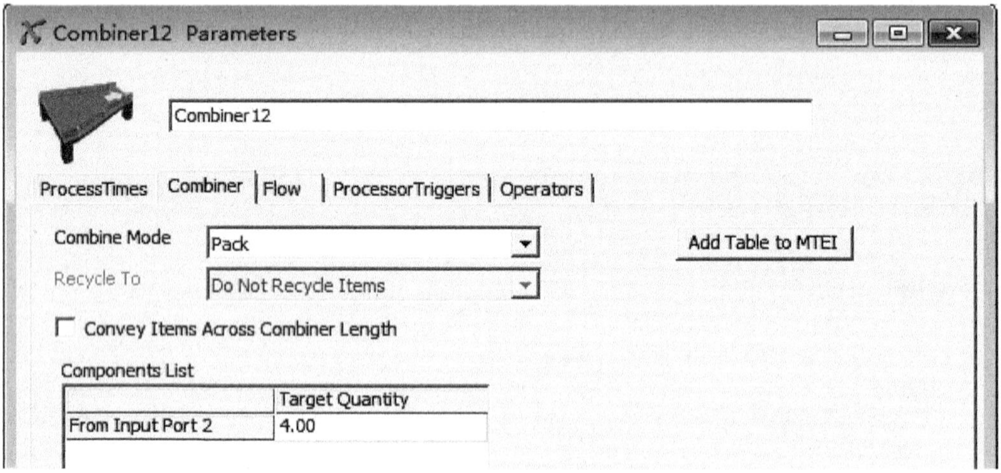

图 8-10 合成器设置

2. 存储区的 Flexsim 模型

存储区采用横梁式组合货架，存放出入库频率较低的商品，货物的接收、上架、出库均采用条形码手持终端导引作业。存储区由 4 个暂存区、12 条传送带、4 个货架和 4 台堆垛机组成，如图 8-11 所示。

存储区实体参数设置如表 8-2 所示。

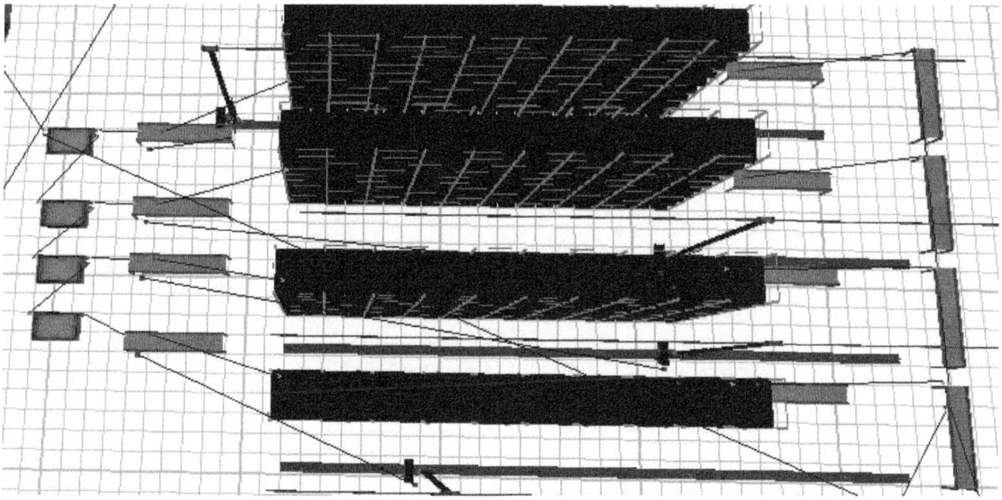

图 8-11　存储区 Flexsim 模型

表 8-2　存储区实体参数设置

实体名称	对象说明	参数设置
Queue13～16	产品暂存区	输出端口设置为随机端口
Conveyor17～20、 Conveyor28～31、 Conveyor32、 Conveyor81～85	传送带	参数保持默认设置
Conveyor86	传送带	当货物到达传送带 86 时，判断货物类型。如果是 1，就可以走输出端口 1 和 2；如果是 2，就说明是返工过的，就只能走输出端口 1
Rack21～24	货架	设置成 10 行 10 列，最大容量为 100，每个货格存放一个托盘产品，货物的放置从第一排第一列开始放置，停留时间按泊松分布，均值为 7 200，随机数流为 1；当货物存储量达到 80 个时，系统将关闭货架的输入端口，当存储量减少到 20 个时，系统将自动打开货架的输入端口继续补货
ASRSvehicle22～27、 ASRSvehicle83	堆垛机	参数保持默认设置

以下是 Conveyor86 传送带判断物品类型的程序：

```
treenode item = parnode(1);
treenode current = ownerobject(c);
/ ** Cases by Value * /
/ **  \nValue: * /
int value = / ** /getitemtype(rank(item, 1))/ ** /;
/ **  \nCases: * /
```

```
switch(value){
/ ** /
case 1: return duniform(1, 2);
case 2: return 2;

default: return 0; / ** /
}
```

货架参数设置如图 8-12～图 8-15 所示。

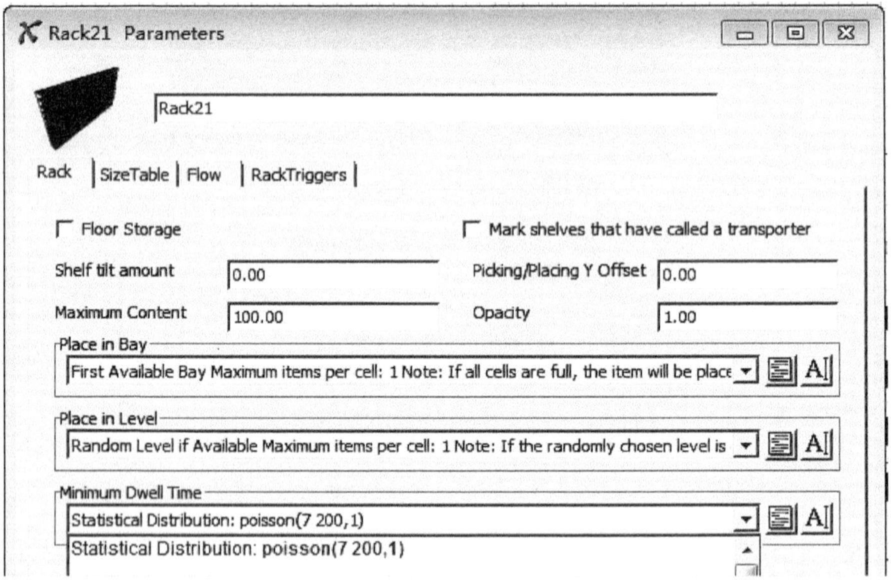

图 8-12 货架货物停留时间设置

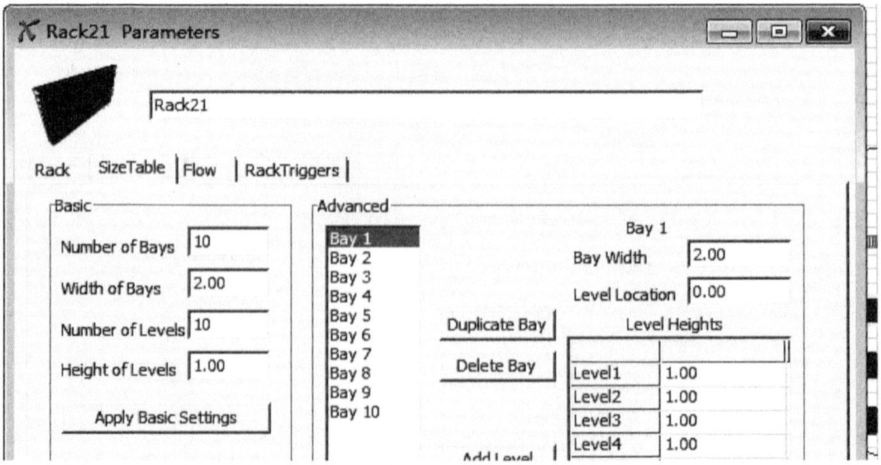

图 8-13 货架行数列数设置

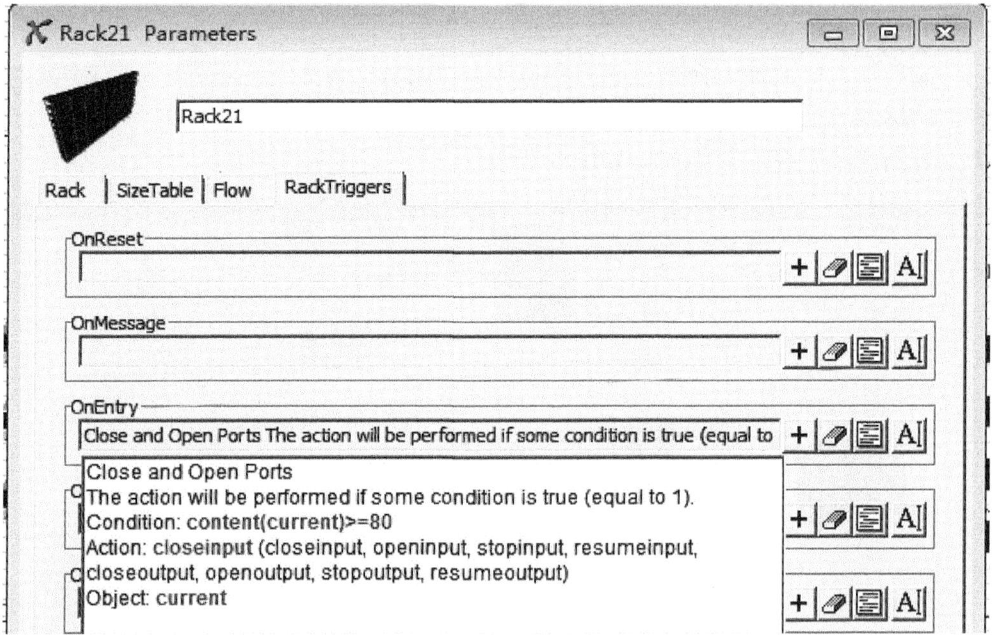

图 8-14　货架货品进入端口设置

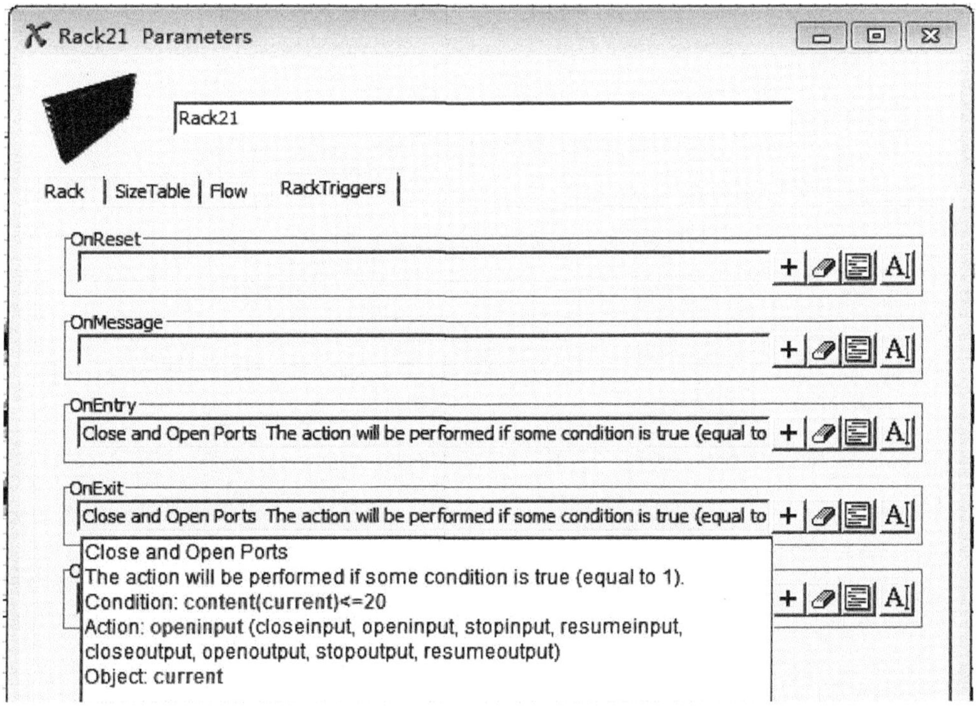

图 8-15　货架货品离开端口设置

3. 流通加工区的 Flexsim 模型

流通加工区放置 1 台条形码打印机、1 台电脑和若干手持终端，进行分装包装、贴标签等加工活动。流通加工区由 2 个分解器、4 个暂存区、2 个操作员、2 个处理器和 2 个合成器组成，如图 8-16 所示。

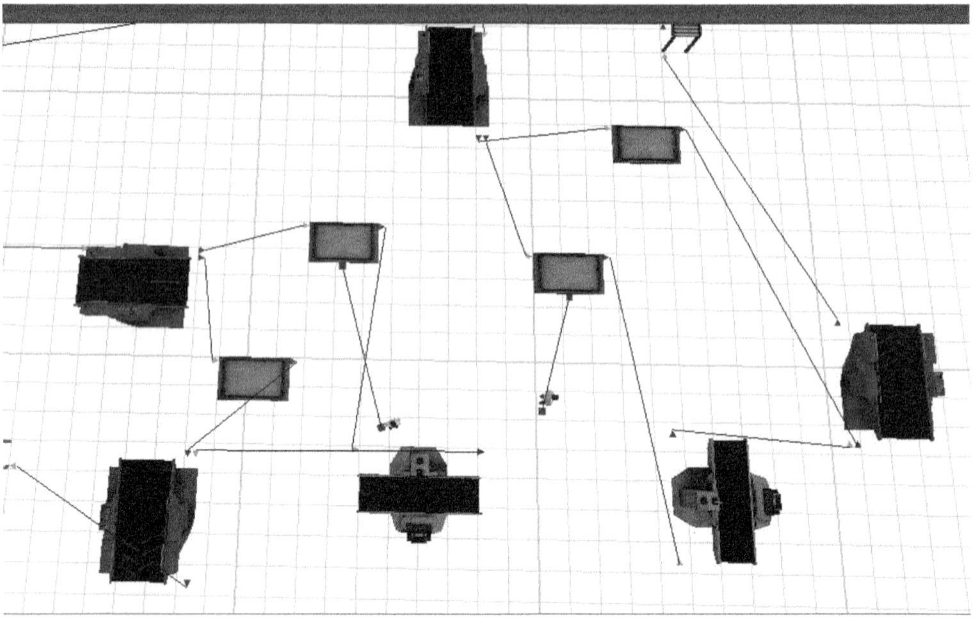

图 8-16 流通加工区

流通加工区实体参数设置如表 8-3 所示。

表 8-3 流通加工区实体参数设置

实体名称	对象说明	参数设置
Separator35、Separator59	托盘分解器	设置为容器临时实体从端口 1 发送，将容纳的所有临时实体从端口 2 发送。如果没有拆包，则仅送往第一个可用端口
Queue36、Queue61	产品暂存区	设置最大容量为 100
Queue37、Queue60	托盘暂存区	设置最大容量为 100
Processor63～64	处理器	设置每个处理器相应的处理时间(Process Time)为 8 和 10
Combiner62、Combiner65	托盘合成器	合成器的托盘装货量都为 4 件；Combiner65 设置通过流通加工区加工过后的类型为 2，托盘的颜色为红色；没通过的为类型 1
Operator82、Operator87	操作员	操作员 87 与操作员 82 服从定长分布，均值分别为 68、92

流通加工区分解器、暂存区、两个合成器以及两个操作员参数设置如图 8-17～图 8-22 所示。

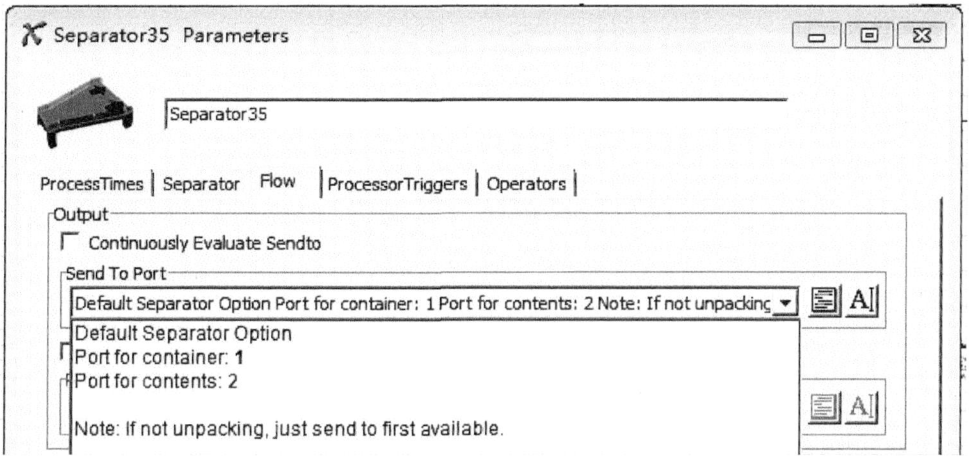

图 8-17　分解器参数设置

图 8-18　暂存区参数设置

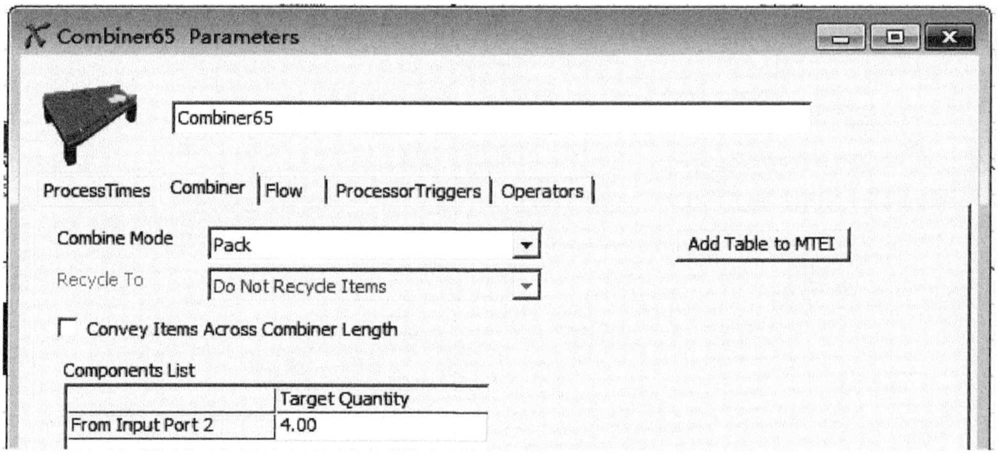

图 8-19　合成器 1 参数设置

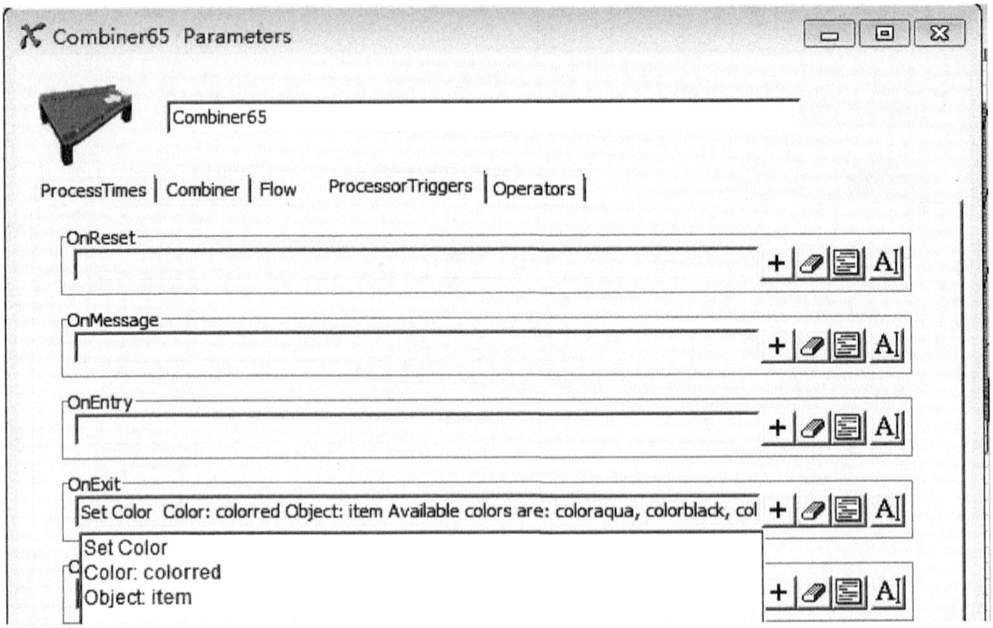

图 8-20 合成器 2 参数设置

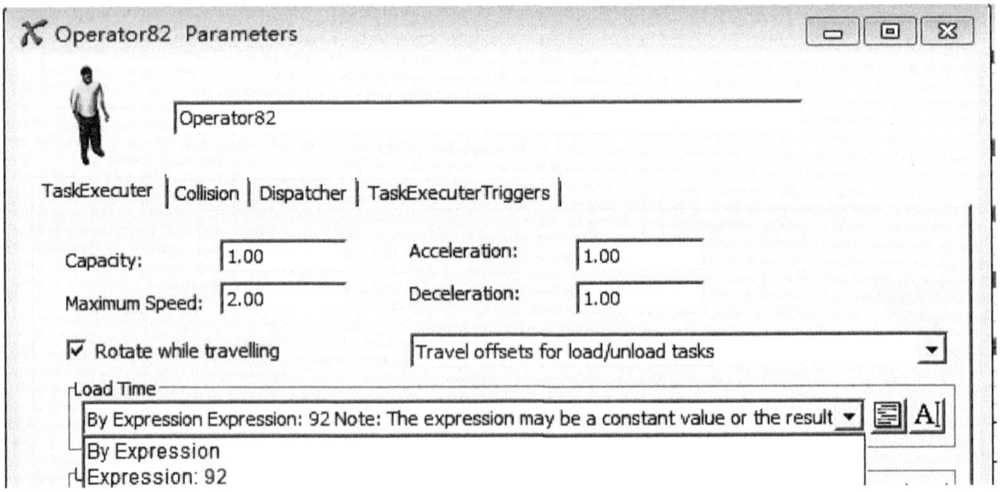

图 8-21 操作员 1 参数设置

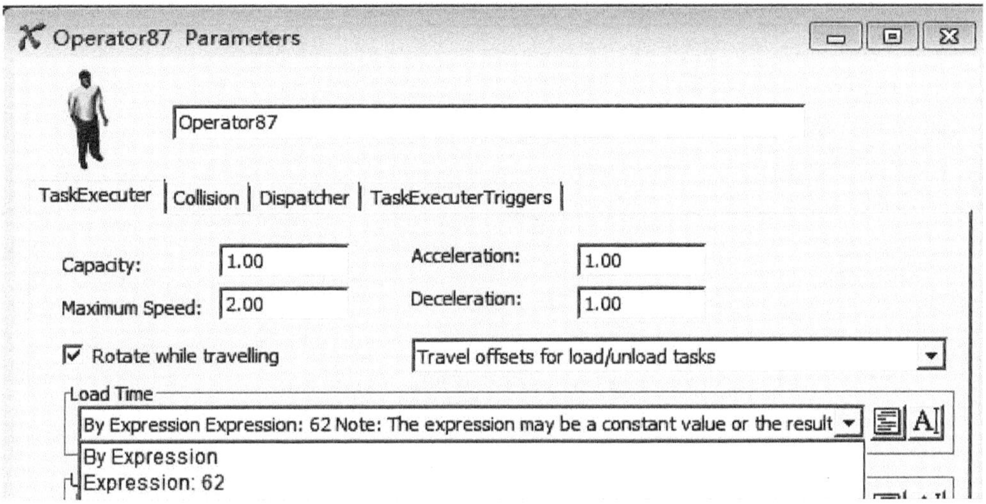

图 8-22　操作员 2 参数设置

4. 拣货区的 Flexsim 模型

拣货区采用水平旋转货架，在货架上可安置电子拣选设备，作业人员根据电子表指示，完成分拣作业。拣货区由 2 排货架、2 个操作员和 9 条传送带组成，如图 8-23 所示。

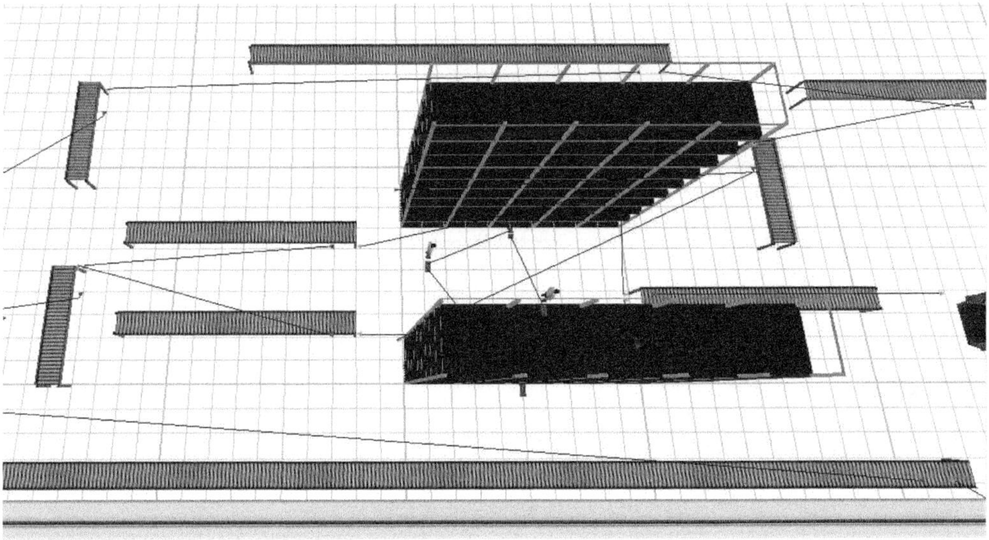

图 8-23　拣货区的 Flexsim 模型

拣货区实体参数设置如表 8-4 所示。

表 8-4 拣货区实体参数设置

实体名称	对象说明	参数设置
Conveyor34、Conveyor41～45、Conveyor58	传送带	参数保持默认设置
Conveyor33、Conveyor38	传送带	当货物到达 Conveyor33 时，判断货物类型。如果是类型 2，是加工过的物品，就可以走输出端口 1；如果是类型 1，就说明是未加工过的，就只能走端口 2；Conveyor38 输出端口为随机端口
Rack39～40	货架	设置成 10 行 5 列，最大容量为 50，每个货格存放一个托盘产品，货物的放置从第一排第一列开始放置，停留时间按泊松分布，均值为 3 600，随机数流为 1，输出端口为随机端口；当货物存储量达到 45 个时，系统将关闭货架的输入端口，当存储量减少到 5 个时，系统将自动打开货架的输入端口继续补货
Operator80～81	操作员	参数保持默认设置

拣货区传送带、货架参数设置如图 8-24～图 8-28 所示。

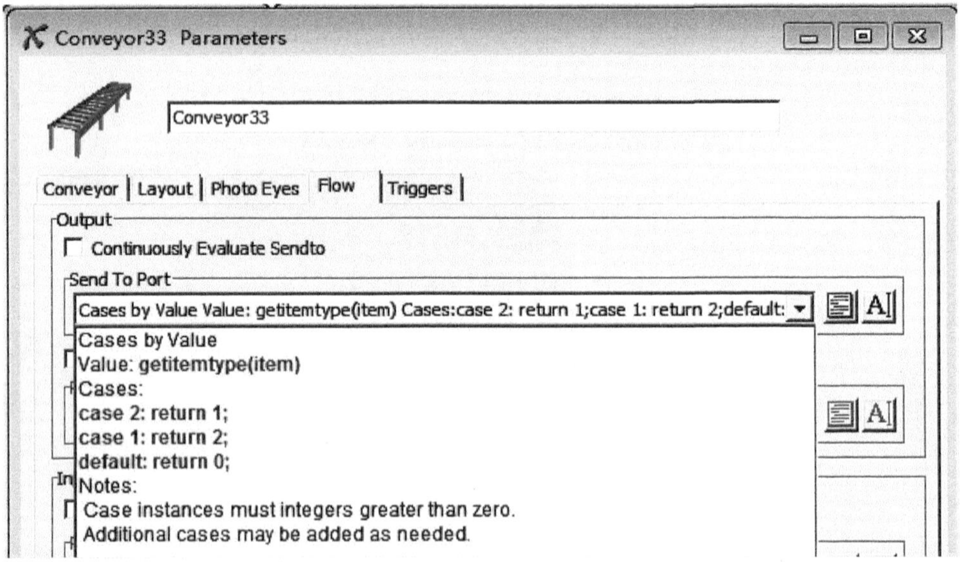

图 8-24 拣货区传送带分拣货物设置

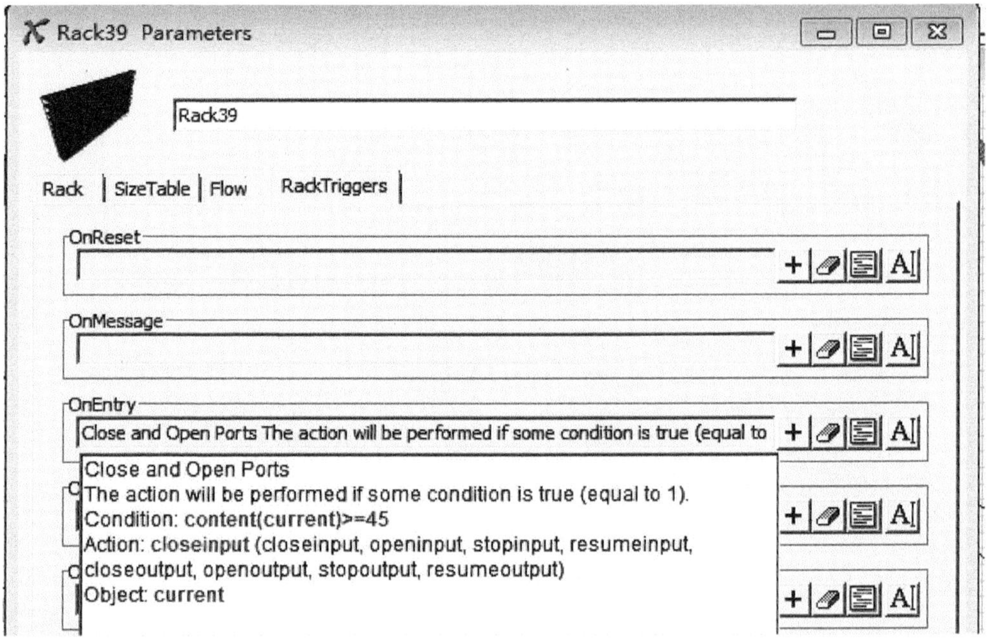

图 8-25　货架货物进入时端口设置

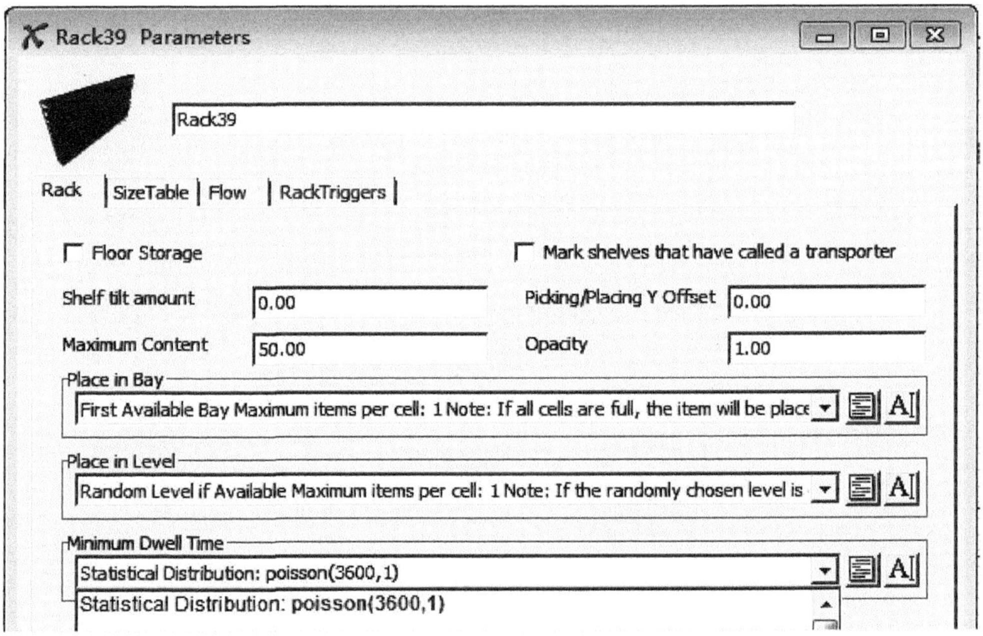

图 8-26　货物最小停留时间设置

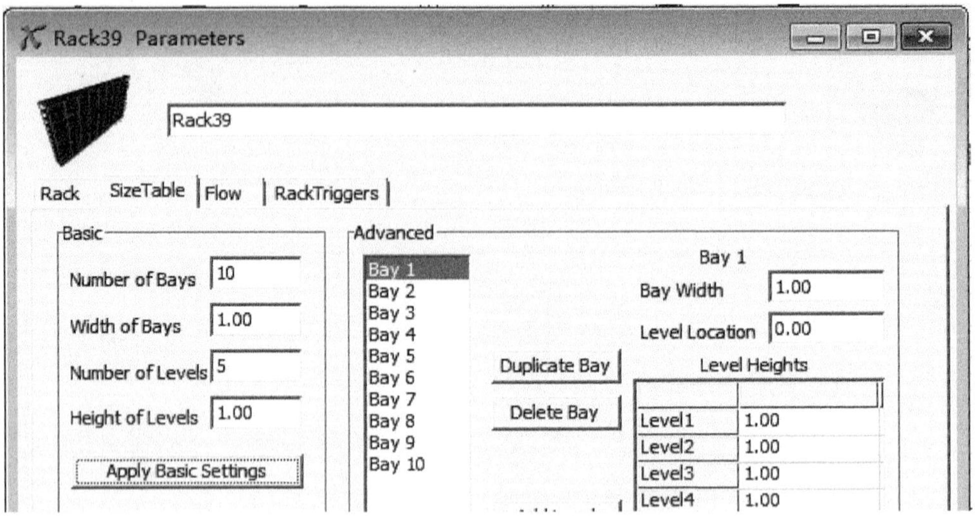

图 8-27　货架行数列数设置

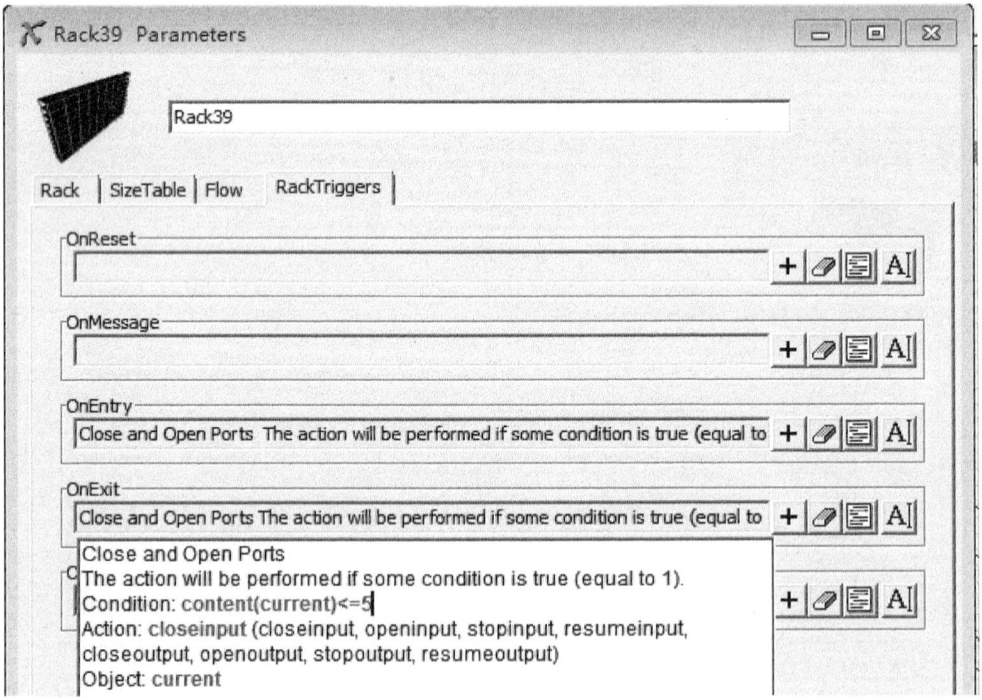

图 8-28　货架货物离开时端口设置

5. 发货区的 Flexsim 模型

这个区域主要负责发货工作，实现库内物资的转运，装载单元采用 AGV 运输小车或叉车。发货区由 3 个暂存区、1 个分解器、1 辆叉车、2 个操作员、5 条传送带和 3 个吸收器组成，如图 8-29 所示。

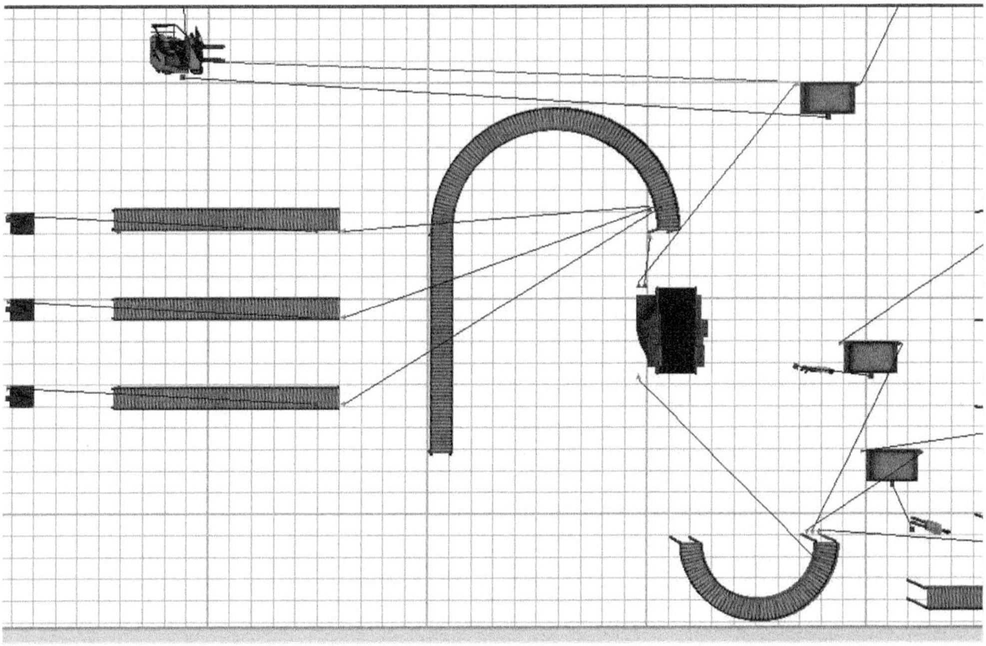

图 8-29 发货区的 Flexsim 模型

发货区实体参数设置如表 8-5 所示。

表 8-5 发货区实体参数设置

实体名称	对象说明	参数设置
Queue46	托盘暂存区	设置使用运输工具，最大容量为 350
Queue47～48	产品暂存区	设置使用运输工具
Operator79、Operator88	操作员	参数保持默认设置
Transporter86	托盘叉车	参数保持默认设置
Separator49	托盘分解器	设置为容器临时实体从端口 1 发送，将容纳的所有临时实体从端口 2 发送。如果没有拆包，则仅送往第一个可用端口
Conveyor50～53、Conveyor57	传送带	Conveyor50 输出端口为随机端口，其他传送带参数保持默认设置
Sink51～56	出库吸收器	参数保持默认设置

发货区中暂存区最大容量、分解器及传送带分货设置如图 8-30～图 8-32 所示。

图 8-30 暂存区最大容量设置

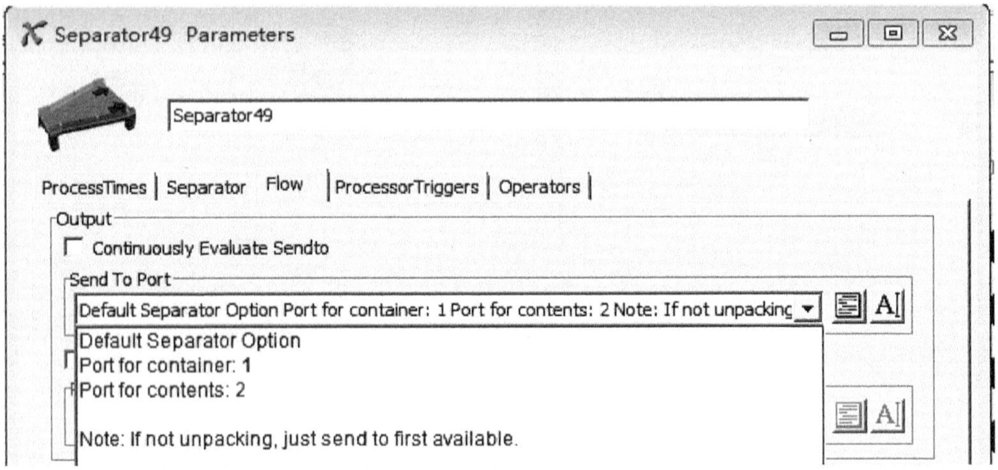

图 8-31 分解器设置

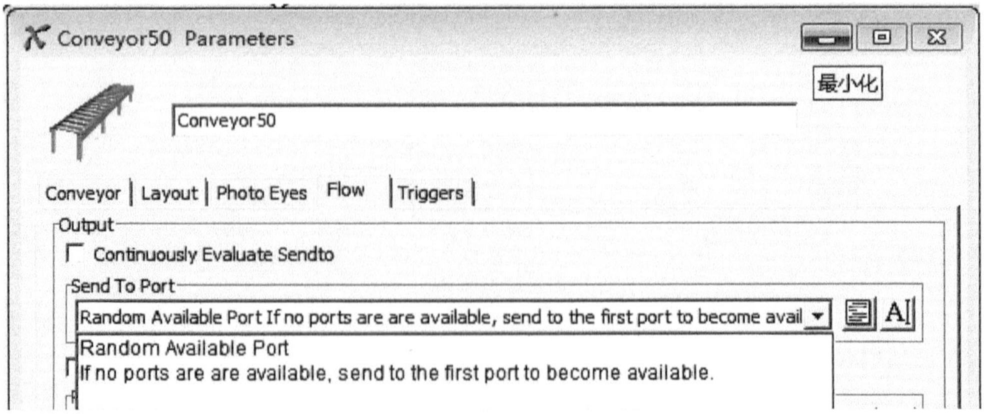

图 8-32 传送带分货设置

以上为配送中心主要的实体参数设置，其他没有说明的实体参数保持默认设置。经过以上全部参数设置后点击运行，可以得到配送中心的仿真运行过程图，如图 8-33 和图 8-34 所示。

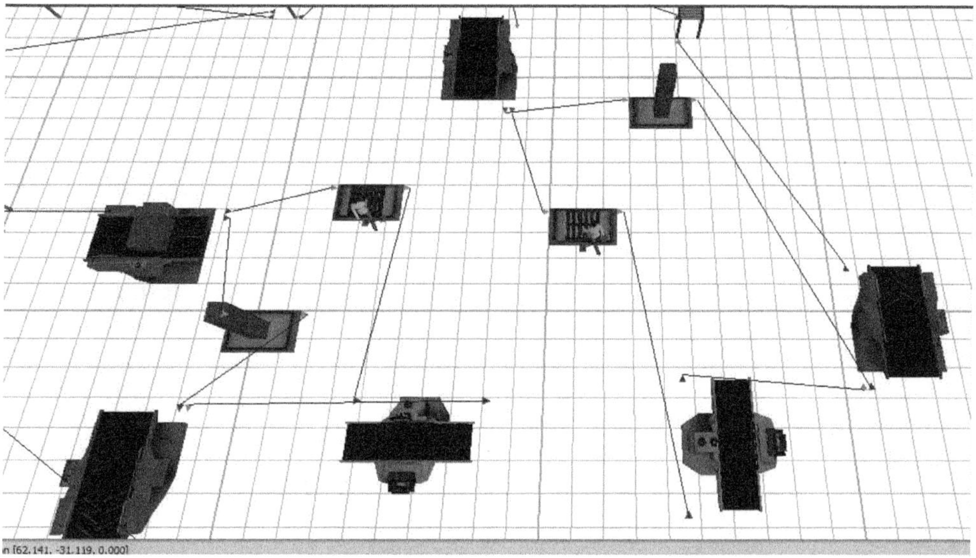

图 8-33　运行中的流通加工区和运行中的装盘过程

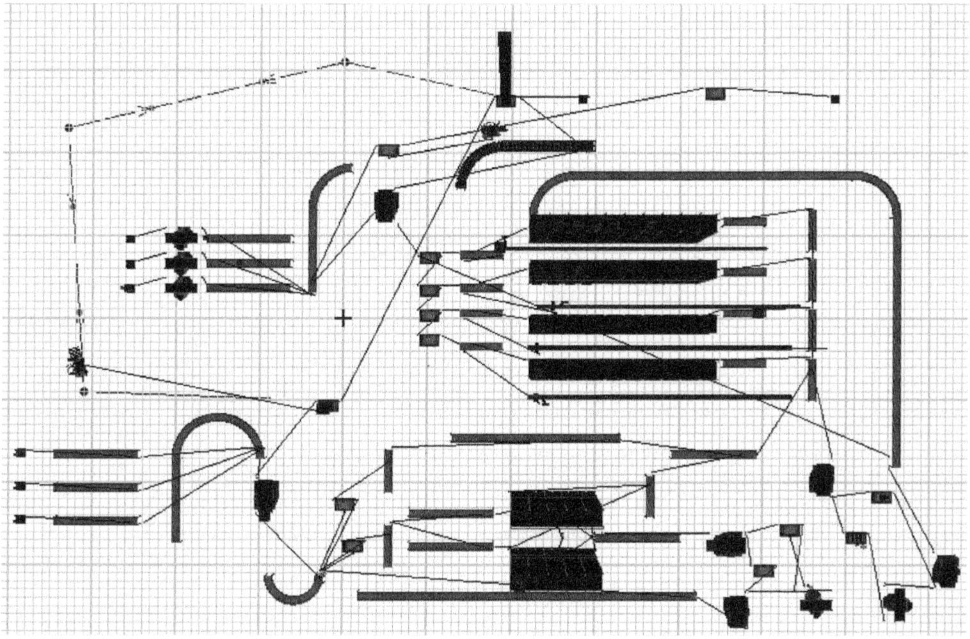

图 8-34　整体布局的运行正投影图

8.1.3 仿真结果分析

1. 仿真模型运行及结果统计

模型建立后，经编译、重置后就可以点击仿真时间控件“运行”来运行模型。仿真模拟自动化立体仓库 1 天真实的工作情况，即 10h(36 000s)。

由于 Flexsim 是实时的仿真软件，在仿真过程中，可对每一个堆垛机、运输小车、货架进行操作，检测其当前的状态。仿真结束后，通过“统计>状态报告”输出 Excel 状态报告，如图 8-35 所示。通过模型报告可以很清楚地了解模型中各实体的各种状态占总时间的百分比。

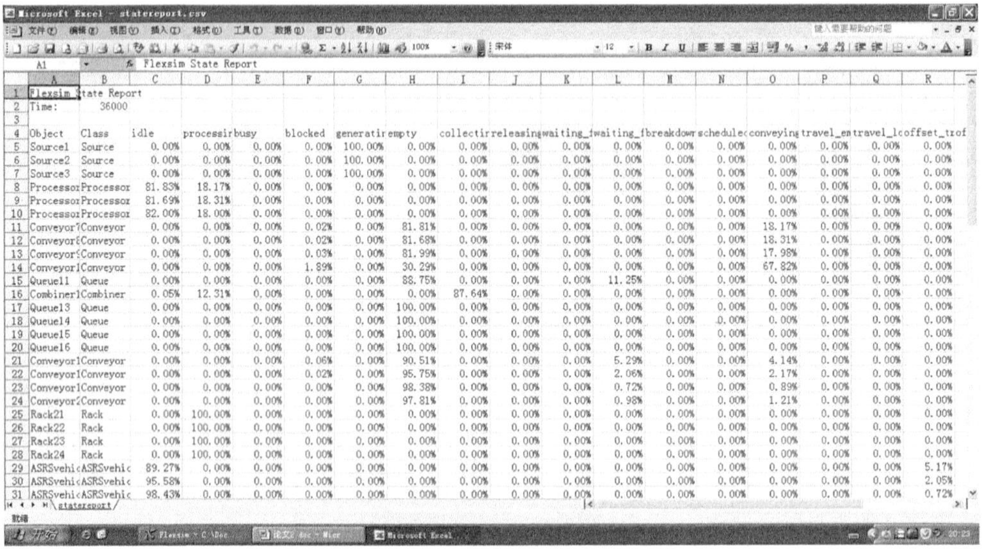

	A	B	C	D	E	F	G	H	I	J	K	L	M	N	O	P	Q	R
1	Flexsim State Report																	
2	Time:	36000																
3																		
4	Object	Class	idle	processir	busy	blocked	generatir	empty	collectir	releasing	waiting_f	waiting_f	breakdowr	schedulec	conveying	travel_en	travel_l	offset_trof
5	Source1	Source	0.00%	0.00%	0.00%	0.00%	100.00%	0.00%	0.00%	0.00%	0.00%	0.00%	0.00%	0.00%	0.00%	0.00%	0.00%	0.00%
6	Source2	Source	0.00%	0.00%	0.00%	0.00%	100.00%	0.00%	0.00%	0.00%	0.00%	0.00%	0.00%	0.00%	0.00%	0.00%	0.00%	0.00%
7	Source3	Source	0.00%	0.00%	0.00%	0.00%	100.00%	0.00%	0.00%	0.00%	0.00%	0.00%	0.00%	0.00%	0.00%	0.00%	0.00%	0.00%
8	Processor	Processor	81.83%	18.17%	0.00%	0.00%	0.00%	0.00%	0.00%	0.00%	0.00%	0.00%	0.00%	0.00%	0.00%	0.00%	0.00%	0.00%
9	Processor	Processor	81.69%	18.31%	0.00%	0.00%	0.00%	0.00%	0.00%	0.00%	0.00%	0.00%	0.00%	0.00%	0.00%	0.00%	0.00%	0.00%
10	Processor	Processor	82.00%	18.00%	0.00%	0.00%	0.00%	0.00%	0.00%	0.00%	0.00%	0.00%	0.00%	0.00%	0.00%	0.00%	0.00%	0.00%
11	Conveyor7	Conveyor	0.00%	0.00%	0.00%	0.02%	0.00%	81.81%	0.00%	0.00%	0.00%	0.00%	0.00%	0.00%	18.17%	0.00%	0.00%	0.00%
12	Conveyor8	Conveyor	0.00%	0.00%	0.00%	0.02%	0.00%	81.68%	0.00%	0.00%	0.00%	0.00%	0.00%	0.00%	18.31%	0.00%	0.00%	0.00%
13	Conveyor9	Conveyor	0.00%	0.00%	0.00%	0.03%	0.00%	81.99%	0.00%	0.00%	0.00%	0.00%	0.00%	0.00%	17.98%	0.00%	0.00%	0.00%
14	Conveyor1	Conveyor	0.00%	0.00%	0.00%	1.89%	0.00%	30.29%	0.00%	0.00%	0.00%	0.00%	0.00%	0.00%	67.82%	0.00%	0.00%	0.00%
15	Queue11	Queue	0.00%	0.00%	0.00%	0.00%	0.00%	88.75%	0.00%	0.00%	0.00%	11.25%	0.00%	0.00%	0.00%	0.00%	0.00%	0.00%
16	Combiner1	Combiner	0.05%	12.31%	0.00%	0.00%	0.00%	0.00%	87.64%	0.00%	0.00%	0.00%	0.00%	0.00%	0.00%	0.00%	0.00%	0.00%
17	Queue13	Queue	0.00%	0.00%	0.00%	0.00%	0.00%	100.00%	0.00%	0.00%	0.00%	0.00%	0.00%	0.00%	0.00%	0.00%	0.00%	0.00%
18	Queue14	Queue	0.00%	0.00%	0.00%	0.00%	0.00%	100.00%	0.00%	0.00%	0.00%	0.00%	0.00%	0.00%	0.00%	0.00%	0.00%	0.00%
19	Queue15	Queue	0.00%	0.00%	0.00%	0.00%	0.00%	100.00%	0.00%	0.00%	0.00%	0.00%	0.00%	0.00%	0.00%	0.00%	0.00%	0.00%
20	Queue16	Queue	0.00%	0.00%	0.00%	0.00%	0.00%	100.00%	0.00%	0.00%	0.00%	0.00%	0.00%	0.00%	0.00%	0.00%	0.00%	0.00%
21	Conveyor1	Conveyor	0.00%	0.00%	0.00%	0.06%	0.00%	90.51%	0.00%	0.00%	0.00%	5.29%	0.00%	0.00%	4.14%	0.00%	0.00%	0.00%
22	Conveyor1	Conveyor	0.00%	0.00%	0.00%	0.02%	0.00%	95.75%	0.00%	0.00%	0.00%	2.06%	0.00%	0.00%	2.17%	0.00%	0.00%	0.00%
23	Conveyor1	Conveyor	0.00%	0.00%	0.00%	0.00%	0.00%	98.38%	0.00%	0.00%	0.00%	0.72%	0.00%	0.00%	0.89%	0.00%	0.00%	0.00%
24	Conveyor2	Conveyor	0.00%	0.00%	0.00%	0.00%	0.00%	97.81%	0.00%	0.00%	0.00%	0.98%	0.00%	0.00%	1.21%	0.00%	0.00%	0.00%
25	Rack21	Rack	0.00%	100.00%	0.00%	0.00%	0.00%	0.00%	0.00%	0.00%	0.00%	0.00%	0.00%	0.00%	0.00%	0.00%	0.00%	0.00%
26	Rack22	Rack	0.00%	100.00%	0.00%	0.00%	0.00%	0.00%	0.00%	0.00%	0.00%	0.00%	0.00%	0.00%	0.00%	0.00%	0.00%	0.00%
27	Rack23	Rack	0.00%	100.00%	0.00%	0.00%	0.00%	0.00%	0.00%	0.00%	0.00%	0.00%	0.00%	0.00%	0.00%	0.00%	0.00%	0.00%
28	Rack24	Rack	0.00%	100.00%	0.00%	0.00%	0.00%	0.00%	0.00%	0.00%	0.00%	0.00%	0.00%	0.00%	0.00%	0.00%	0.00%	0.00%
29	ASRSvehi	ASRSvehi	89.27%	0.00%	0.00%	0.00%	0.00%	0.00%	0.00%	0.00%	0.00%	0.00%	0.00%	0.00%	0.00%	0.00%	0.00%	5.17%
30	ASRSvehi	ASRSvehi	95.58%	0.00%	0.00%	0.00%	0.00%	0.00%	0.00%	0.00%	0.00%	0.00%	0.00%	0.00%	0.00%	0.00%	0.00%	2.05%
31	ASRSvehi	ASRSvehi	98.43%	0.00%	0.00%	0.00%	0.00%	0.00%	0.00%	0.00%	0.00%	0.00%	0.00%	0.00%	0.00%	0.00%	0.00%	0.72%

图 8-35 系统模型报告

堆垛机运行状况的主要评价指标是工作时间、闲置率和利用率。通过堆垛机的属性统计分页，可以得到 1 号堆垛机、2 号堆垛机、3 号堆垛机和 4 号堆垛机的状态饼图，从图上可以清楚地看出堆垛机的空闲时间、装载时间、卸载时间、装载行驶时间、空载行驶时间及其各自所占的百分比等仿真结果。图 8-36 为仿真结束后 1 号堆垛机的状态饼图；图 8-37 为仿真结束后 2 号堆垛机的状态饼图；图 8-38 为仿真结束后 3 号堆垛机的状态饼图；图 8-39 为仿真结束后 4 号堆垛机的状态饼图。将其数据整理后记录于表 8-6 中。

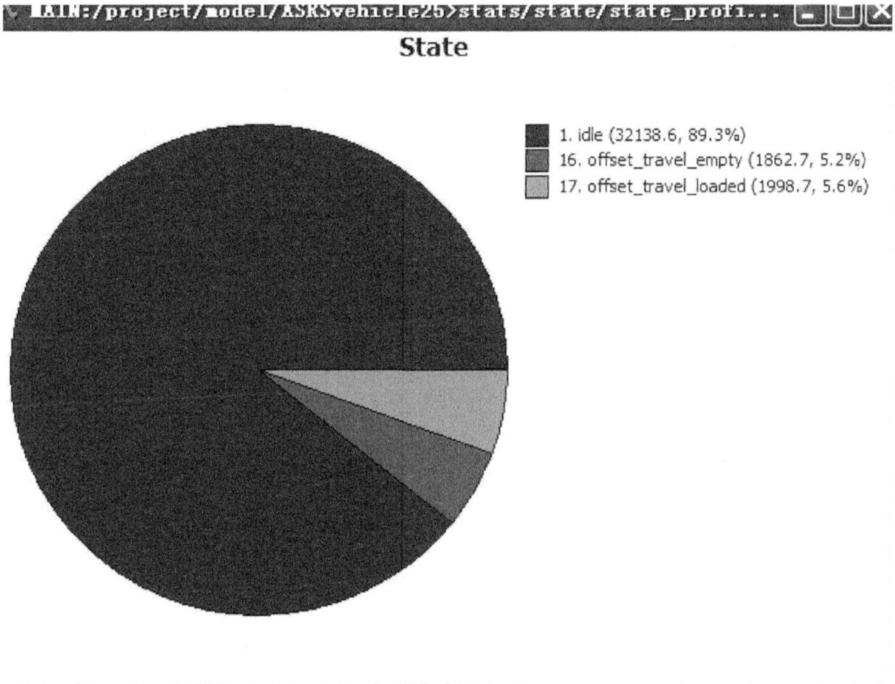

图 8-36　1 号堆垛机仿真结束后的状态饼图

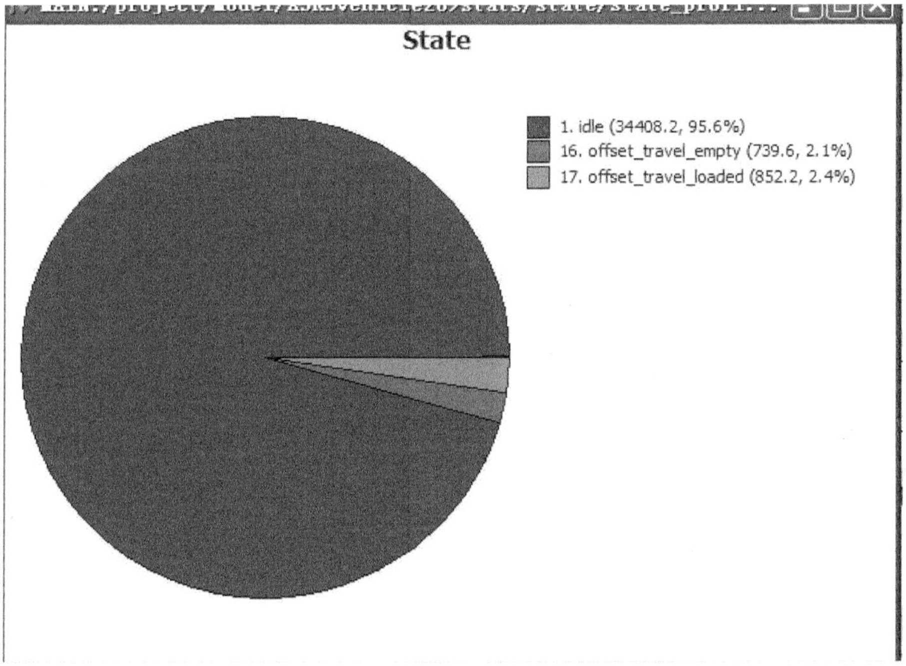

图 8-37　2 号堆垛机仿真结束后的状态饼图

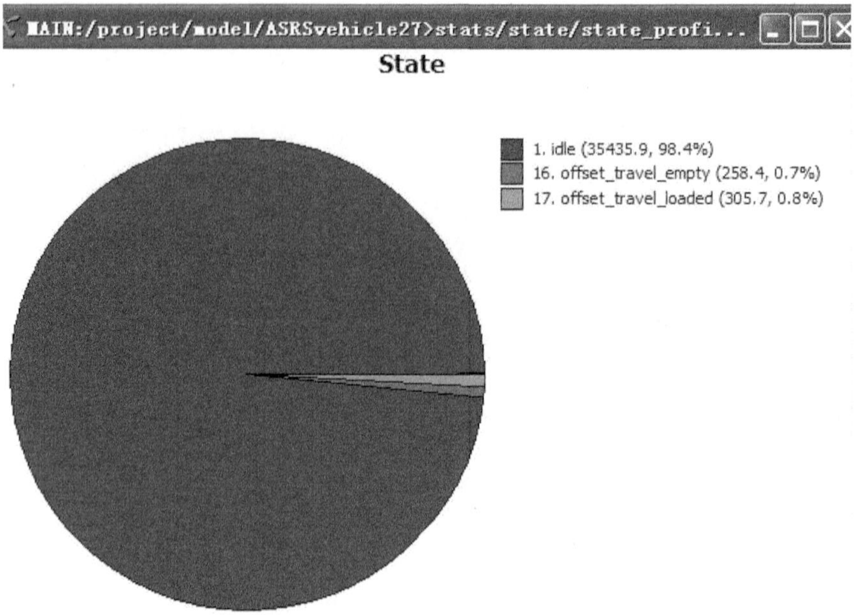

图 8-38　3 号堆垛机仿真结束后的状态饼图

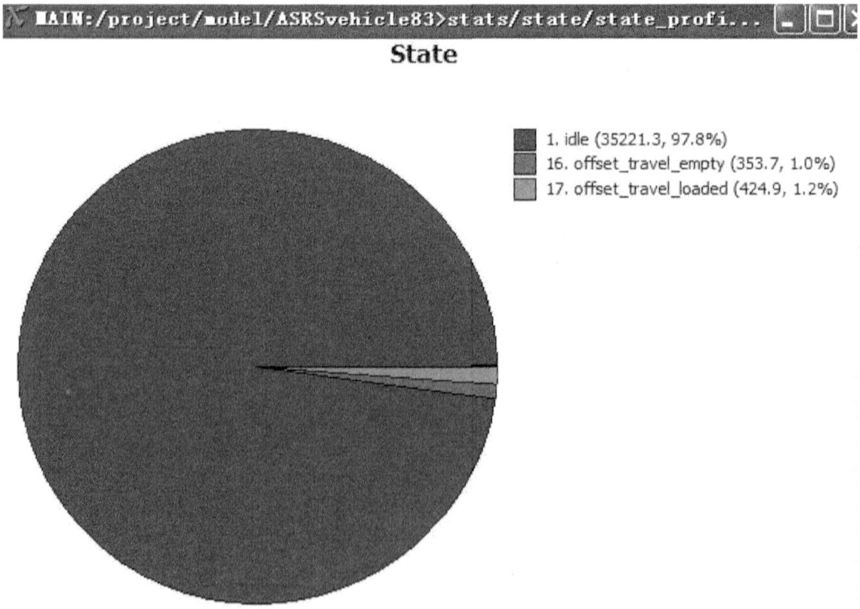

图 8-39　4 号堆垛机仿真结束后的状态饼图

表 8-6　堆垛机仿真输出数据

设备	1 号堆垛机	2 号堆垛机	3 号堆垛机	4 号堆垛机
最小等待时间	3.808	3.808	3.808	3.808
最大等待时间	10.313	8.000	8.000	8.000
平均等待时间	6.553	5.426	4.703	4.884
空闲时间百分比/%	89.3	95.6	98.4	97.8
空载行驶时间百分比/%	5.2	2.1	0.7	1.0
装载行驶时间百分比/%	5.6	2.4	0.8	1.2

传送带的主要评价指标是执行次数、空载行驶时间、装载行驶时间、装载时间和卸载时间。通过传送带的属性统计分页，可以得到 1 号传送带和 2 号传送带的状态饼图，从图上可以清楚地看出传送带的空闲时间、装载时间、卸载时间、装载行驶时间、空载行驶时间及其各自所占的百分比等仿真结果。图 8-40 为仿真结束后 1 号传送带的状态饼图；图 8-41 为仿真结束后 2 号传送带的状态饼图。将其数据整理后记录于表 8-7 中。

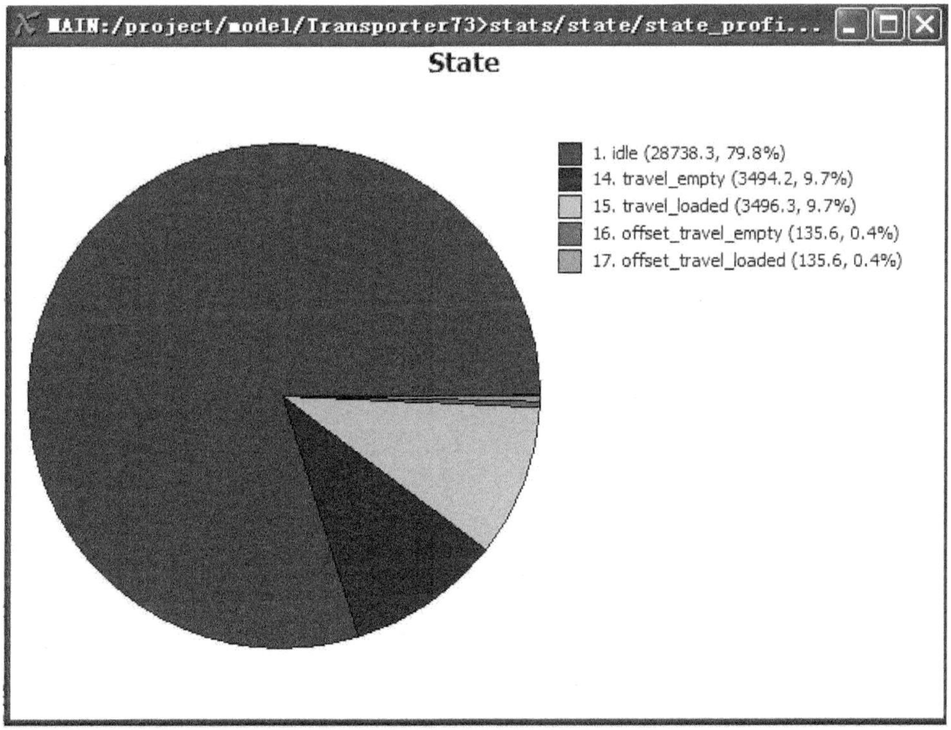

图 8-40　1 号传送带仿真状态饼图

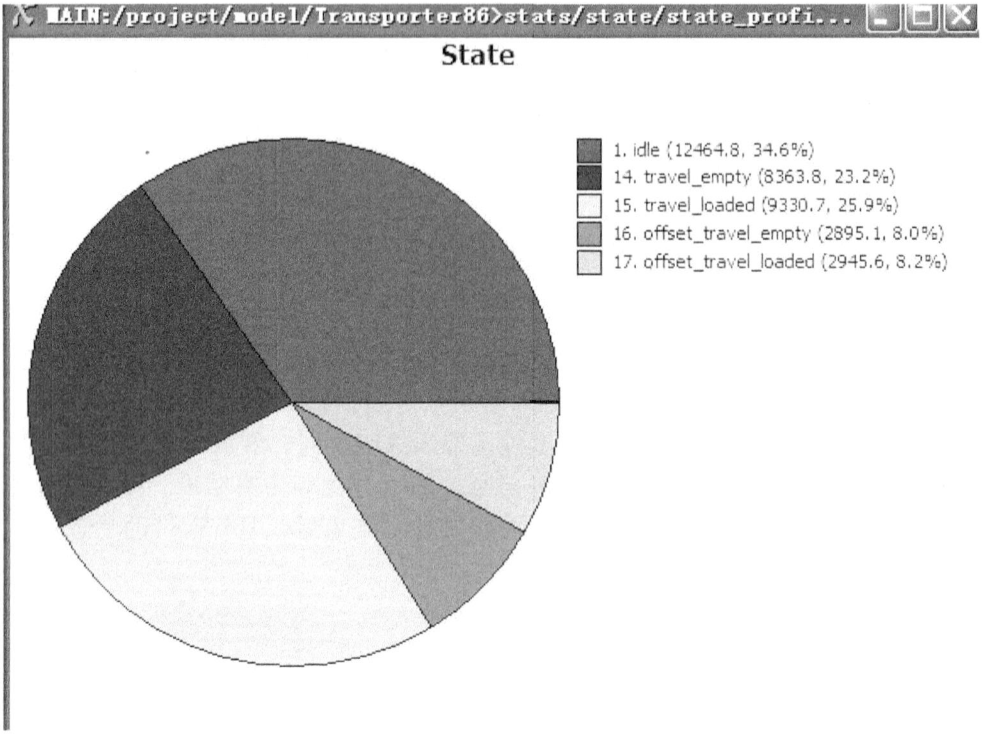

图 8-41 2 号传送带仿真状态饼图

表 8-7 传送带仿真输出数据

设备	执行任务次数/次	空闲率百分比/%	空载行驶时间百分比/%	装载行驶时间百分比/%	装载时间百分比/%	卸载时间百分比/%
1 号传送带	186	79.8	9.7	9.7	0.4	0.4
2 号传送带	195	34.6	23.2	25.9	8.0	8.2

货架的主要评价指标是最大库存量、现有库存量、输入货物总数、输出货物总数和库位利用率，货架主要考虑存储区的货架，将仿真输出数据记录于表 8-8 中。

表 8-8 货架仿真输出数据

设备	当前库存量/盘	最大库存量/盘	平均库存量/盘	入库总数/盘	出库总数/盘	平均停留时间/s
1 号货架	71	74	54.582	305	234	7 199.551
2 号货架	34	44	27.835	157	123	7 184.325
3 号货架	10	19	11.774	65	55	7 216.727
4 号货架	18	23	15.053	87	69	7 243.203

由表 8-8 的数据可以得出存储区 4 排货架入库总量为 614 盘，出库总量为 481 盘，库位的平均利用率为 33.25%，相对较低，需要加以优化让配送中心能达到预期的作用，所以模型中发生器的到达时间间隔和货架的最小停留时间均要调整。

2. 仿真结果分析

根据表 8-6～表 8-8 可以得出堆垛机、传送带和存储区货架库位的利用率，如表 8-9 所示。

表 8-9　仿真实验数据分析结果(单位:%)

设备	利用率	设备	利用率
1 号堆垛机	10.7	1 号货架	71
2 号堆垛机	4.4	2 号货架	34
3 号堆垛机	1.6	3 号货架	10
4 号堆垛机	2.2	4 号货架	18
1 号传送带	21.2	托盘	73.5
2 号传送带	65.4		

(1)由表 8-9 可以看出，4 架堆垛机的利用率非常低，而导致堆垛机利用率低的主要原因是配送中心到达的货物数量少以及货物的停留时间问题，如需要改善这个问题，我们必须在货物到达发生器上做出修改，让货物到达配送中心的数量多起来。

(2)由表 8-9 可以看出，2 条传送带的利用率也比较低，1 号传送带所运送的货物为不合格品，当然不合格品越少越好，但是根据货物的不合格品概率为 10%，可知 1 号传送带的利用率低；2 号传送带是将空的托盘运送到货物装盘前的暂存区去，从利用率来看，我们看出 2 号传送带工作了，但是利用率较低，造成传送带利用率低的主要原因也是货物的数量较少。

(3)由表 8-9 可以看出，4 个货架的平均利用率只有 33.25%，这和我们建立配送中心的最初想法完全相反。试想一下，假如我们建立一个配送中心，而我们的货架利用率很低，那我们为什么建立配送中心？建立配送中心的目的就是让货物能更加方便地周转。造成利用率低的原因主要是到达货物的数量少以及货物在货架上的停留时间问题。为了更好地解决货架问题，我们应该增加货物的到达数量以及货物停留在货架上的时间。

(4)由仿真模型可以看出，在产生托盘的暂存区中还有 75 个托盘处于空闲状态，托盘的利用率只有 73.5%，也就是说有多于 1/4 的托盘没有用到，所以根据原来的数据仿真，340 个托盘就明显过多，因为托盘是循环使用的，而且货物的到达数量少，所以说 340 个托盘不合适。优化托盘问题主要在于适当减少托盘的生成，这样就可以避免托盘的浪费，使之得到优化。

以上就是配送中心在原始数据下进行仿真后的结果，从中我们可以发现系统运行过程中存在的一些问题，并为进一步优化系统配置提供了重要的依据。由于仿真模型中的临时实体是通过发生器连续产生的，沿袭这样的思路和方法，待有条件时可以进行更加全面、真实的分析。

3. 配送中心的优化

1)优化方案

通过仿真结果分析，我们了解到系统中存在货物数量太少的问题，造成配送中心极度空闲现象，导致堆垛机、传送带和货架利用率不高，未能达到建立配送中心的目的。针对这一问题，可通过调整货架参数、货物的出入库量、货物停留时间等手段来寻找系统优化的最佳方案。

优化设计的第一步就是定义模型的决策变量，最优化决策变量的选择是通过待解决问题的重述获得的。例如，货架的货位是多少时，使得货位的利用率达到最佳，此问题的陈述定义了模型的决策变量即货架的最大容量和货位的利用率。但是，这两个变量却有不同的用途，货架的最大容量是要对其进行改变而进行仿真实验的，而货位的利用率作为结果反馈来体现改变的效果。在制定了变量的名称和类型后，将此变量与模型中某节点关联起来，选择持有此最大容量值的节点，且必须选择具有数值的节点，否则最优化将不能正常进行。定义了决策变量后，再定义最优化的约束条件，因为在最优化过程中，优化器将根据决策变量对若干场景进行实验。约束用来将不能满足约束条件的某些场景剔除出去，这样优化器就不会将一个无效的场景选做最优化方案。根据评价指标编写目标函数，设置仿真场景次数和场景运行时间，对其进行优化，获得最佳解答。

本案例将通过多次仿真，在研究某一变量对系统的影响时暂时视其他变量为常数，从而避免复杂的分析过程，实现逐个击破。具体操作如下：

(1)假定托盘生成数量与货物的入库时间间隔不变，货架中货物的最小停留时间及关闭货架的输入端口的上限容量视为变量。

(2)在以上基础上，假定托盘生成数量与货架中的货物最小停留时间不变，货物的入库时间间隔视为变量。

(3)在以上基础上，假定货物的入库时间间隔与货架中货物的最小停留时间不变，托盘生成数量视为变量。

(4)结合前三者的结果，通过反复的多次实验仿真综合优化系统的资源配置。在优化并仿真的过程中，分析每个参数的改变对系统的影响，找出参数改变与系统效率之间的变化规律，并通过这种趋势修改实体参数，直至达到预期目标。

2)模型修改及仿真

(1)货物的最小停留时间和货架输入端口的上限的优化及仿真分析。在仿真系统中泊松分布有着很重要的应用，当随机事件发生的间隔时间相互独立且服从同一负指数分布时，固定时间内事件发生的次数服从泊松分布。货架中货物的最小停留时间也采用泊松分布，由于暂存区存放入库频率较低的货物，所以设置停留时间长，暂存区货架停留时间均值修改为 9 000，使用随机数流 1；存储区的货架关闭货架的输入端口的上限修改为 90 个，参照此数据修改模型，仿真结果整理、记录于表 8-10 中。

表 8-10　修改后的堆垛机仿真输出数据表

设备	1 号堆垛机	2 号堆垛机	3 号堆垛机	4 号堆垛机
最小等待时间	3.808	3.808	3.808	3.808
最大等待时间	11.313	8.000	8.000	8.000
平均等待时间	7.169	5.643	5.077	5.027
空闲时间百分比/%	88.2	95.6	97.9	97.9
空载行驶时间百分比/%	5.7	2.1	1.0	0.9
装载行驶时间百分比/%	6.1	2.4	1.1	1.1

由表 8-10 可以得出，修改后的 1 号堆垛机、2 号堆垛机、3 号堆垛机和 4 号堆垛机的工作效率分别为 11.8%、4.6%、2.1%和 2.1%，与修改前工作效率比较得出表 8-11。

表 8-11　修改前后堆垛机工作效率对照表(一)(单位：%)

设备	1 号堆垛机	2 号堆垛机	3 号堆垛机	4 号堆垛机
修改前工作效率	10.7	4.4	1.6	2.2
修改后工作效率	11.8	4.6	2.1	2.1

通过表 8-11 可以看出，堆垛机工作效率得到了提高，但并不明显。

由表 8-12 可以得出，修改后的 1 号传送带和 2 号传送带的工作效率分别为 18.7%和 58.9%。与修改前工作效率比较得出表 8-13。

表 8-12　修改后的传送带仿真输出数据表

设备	执行任务次数/次	空闲率百分比/%	空载行驶时间百分比/%	装载行驶时间百分比/%	装载时间百分比/%	卸载时间百分比/%
1 号传送带	172	81.3	9.0	9.0	0.3	0.3
2 号传送带	179	41.1	21.4	23.8	7.4	6.3

表 8-13　修改前后传送带工作效率对照表(一)(单位：%)

设备	1 号传送带	2 号传送带
修改前工作效率	21.2	65.4
修改后工作效率	18.7	58.9

由表 8-13 可以明显地看出，传送带的工作效率得到了降低，但是也不是很明显。修改后的货架仿真输出数据表如表 8-14 所示。

表 8-14 修改后的货架仿真输出数据表

设备	当前库存量/盘	最大库存量/盘	平均库存量/盘	入库总数/盘	出库总数/盘	平均停留时间/s
1 号货架	78	87	65.815	304	226	8 983.169
2 号货架	45	49	32.049	150	105	9 032.848
3 号货架	24	31	17.577	81	57	9 071.825
4 号货架	18	30	9 048.619	81	63	9 048.619

由表 8-15 中的数据可以看出，货架的利用率得到了提高，修改后的存储区货架平均利用率为 41.25%，与之前相比提高了 8 个百分点。由上面的分析可知，货物的最小停留时间和货架输入端口的上限为影响因素之一。

表 8-15 修改前后货架利用率数据表(一)(单位：%)

设备	1 号货架	2 号货架	3 号货架	4 号货架
修改前工作效率	71	34	10	18
修改后工作效率	78	45	24	18

(2)货物的入库时间间隔的优化及仿真分析。在上一优化方案的基础上，通过进一步分析货物的入库时间间隔因素，优化该因素，提高堆垛机及货架利用率。具体操作如下：将货物的到达时间间隔按照泊松分布，均值为 56，随机数流为 1，参照此数据修改模型，仿真结果整理、记录于表 8-16～表 8-18 中。

表 8-16 修改前后堆垛机工作效率对照表(二)(单位：%)

设备	1 号堆垛机	2 号堆垛机	3 号堆垛机	4 号堆垛机
修改前工作效率	11.8	4.6	2.1	2.1
修改后工作效率	12.1	5.2	2.9	3.3

通过表 8-16 可以看出，堆垛机工作效率得到了提高，但并不明显。

表 8-17 修改前后传送带工作效率对照表(二)(单位：%)

设备	1 号传送带	2 号传送带
修改前工作效率	18.7	58.9
修改后工作效率	21.9	60.8

由表 8-17 可以看出，传送带的效率得到了稍微提高。

通过表 8-18 可以看出，修改后的平均货架利用率为 42%，比修改前又提高了一点。由以上数据我们可以看出，修改货物的入库时间间隔能引起其他数据的有效变化，所以说货物的入库时间间隔因素为优化配送中心的影响因素之一。

表 8-18 修改前后货架利用率数据表(二)(单位:%)

设备	1 号货架	2 号货架	3 号货架	4 号货架
修改前工作效率	78	45	24	18
修改后工作效率	82	36	25	25

(3)托盘生成数量的优化及仿真分析。在以上优化方案基础上，通过进一步分析来确定在现有资源配置下该配送中心的托盘生成数量，在提高堆垛机和货架利用率的同时避免过多托盘的浪费，使配送中心效率最大化。在托盘发生器中设置托盘的初始数量为 300 个，参照此数据修改模型，仿真结果整理记录于表 8-19 中。

表 8-19 修改前后托盘的利用率数据表(单位:%)

项目	托盘利用率
修改前工作效率	73.5
修改后工作效率	85

通过表 8-19 我们可以得出，托盘初始生成数量也作为优化配送中心的影响因素之一，后面再通过多次实验仿真找出最优的托盘数量。

(4)最终优化方案结果。通过反复的测算和仿真运行分析，在现有配置下不出现堵塞的最大吞吐量为 2 182/1 210。货物到达时间间隔和存储区货架货物最小停留时间均采用泊松分布，分别采用均值 56 和 9300，使用随机数流为 1，存储区的货架关闭货架的输入端口的上限修改为 90，托盘的初始生成数量为 280。参照此数据修改模型，仿真结果整理记录于表 8-20 中。

表 8-20 最终修改前后工作效率对照表(单位:%)

设备	修改前工作效率	修改后工作效率	设备	修改前工作效率	修改后工作效率
1 号堆垛机	10.7	11.2	1 号货架	71	77
2 号堆垛机	4.4	4.1	2 号货架	34	36
3 号堆垛机	2.6	2.1	3 号货架	10	26
4 号堆垛机	2.2	2.3	4 号货架	18	31
1 号传送带	21.2	21.7	托盘	73.5	95
2 号传送带	65.4	78.9			

通过表 8-20 可以看出，堆垛机工作效率并没有太大的变化；传送带的效率得到了相对提高；存储区的货架利用率有了很大的提高，平均利用率由 33.25％提高到了 42.5％；托盘的利用率有了很大的提高，避免了过多的托盘浪费，使配送中心的效率得到了提高。

综合以上结果，我们可以证明我们选择的优化方案是正确的，通过仿真分析，优化系统的资源配置后，达到了提高系统效率、优化投资效益的目的。

8.2 自动化仓储中心建模仿真案例

8.2.1 问题描述与模型参数

某物流中心采用单元货架式自动化立体仓库，主要由入库分拣区、入库处理区、货物存储区、出库处理区、出库分拣区五大部分组成。年工作日为 250 天，日工作小时为 10h。

自动化立体仓库平面如图 8-42 所示。

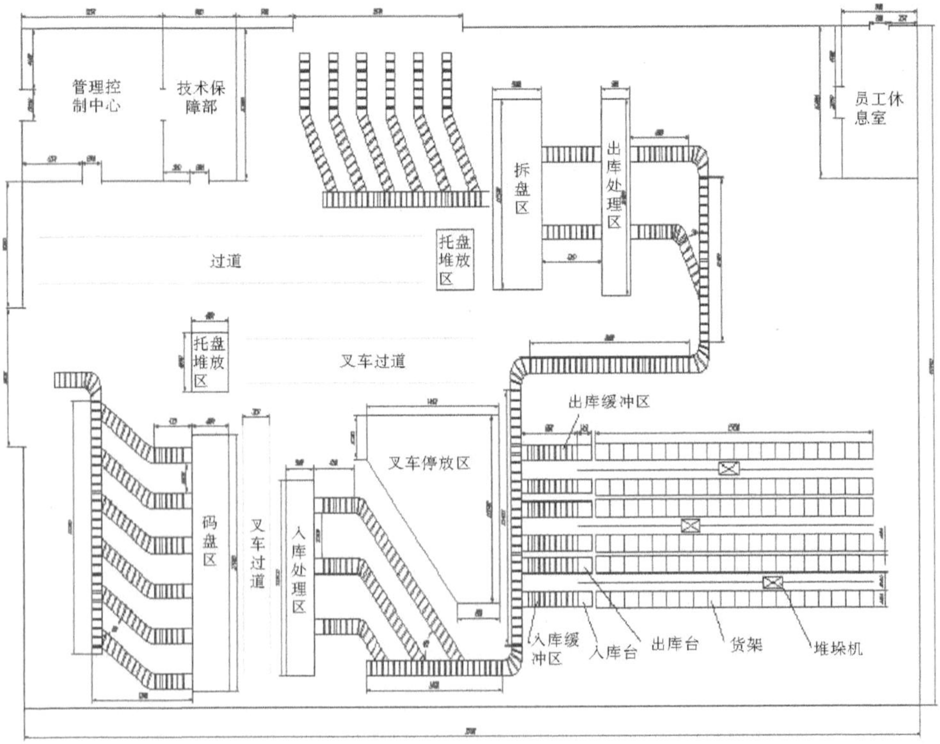

图 8-42 自动化立体仓库平面

(1)入库分拣区：模型中的传送带由 12 条组成，其中 6 条弯道分别用来输送需要入库的 6 类货物，每一条的长度为 10 米，速度为 2m/s，载货量均设置为 20 个托盘。每两排传送带共用 1 个操作员。

(2)入库处理区：处理区主要用来对码盘后的货物进行记录，校核清单。入库处理区有 3 台，出/入库处理器处理时间(峰值时间)为 30s，在每次处理货物前的预置时间为 8s(常数)。码盘作业器协助操作员进行码盘作业，人工将货物放置在托盘后，整理，打包，作业时间为 15s(常值)。

(3)货物存储区：货物经过传送带分类，从入库传送带进入入库暂存区，然后分类装入货架，其中类型 1、2 存储于第一组货架，类型 3、4 存储于第二组货架，类型 5、6 存储于第三组货架。货物经过指数分布 exponential(0，10 000，1)停留后从出库暂存区出库。货位数：20(列)×6(行)×15(层)=1 800(个)。

(4)出库处理区：出库处理区有两台处理器、两台分解器和两个机器手对出库货物进行处理，出库托盘经处理器处理后经过分解器，货物与托盘分离，由传送带将货物逐个送出库，此时分拣器无预置时间、操作时间。

(5)出库分拣区：将货物分类拣选后经由 6 条传送带输送至吸收器。

8.2.2 Flexsim 仿真建模

设计完成整体布局图，如图 8-43 所示。

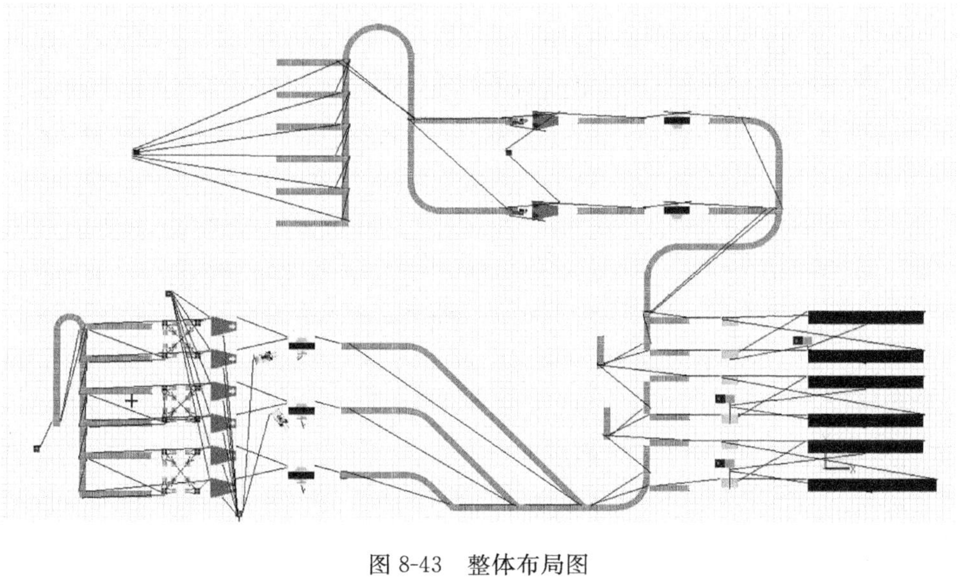

图 8-43 整体布局图

1. 入库分拣区模型

1)入库分拣区整体布局

入库分拣区整体布局如图 8-44 所示。

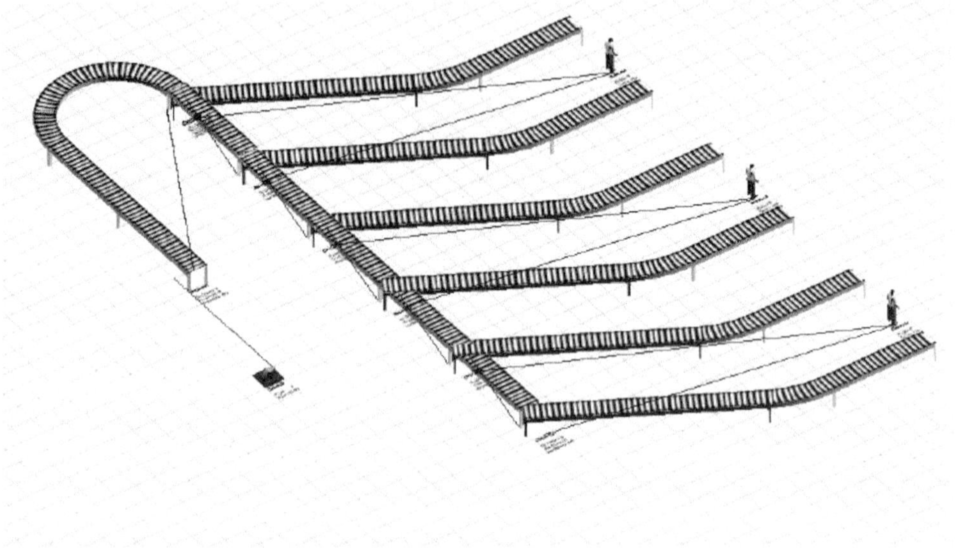

图 8-44 入库分拣区整体布局

2)入库输送连接方式

入库输送连接方式如图 8-45 所示。

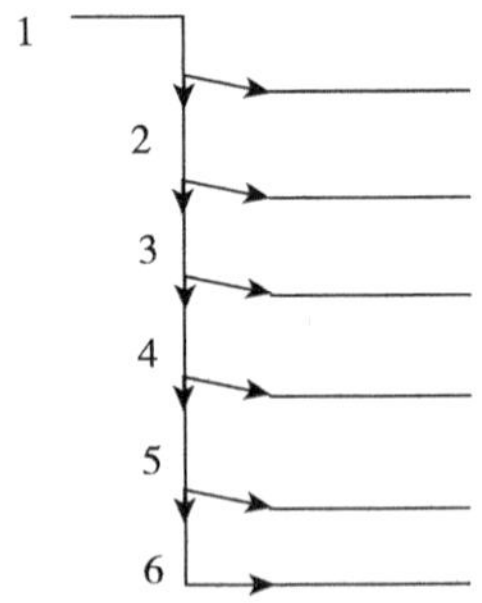

图 8-45 入库输送连接方式

3)实体参数设置

发生器参数设置。双击 Source 打开参数设置页，在 Inter-Arrivaltime 的下拉菜单中选择 Statistical Distribution，设置 exponential(0，35，1)，设置结果如图 8-46 所示。

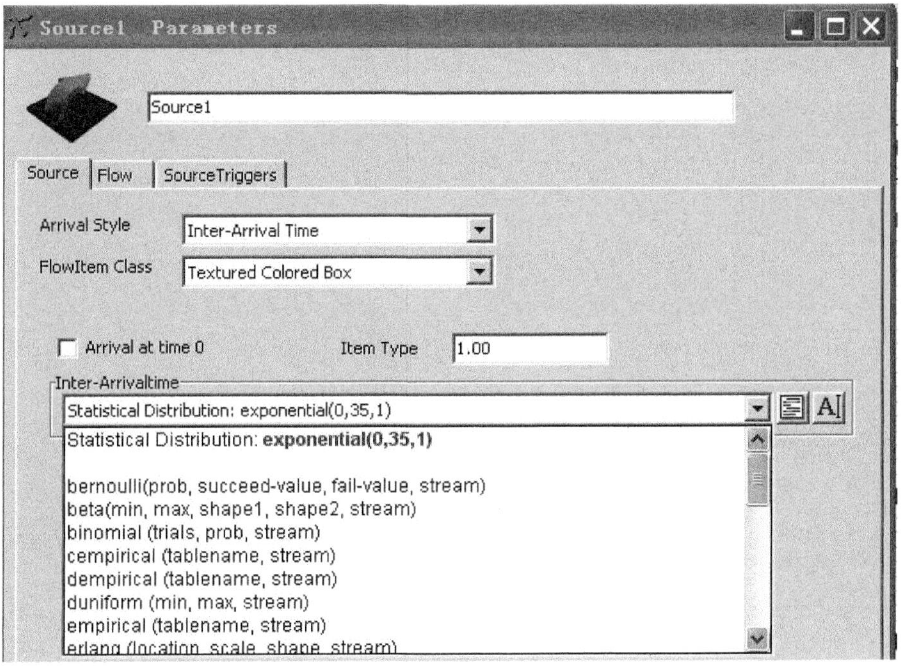

图 8-46　发生器参数设置

点击最上层的 SourceTriggers，在 OnExit 下拉菜单中选择 Set Itemtype and Color，根据系统设置把 Itemtype 设置为 duniform(1，6)，如图 8-47 所示。

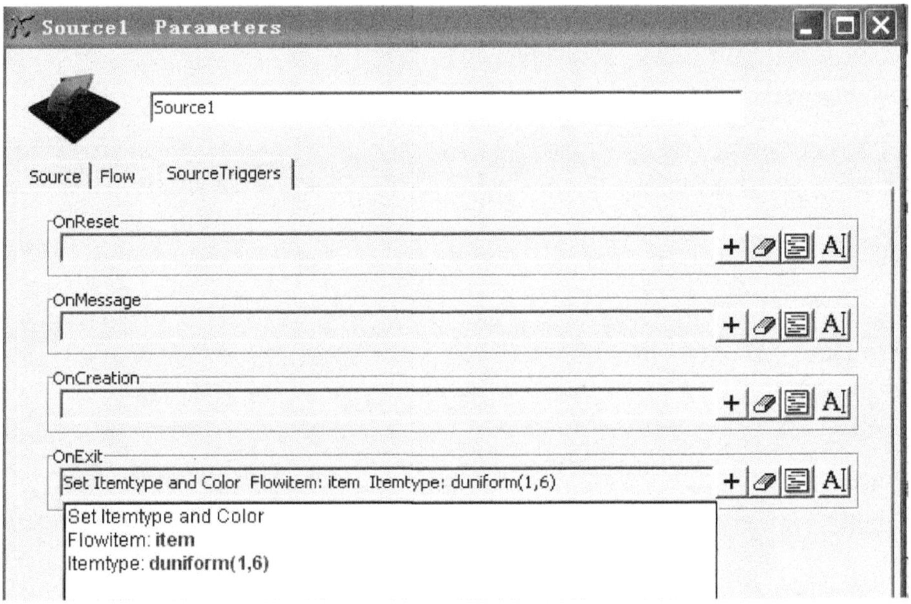

图 8-47　发生器产品类型和颜色设置

分拣传送带参数设置。传送带 1 设置：点击 Flow，在 Send To Port 下拉菜单中选择 Cases by Value，设置参数如图 8-48 所示。

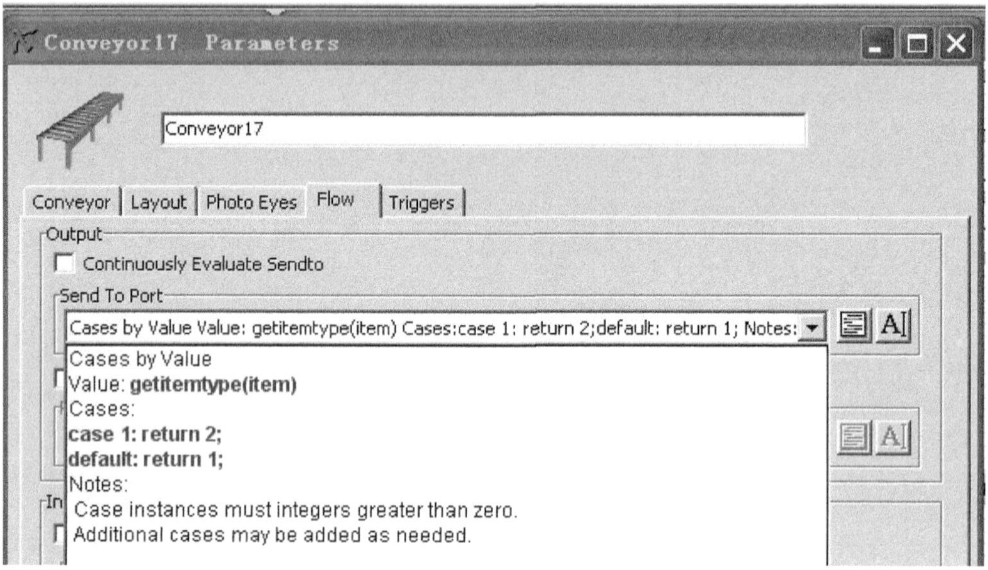

图 8-48 分拣传送带参数设置

同理设置下端 5 条传送带，只是分别将图 8-48 中的"Case 1"分别改为"Case 2""Case 3""Case 4""Case 5""Case 6"(注意接口连接顺序，应先将下端的传送带连接，再连接右端传送带)。

右端 6 条传送带设置：在 Conveyor 选项卡中，将 Speed 改为"2.00"；Maximum Content 改为"20.00"，如图 8-49 所示。

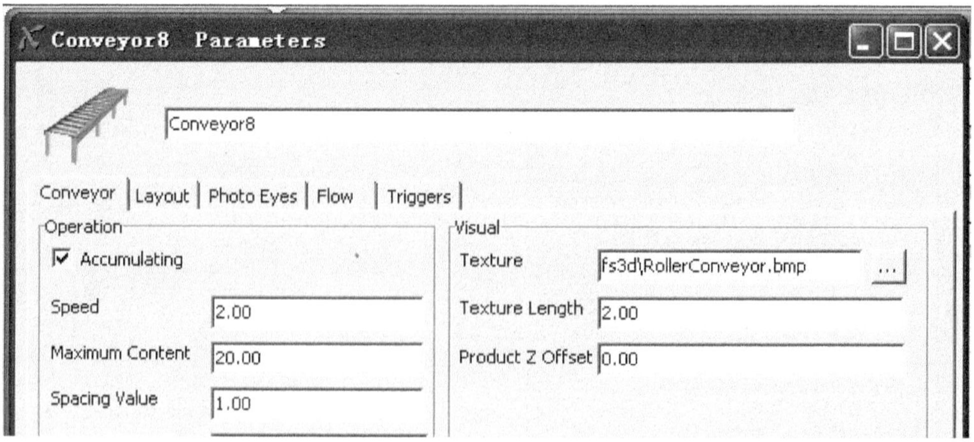

图 8-49 传送带速度设置

点击 Layout，将下面表格中的 length 改为“10.00”，如图 8-50 所示。

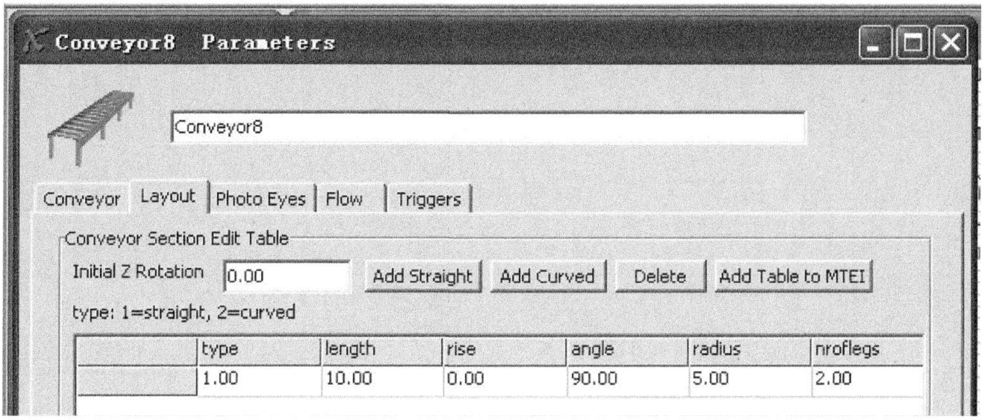

图 8-50 传送带布局设置(一)

点击 Flow，将 Use Transport 选项前面打钩 ☑ Use Transport ，如图 8-51 所示。

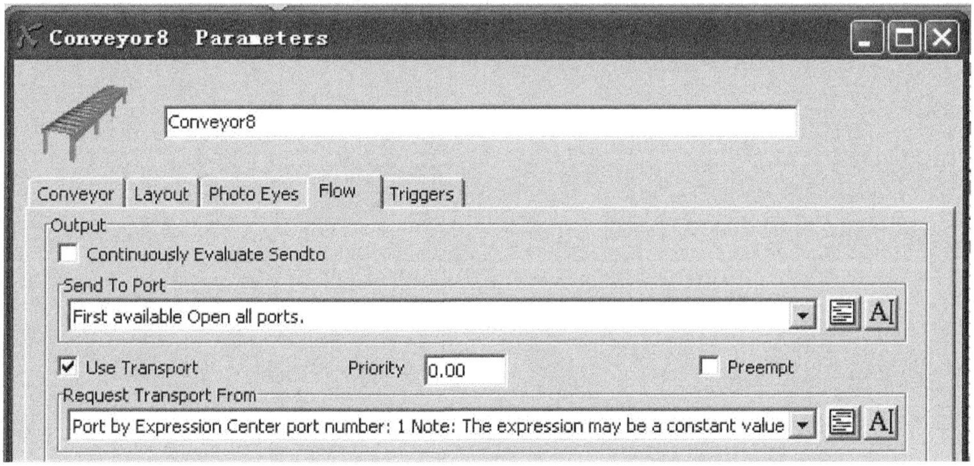

图 8-51 传送带使用运输工具设置

右端其他 5 条传送带设置同上。

操作人员设置：双击 Operator，在 Load Time 下拉菜单中选择 By Expression，将参数改为“15”，如图 8-52 所示。

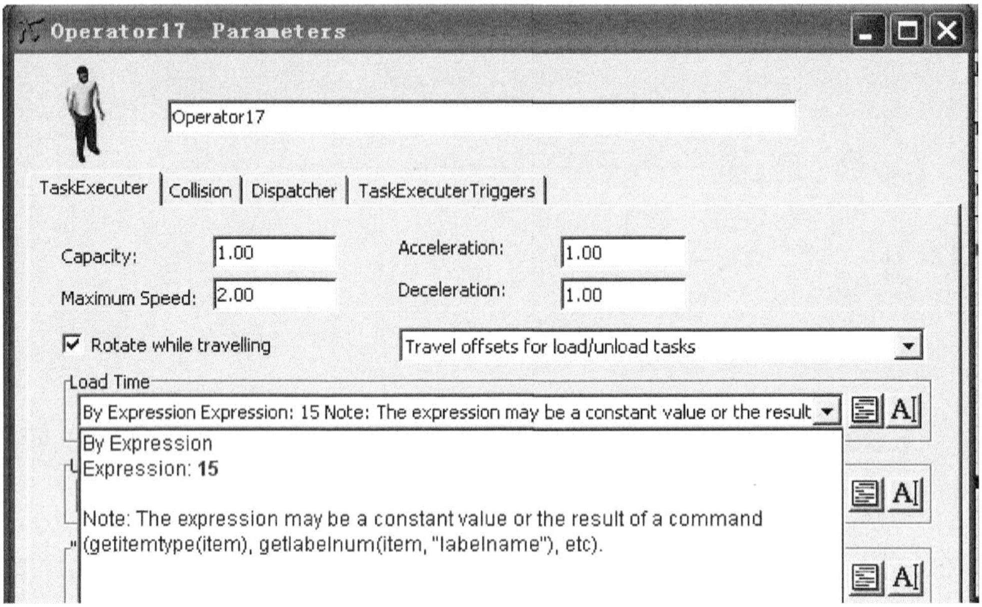

图 8-52 操作员装载时间设置

操作人员行走路径如图 8-53 所示。

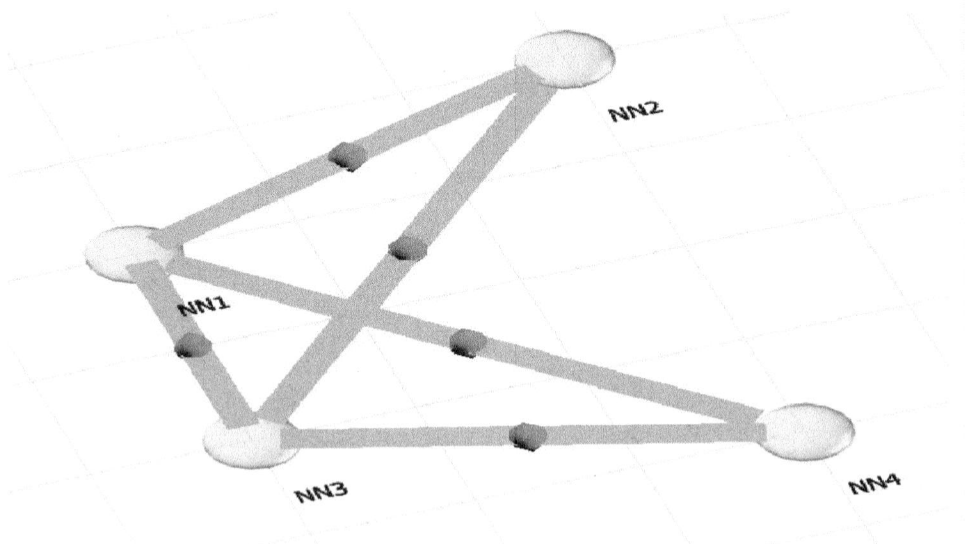

图 8-53 操作人员行走路径

其余两名操作人员设置相同。

2. 入库处理区

1)入库处理区整体布局

入库处理区整体布局如图 8-54 所示。

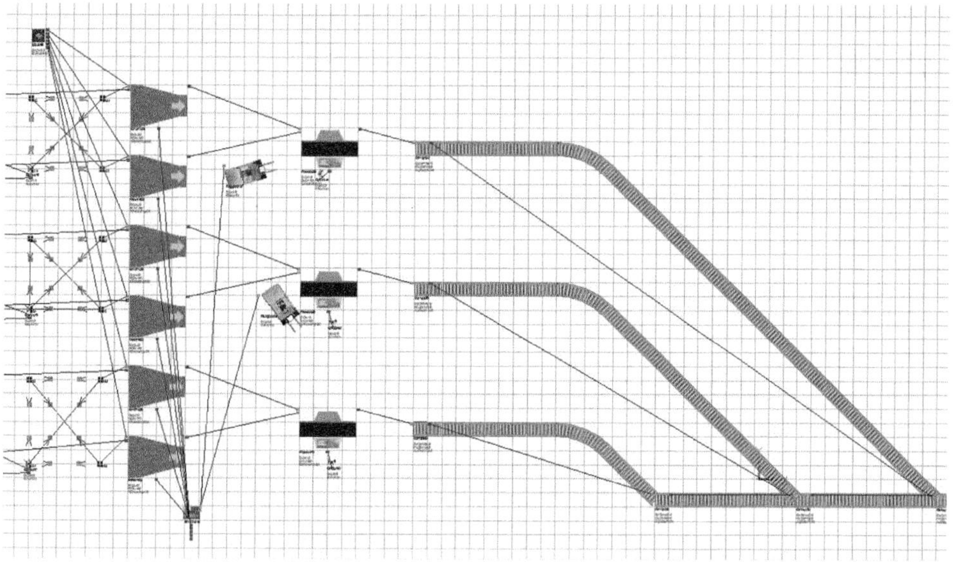

图 8-54　入库处理区整体布局

2)参数设置

发生器参数设置：双击第二个 Source，打开参数设置页面，在 FlowItem Class 下拉菜单中选择 Pallet，如图 8-55 所示。

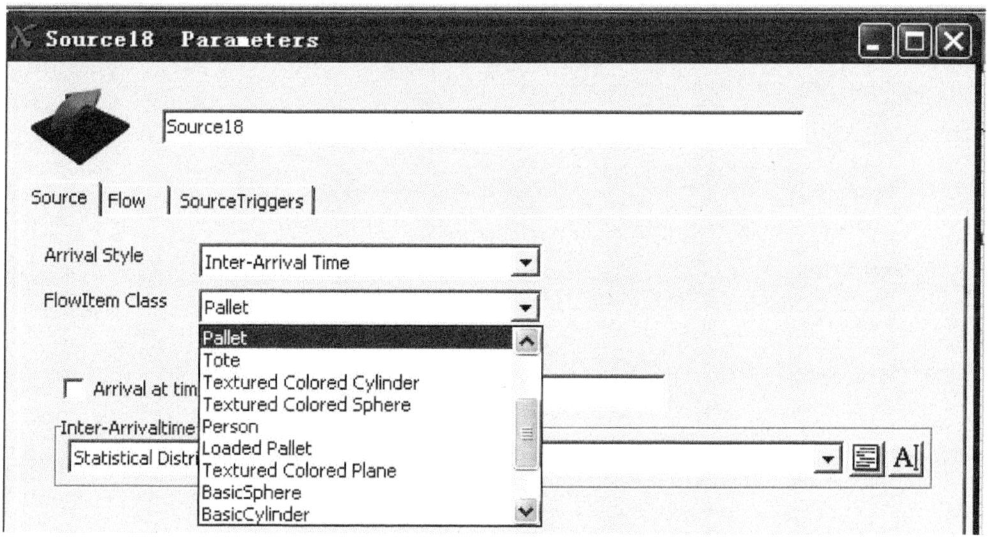

图 8-55　入库处理区发生器设置

合成器参数设置：双击 Combiner，打开设置页面，在 ProcessTimes 下拉菜单中选择 By Expression，将参数改为“10”，如图 8-56 所示。

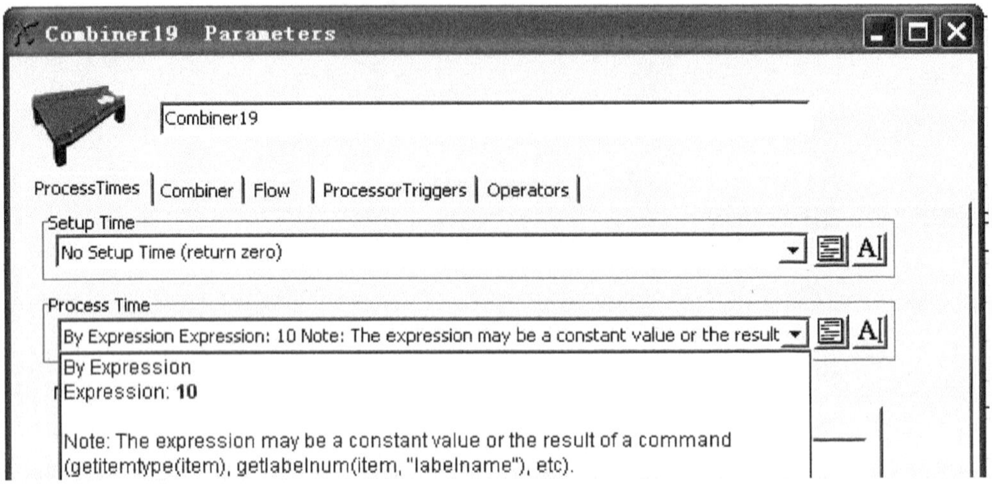

图 8-56　合成器参数设置

点击 Combiner 选项卡，将 Target Quantity 参数改为“4.00”，如图 8-57 所示。

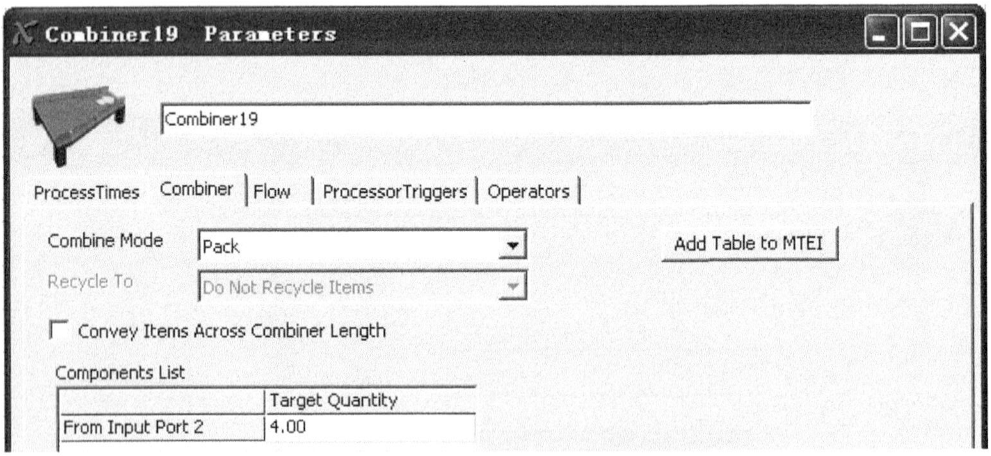

图 8-57　合成器合成表设置

点击 Flow，将 Use Transport 选项前面打钩 ☑ Use Transport ，如图 8-58 所示。

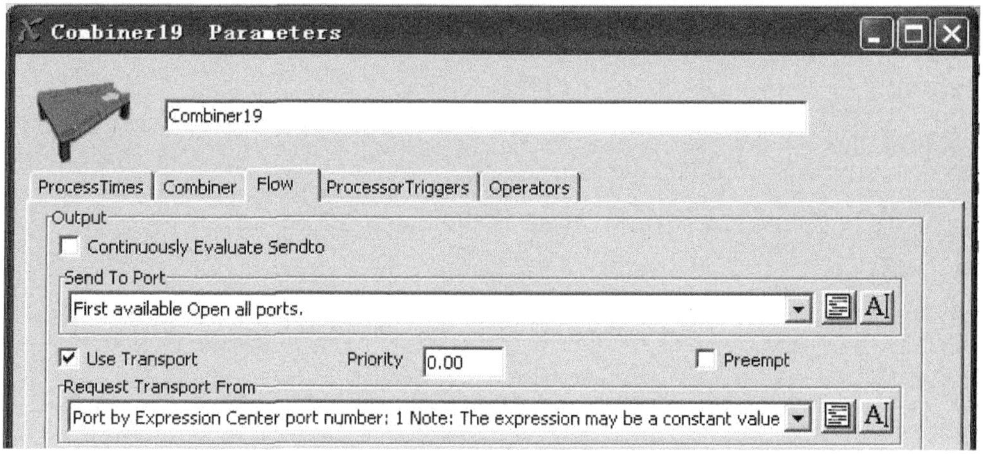

图 8-58 合成器使用运输工具设置

点击 ProcessorTriggers，在 OnExit 下拉菜单中选择 Set Itemtype，设置为 duniform(1，1)，如图 8-59 所示。

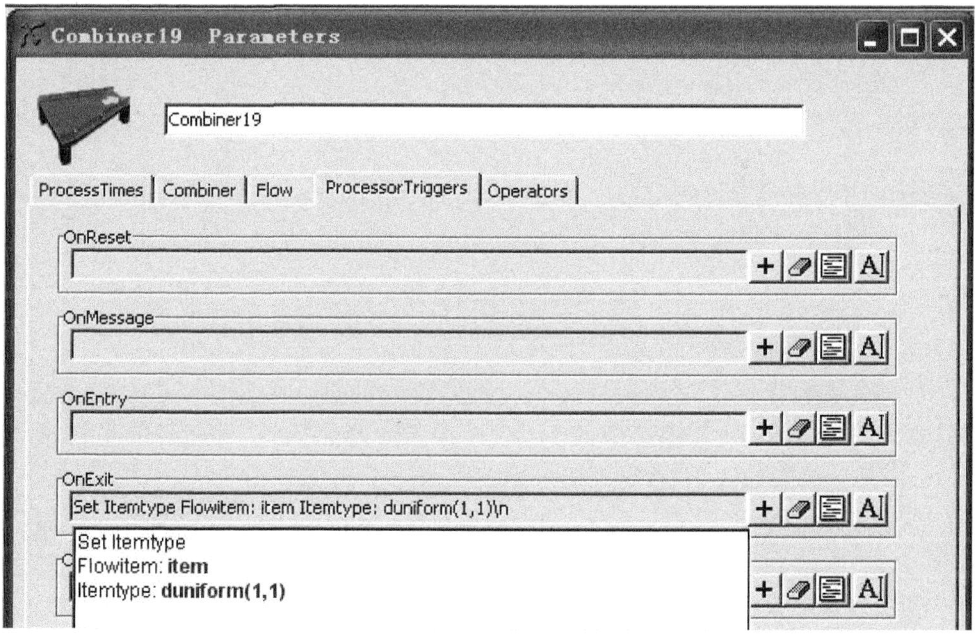

图 8-59 合成器产品类型和颜色设置

其他 5 个合成器设置相同，除了将图 8-59 中 duniform(1，1)分别设置为 duniform(2，2)、duniform(3，3)、duniform(4，4)、duniform(5，5)、duniform(6，6)。

传送带设置：双击 Transporter，打开设置页面，将 Maximum Speed 参数改为“2.00”；Load Time 和 UnLoad Time 下拉菜单中均选择 Statistical Distribution，设置为 uniform(3，5，1)，如图 8-60 所示。

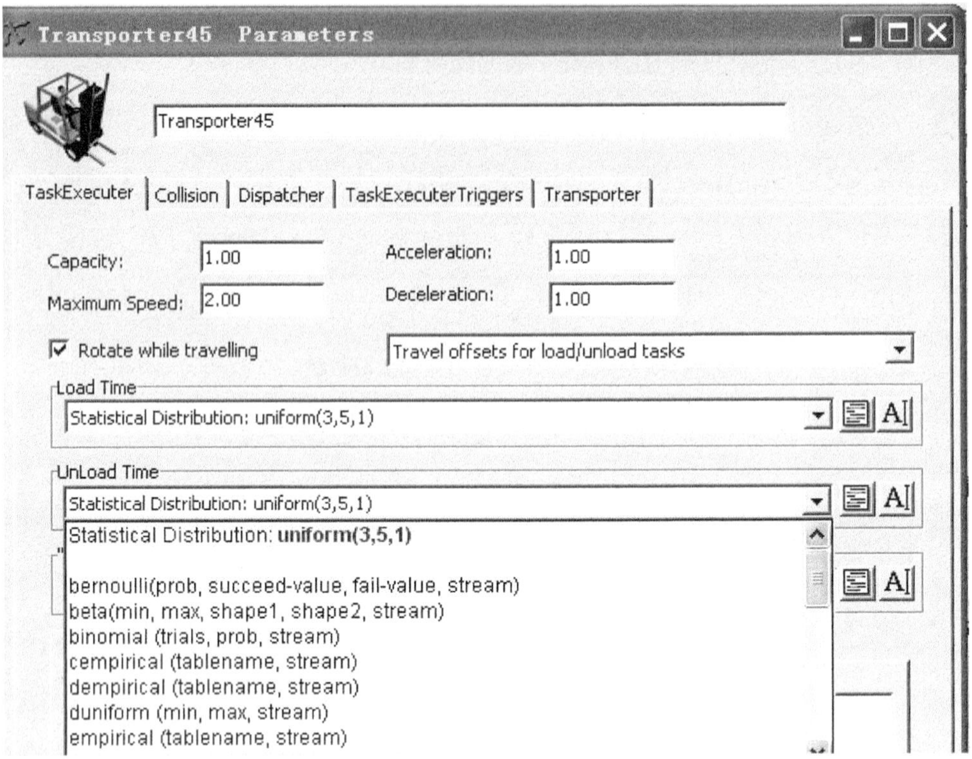

图 8-60 传送带参数设置

其余传送带设置同上。

处理器参数设置：双击 Processor，打开设置页面，在 Setup Time 下拉菜单中选择 By Expression，将参数改为“8”；在 Process Time 下拉菜单中选择 By Expression，将参数改为“30”，如图 8-61 所示。

点击 Operators，将 Use Operator（s）for Setup 选项前面打钩 ☑ Use Operator (s) for Setup，如图 8-62 所示。

其余处理器设置同上。

3. 货物存储区

1)货物存储区整体布局

货物存储区整体布局如图 8-63 所示。

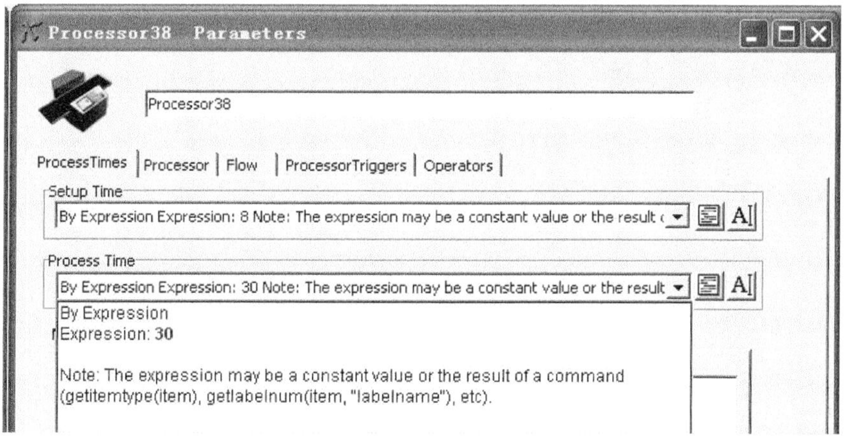

图 8-61 处理器处理时间设置(一)

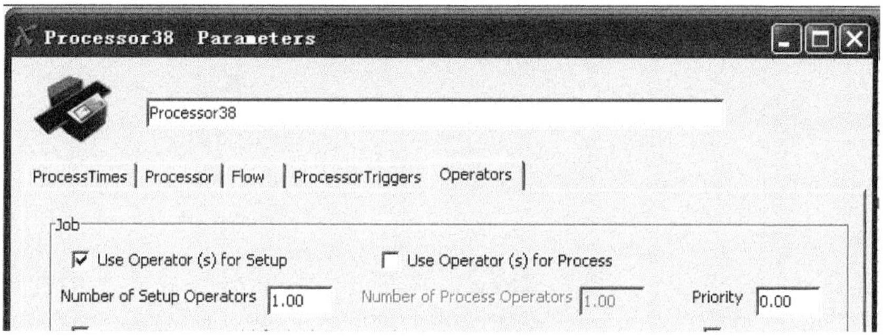

图 8-62 处理器预置时使用操作员设置(一)

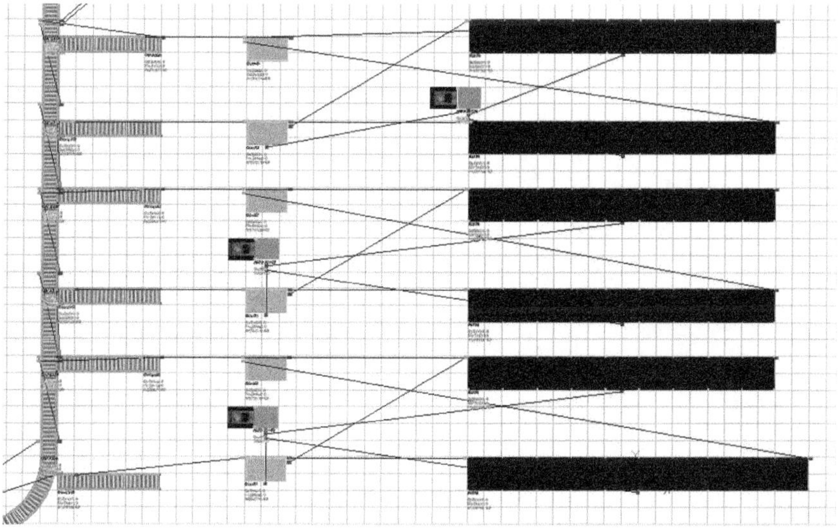

图 8-63 货物存储区整体布局

2)存储输送连接方式

存储输送连接方式如图 8-64 所示。

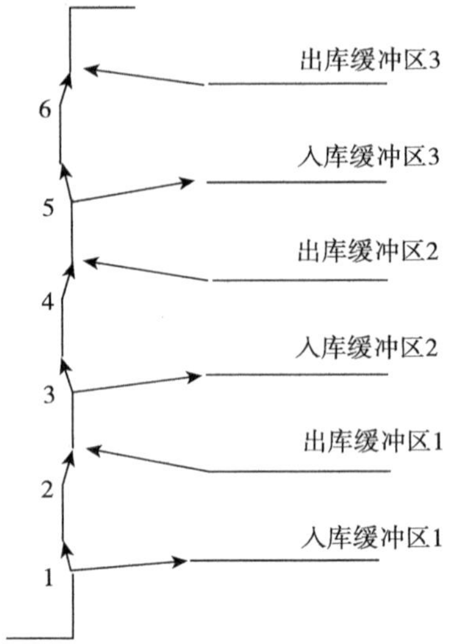

图 8-64　存储输送连接方式

3)参数设置

传送带 1、3、5 设置：点击 Flow ，在 Send To Port 下拉菜单中选择 Cases by Value，传送带 1、3、5 设置参数分别如图 8-65～图 8-67 所示。

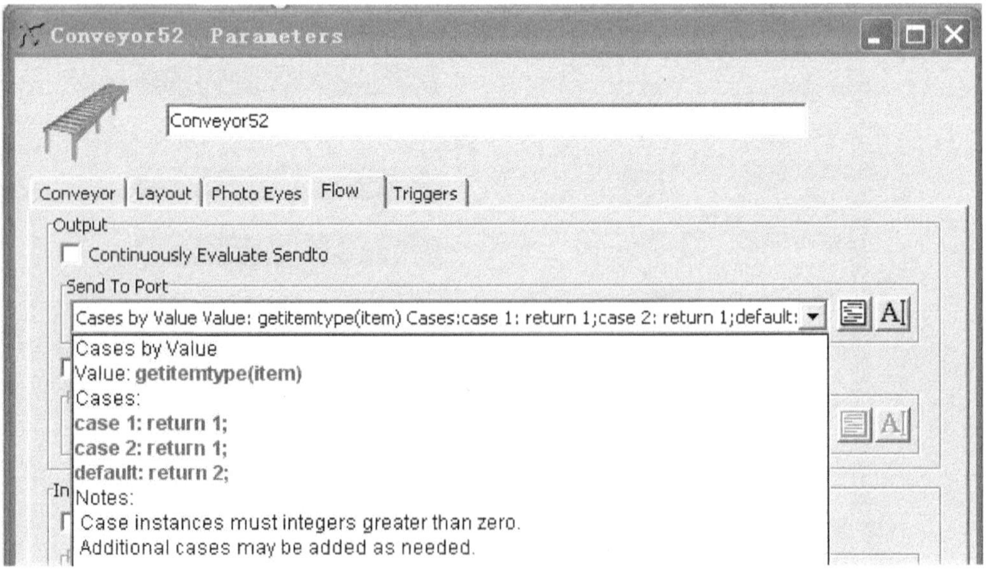

图 8-65　传送带分拣货物设置(一)

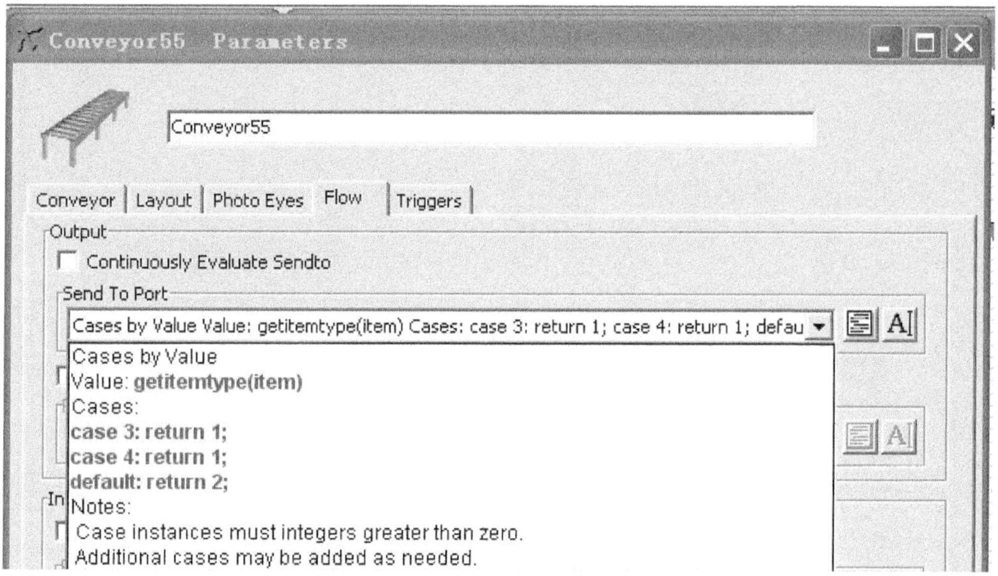

图 8-66　传送带分拣货物设置(二)

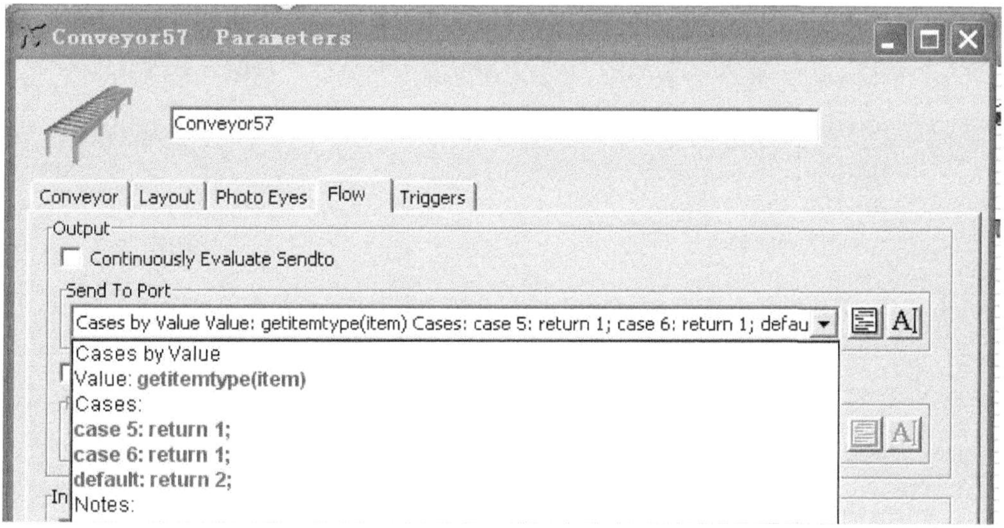

图 8-67　传送带分拣化物设置(三)

(注意接口连接顺序，应先连接右端的传送带，再连接上端传送带。)

右端传送带参数设置：双击 Conveyor，打开参数设置页面，Speed 参数改为“1.00”；Maximum Content 参数改为“5.00”，如图 8-68 所示。

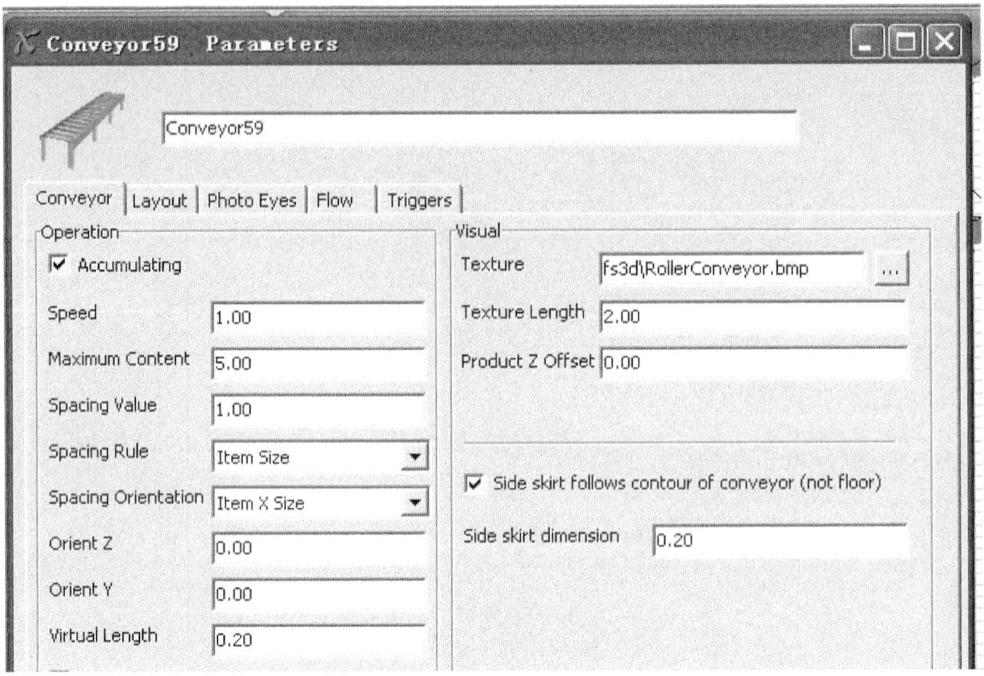

图 8-68　传送带最大容量设置

点击 Layout，将下面表格中 length 参数改为“6.00”，如图 8-69 所示。

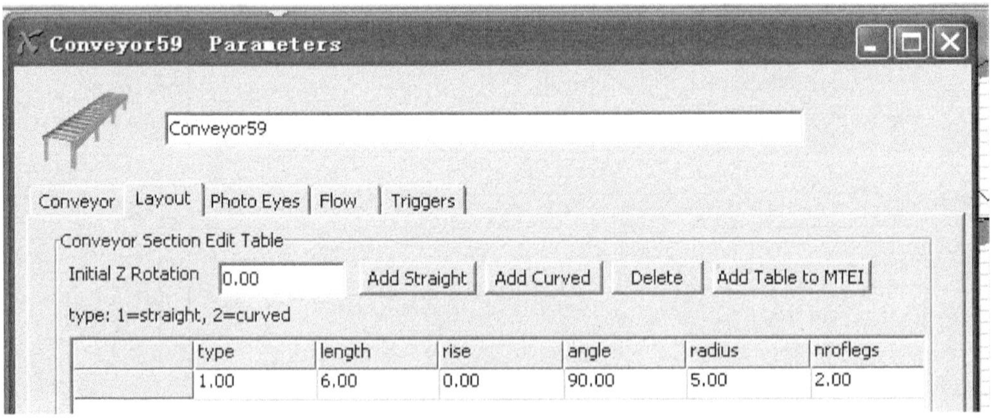

图 8-69　传送带布局设置(二)

右端其他传送带设置同上。

入库暂存区 1、2、3 设置：点击 Flow ，在 Send To Port 下拉菜单中选择 Cases by Value，入库暂存区 1、2、3 参数设置分别如图 8-70～图 8-72 所示。

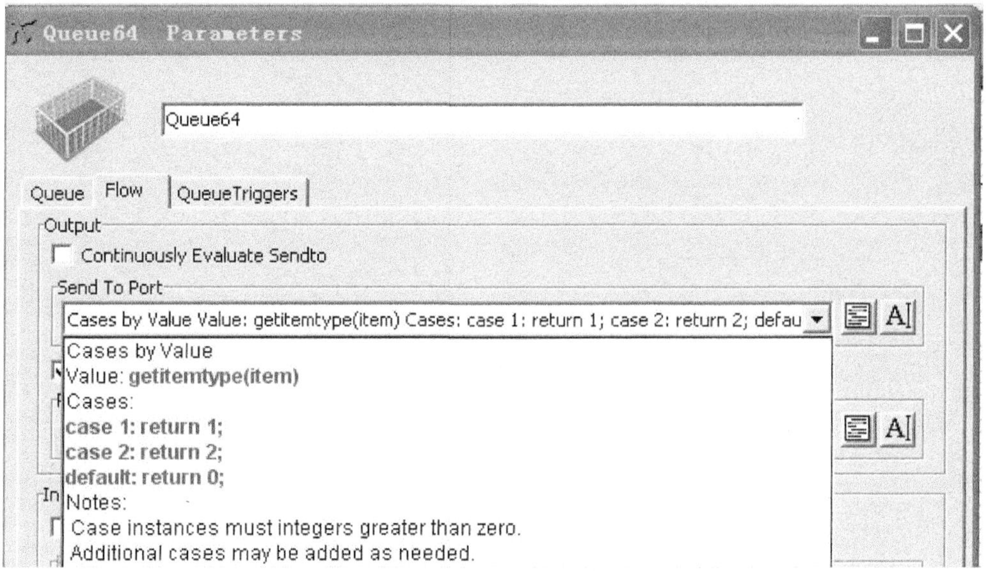

图 8-70　暂存区分拣货物设置(一)

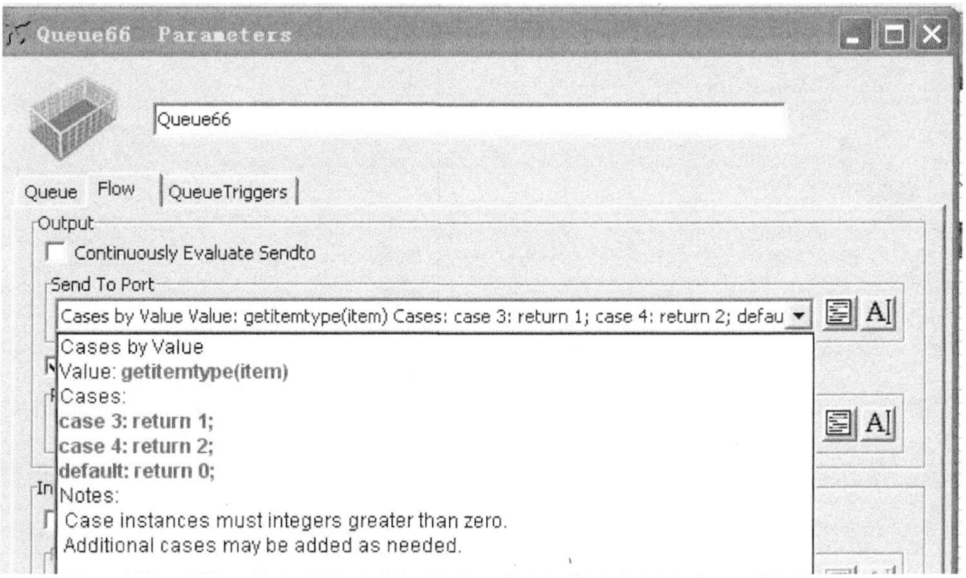

图 8-71　暂存区分拣货物设置(二)

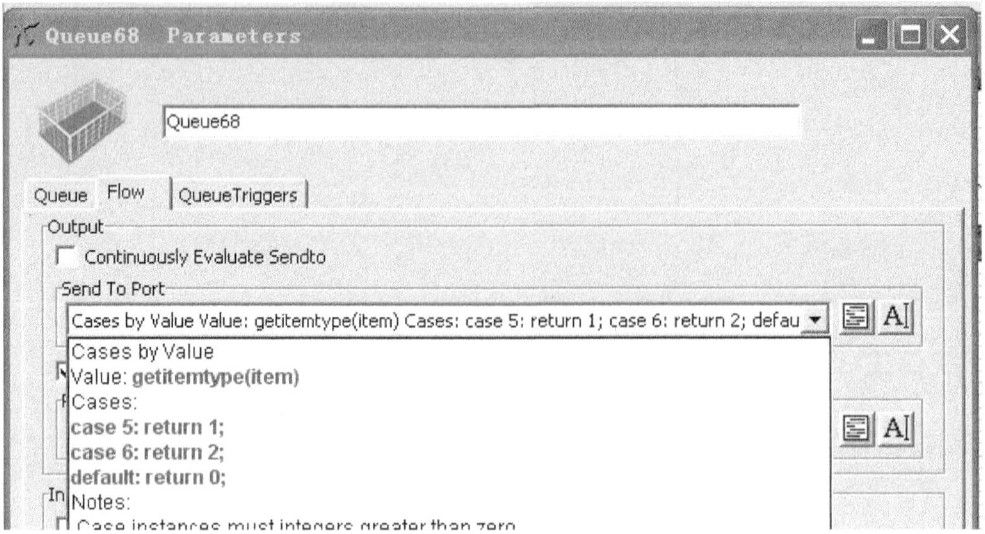

图 8-72　暂存区分拣货物设置(三)

堆垛机参数设置：双击 ASRSvehicle，将 Maximum Speed 参数改为“2.00”；在 Load Time 和 UnLoad Time 下拉菜单中均选择 By Expression，参数改为“5”，如图 8-73 所示。

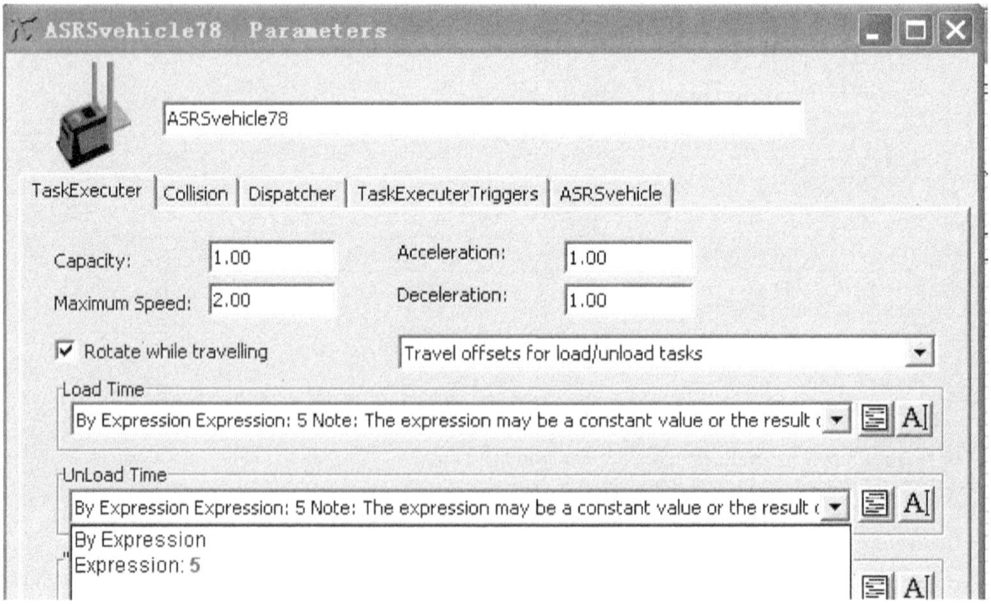

图 8-73　堆垛机参数设置

其余堆垛机设置同上。

货架参数设置：双击 Rack，打开设置参数页面，将 Maximum Content 改为“300.00”，在 Minimum Dwell Time 下拉菜单中选择 Statistical Distribution，设置 exponential(0，10000，1)，如图 8-74 所示。

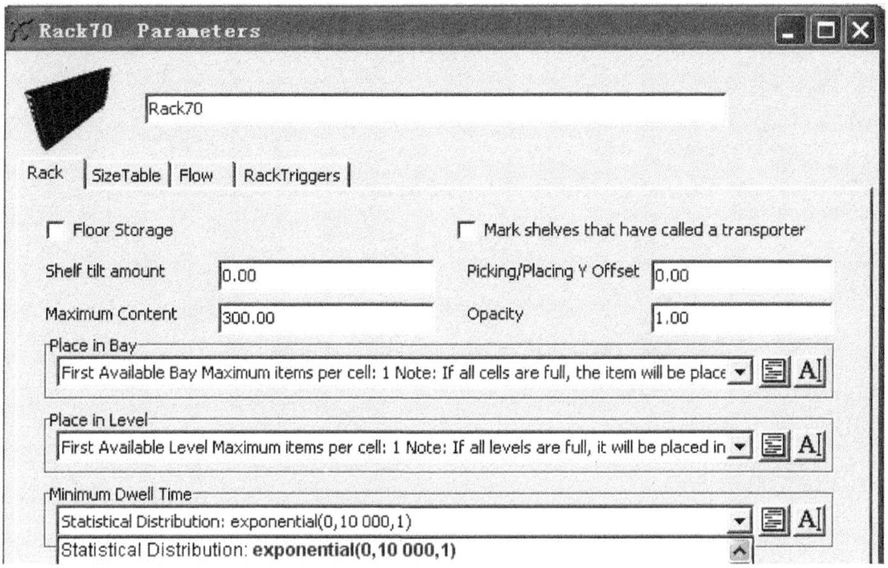

图 8-74　货架最小停留时间设置

点击 SizeTable，Number of Bays 参数改为“20”，Width of Bays 参数改为“1.10”，Number of Levels 参数改为“15”，Height of Levels 参数改为“1.46”，点击 Apply Basic Settings，如图 8-75 所示。

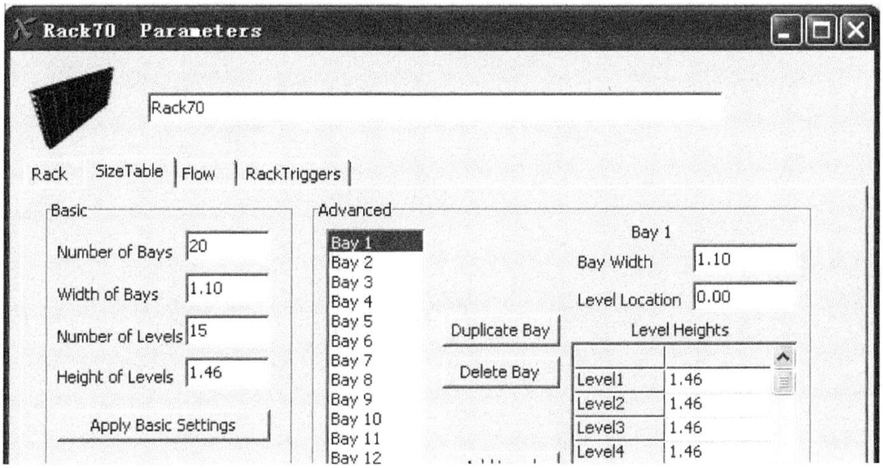

图 8-75　货架结构设置

点击 Flow，将 Use Transport 选项前面打钩 ☑ Use Transport ，如图 8-76 所示。

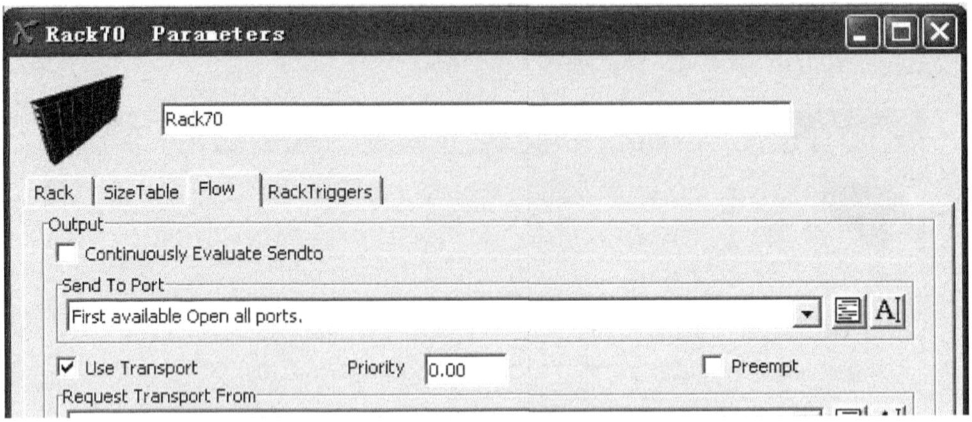

图 8-76　货架使用运输工具设置

其他货架设置同上。

4. 出库处理区

1)出库处理区整体布局

出库处理区整体布局如图 8-77 所示。

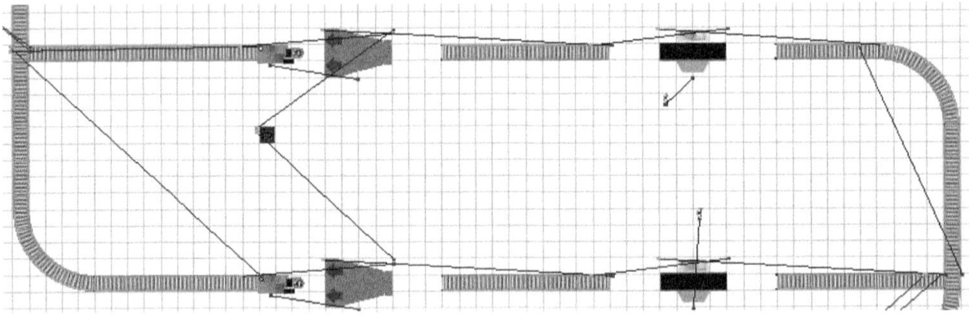

图 8-77　出库处理区整体布局

2)参数设置

处理器参数设置：双击 Processor，在 Setup Time 下拉菜单中选择 By Expression 参数，改为“8”；在 Process Time 下拉菜单中选择 By Expression，参数改为“30”，如图 8-78 所示。

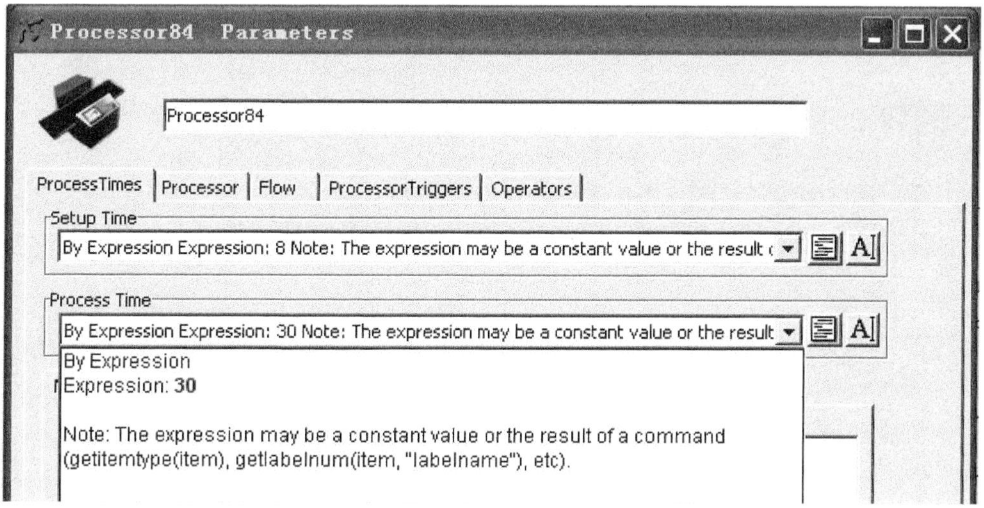

图 8-78 处理器处理时间设置(二)

点击 Operators，将 Use Operator (s) for Setup 选项前面打钩 ☑ Use Operator (s) for Setup，如图 8-79 所示。

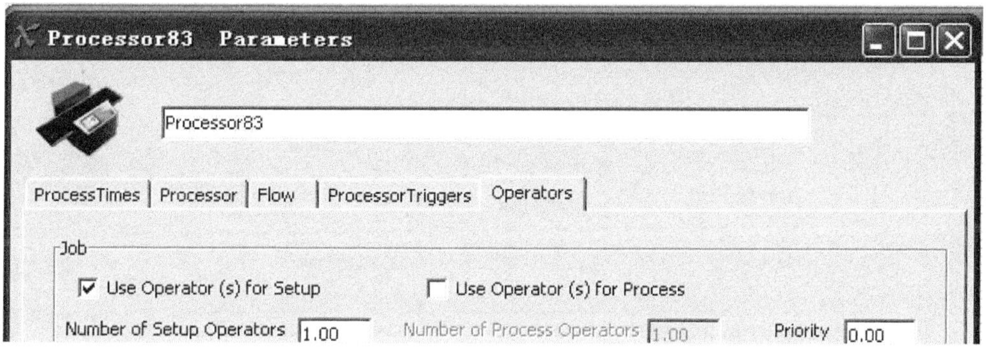

图 8-79 处理器预置时使用操作员设置(二)

分解器参数设置：双击 Separator，在 Process Time 下拉菜单中选择 By Expression 参数，改为“10”，如图 8-80 所示。

机器手设置：双击 Robot，打开参数设置页面，将 Maximum Speed 参数改为“2.00”，在 Load Time 和 UnLoad Time 下拉菜单中均选择 By Expression，参数改为“3”，如图 8-81 所示。

点击 Robot，参数设置如图 8-82 所示。

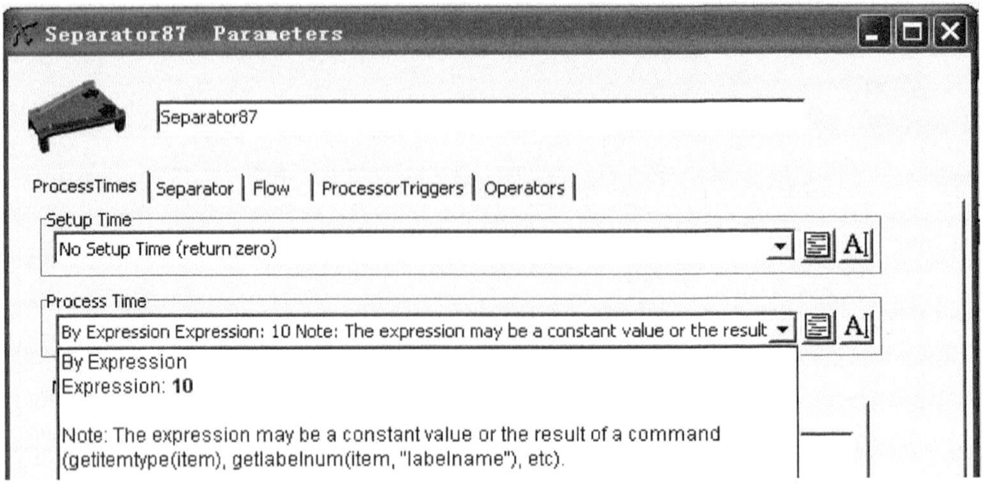

图 8-80 分解器参数设置

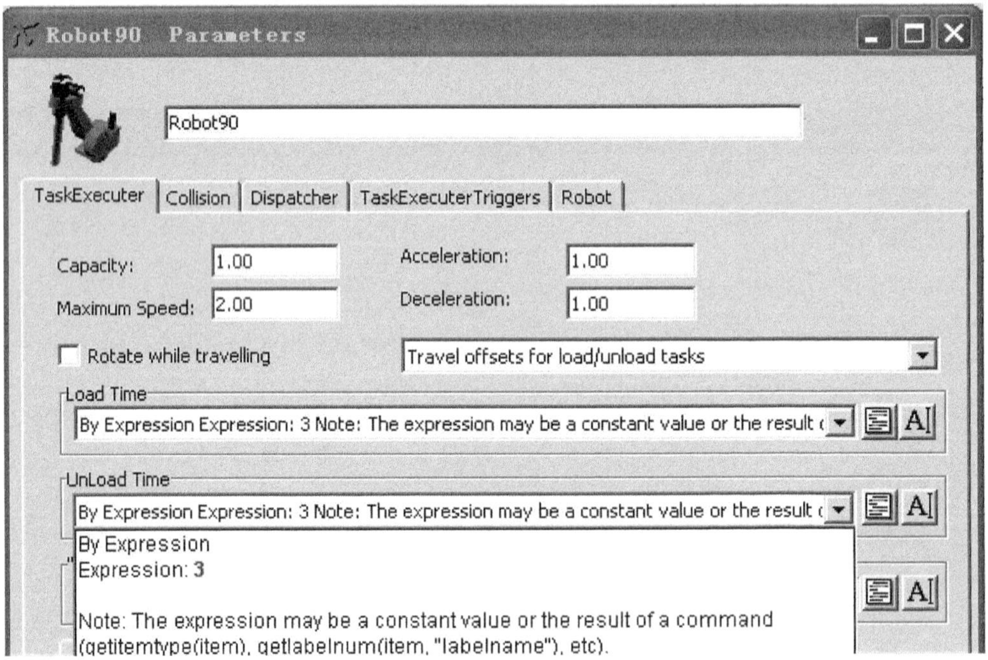

图 8-81 机械手卸货时间设置

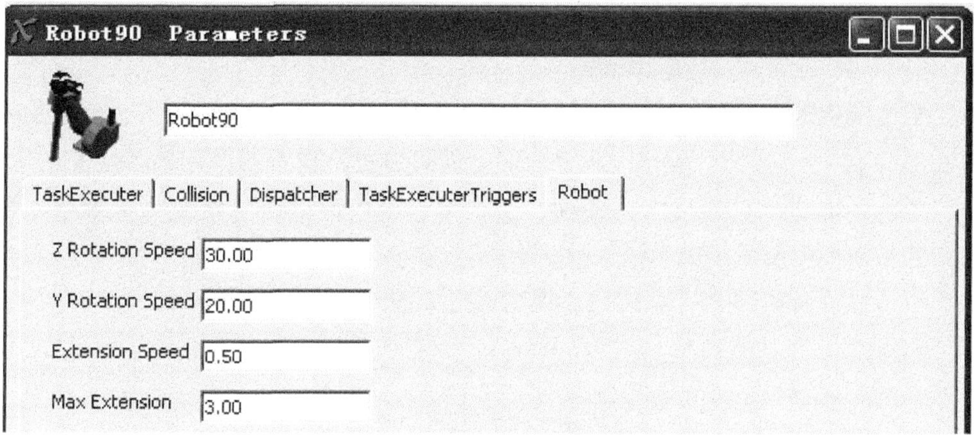

图 8-82　机械手速度设置

5. 出库分拣区

(1)出库分拣区整体布局，如图 8-83 所示。

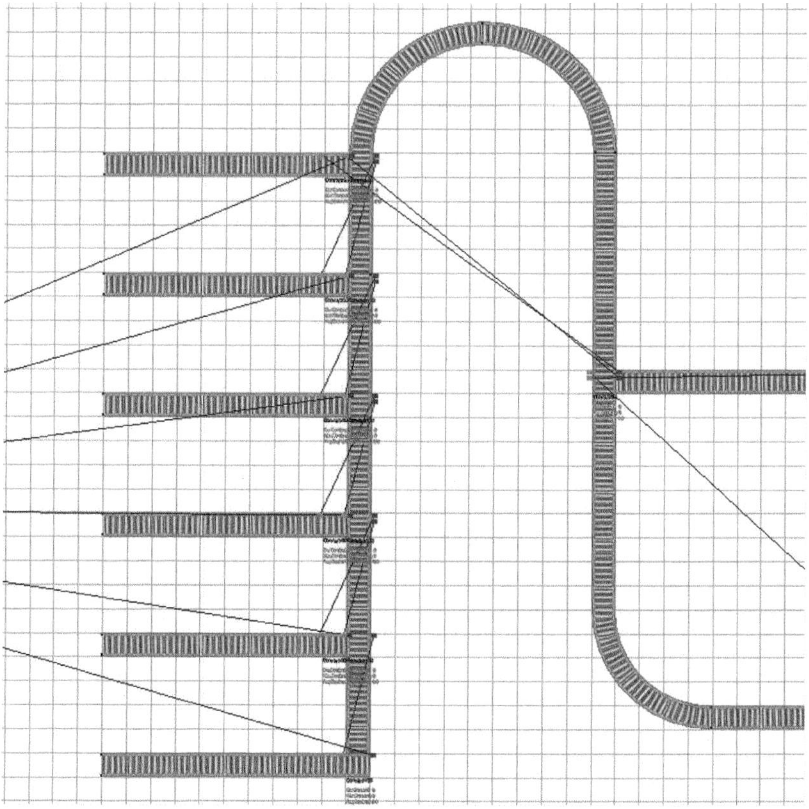

图 8-83　出库分拣区整体布局

(2)参数设置参照入库分拣传送带设置。

6. 编译、重置、运行模型

整个模型基本参数设置完毕后，就可以对模型进行编译和运行了。单击主视窗底部的 Compile 按钮，编译过程完成后，就可以进行模型的重置和运行了。

单击主视窗左下角 Reset 按钮，重置模型可以保证所有系统变量都是初始值，并将模型中所流动的实体清除。

单击主视窗底部 Run 按钮。模型运行如图 8-84 所示。

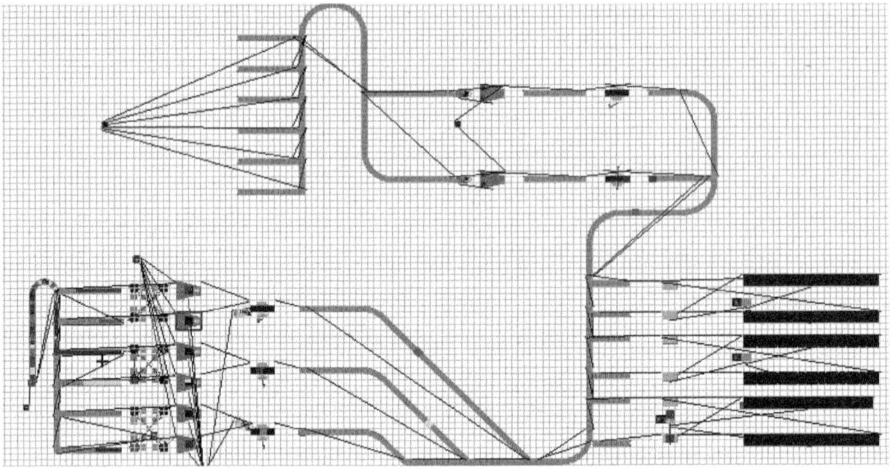

图 8-84 立体库整体运行仿真图

8.2.3 仿真结果分析

1. 运行时间设置

单击主视窗顶部的 Execute，选择 Set stop time 选项，弹出对话框，设置时间为“36 000.00”，如图 8-85 和图 8-86 所示。

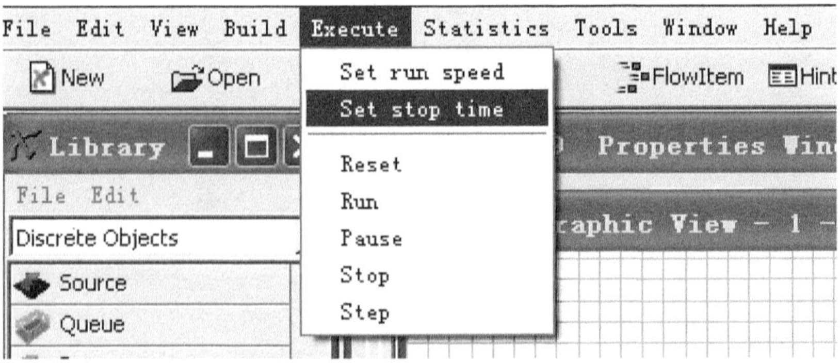

图 8-85 仿真停止时间设置

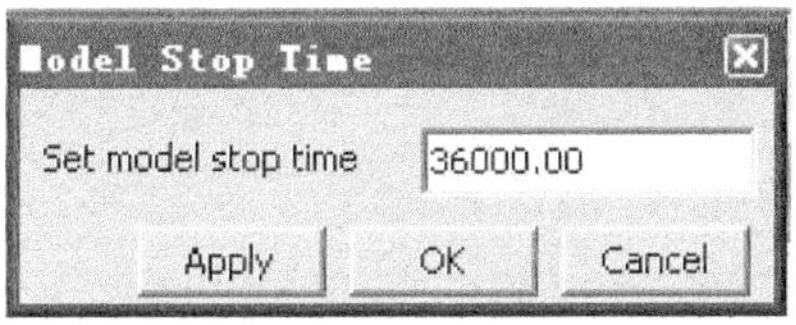

图 8-86　设备停止时间

2. 仿真结果分析

运行完毕后分别右键单击所查询对象，选择 Properties 打开属性页，点击选择 Statistics 项目。根据运行结果，出库处理区两个处理器经常处于闲置状态，如图 8-87 和图 8-88 所示。所以取消一条处理线路，使资源合理利用，修改后模型整体布局图如图 8-89 所示。

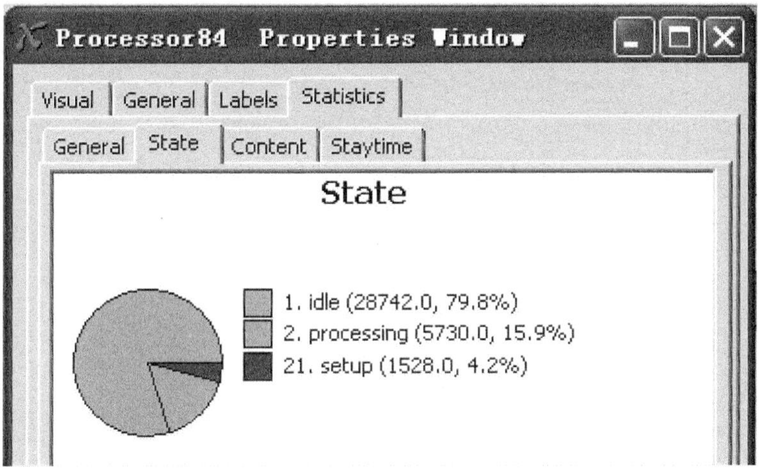

图 8-87　处理器 1 效率饼图

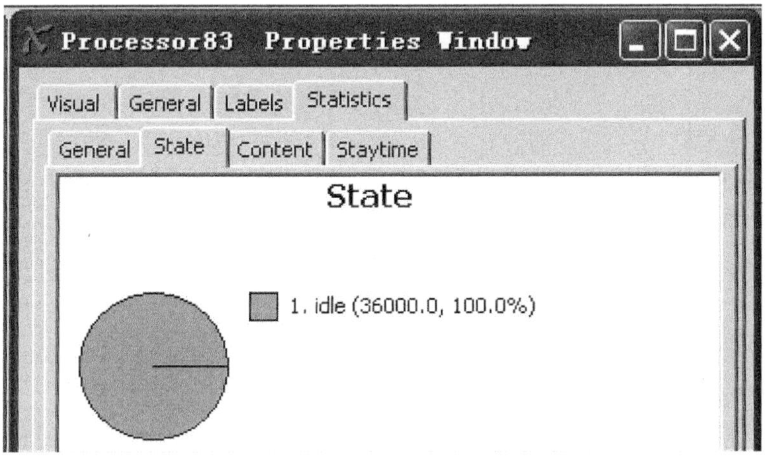

图 8-88　处理器 2 效率饼图

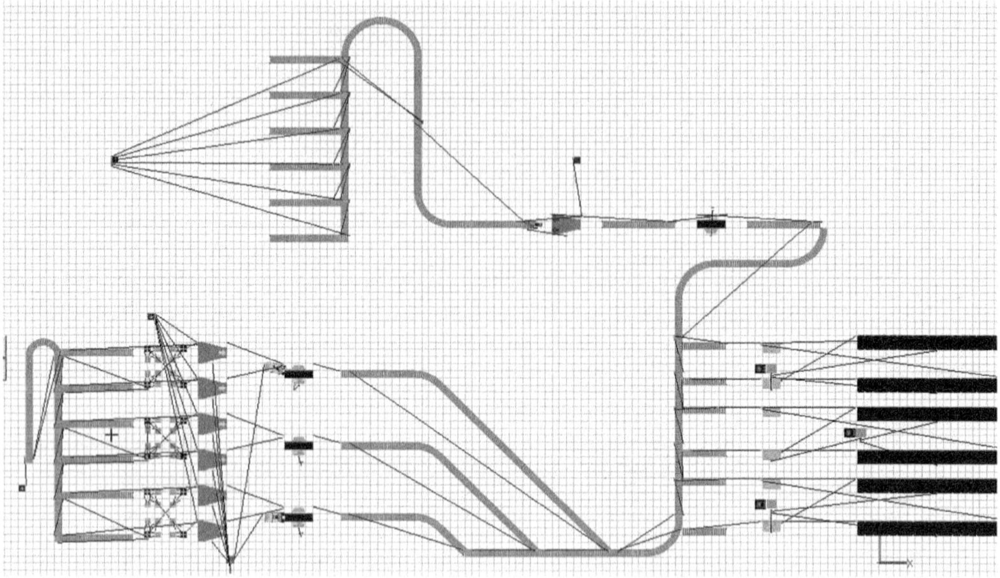

图 8-89 修改后模型整体布局图

8.3 离散流水线仿真优化案例

8.3.1 问题描述与模型参数

根据下述系统描述和系统参数，应用 Flexsim 仿真软件建立仿真模型并运行，查看仿真结果，分析各种设备的利用情况，发现加工系统中的生产能力不平衡问题，然后改变加工系统的加工能力配置(改变机器数量或者更换不同生产能力的机器)，查看结果的变化情况，确定系统设备的最优配置。

系统描述与系统参数如下：

(1)一个流水加工生产线，不考虑其流程间的空间运输。

(2)两种工件 A、B 分别以正态分布(10, 2)min 和均匀分布(10, 20)min 的时间间隔进入系统，首先进入队列 Q1。

(3)两种工件均由同一个操作工人进行检验，每件检验用时 2min。

(4)不合格的工件废弃，离开系统；合格的工件送往后续加工工序，合格率为 95%。

(5)工件 A 送往机器 M1 加工，如需等待，则在 Q2 队列中等待；工件 B 送往机器 M2 加工，如需等待，则在 Q3 队列中等待。

(6)工件 A 在机器 M1 上的加工时间为均匀分布(1, 5)min；工件 B 在机器 M2 上的加工时间为正态分布(8, 1)min。

(7)一个工件 A 和一个工件 B 在机器 M3 上装配成产品，需时为正态分布(5，1)min，装配完成后离开系统。

(8)如装配机器忙，则工件 A 在队列 Q4 中等待，工件 B 在队列 Q5 中等待。

(9)连续仿真 1 个月的系统运行情况。

8.3.2　Flexsim 仿真建模

根据系统描述，通过对系统的分析，建立正确的模型。在标准实体栏中选择正确的实体，将其拖曳到正确的位置即可。

根据系统描述，可设置两个发生器，分别表示工件 A、B；5 个暂存区用来存放等待的工件；一条传送带用来把工件分别运往正确的暂存区；处理器一共有 3 台，一台用来检验工件是否合格，另外两台用来加工工件；一台合成器用来装配产品。

实体建立完成后，下一步是根据临时实体的路径连接端口。连接过程：按住 A 键，然后用鼠标左键点击发生器并拖曳到暂存区，再释放鼠标键。拖曳时将看到一条黄线，释放时变为黑线。

模型如图 8-90 所示。

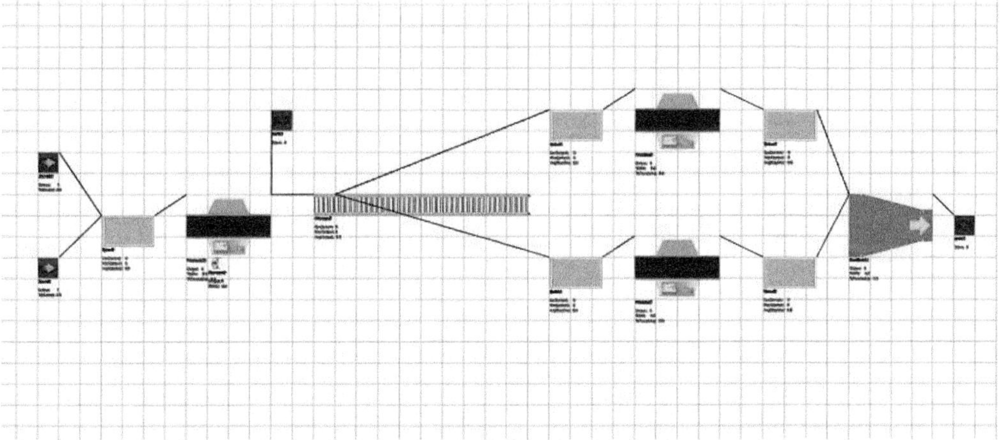

图 8-90　系统整体仿真图

1. 参数设置

参数设置是对模型中的各实体参数按照系统描述所示进行设置。双击标准实体，就弹出其参数设置窗口，在窗口中根据系统描述选择正确选项后点确定即可。

(1)发生器 1 的参数设置如下：临时实体种类选择“Pallet”，物品类型“1”，发生器到达时间间隔，下拉框中选择“使用正态分布”一项，(10，2，1)min，如图 8-91 所示。

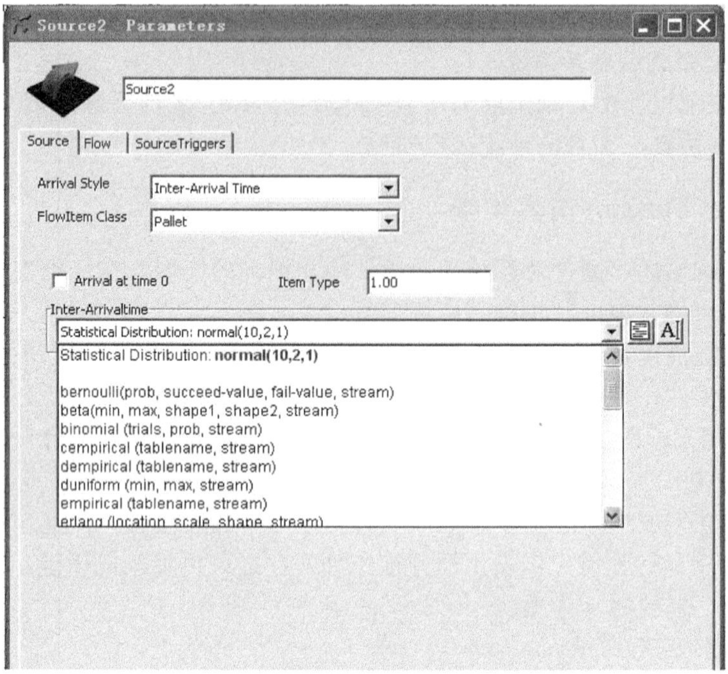

图 8-91　发生器 1 产品到达时间间隔设置

(2)发生器 2 的参数设置如下：临时实体类型选择“Tote”，物品类型“2”，发生器到达时间间隔，下拉框中选择“使用均匀分布”一项，(10，20，1)min，如图 8-92 所示。

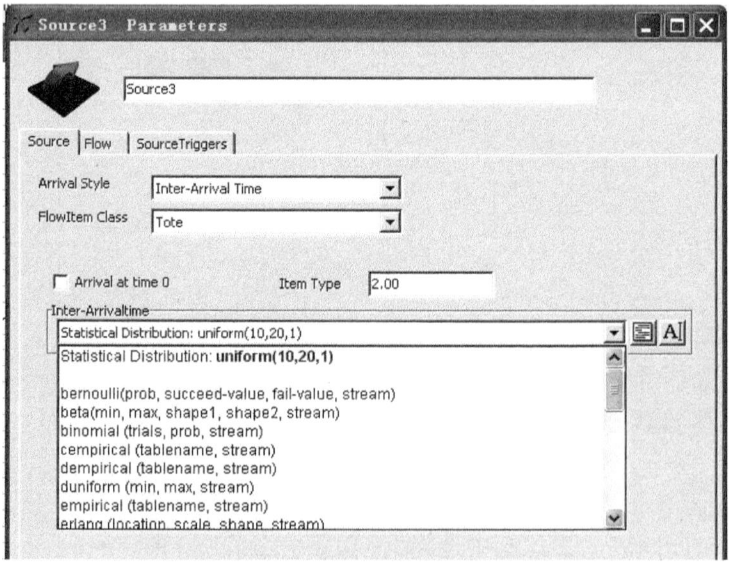

图 8-92　发生器 2 产品到达时间间隔设置

(3)处理器 1 的参数设置如图 8-93 所示，表示检验所花的时间为 2min，如图 8-93 所示。

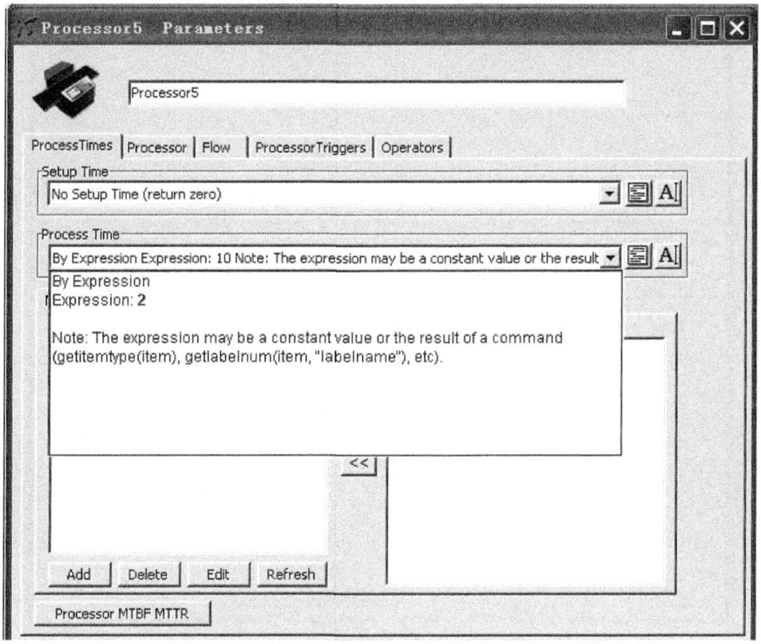

图 8-93　处理器 1 处理时间设置

(4)工件检验合格率为 95%，参数设置如图 8-94 所示。

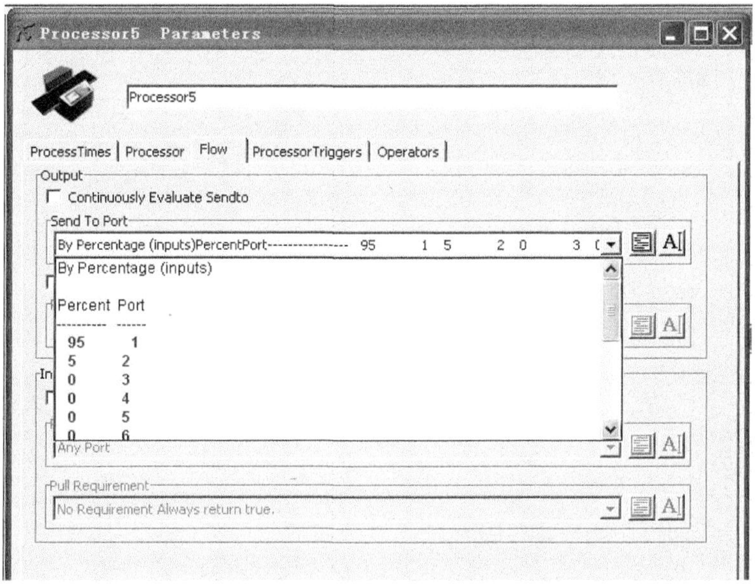

图 8-94　处理器分货百分比设置

(5)对传送带参数进行设置，将工件 A、B 区分，分别运往不同的处理器对工件进行加工处理，参数设置如图 8-95 所示。

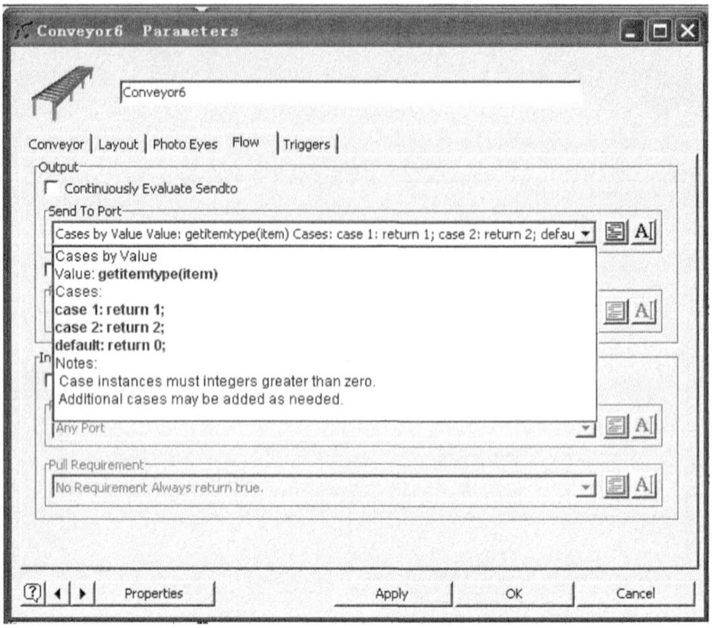

图 8-95 传送带分拣货设置

(6)对处理器 2 进行参数设置，工件 A 加工时间满足均匀分布，并设置其最小值为 1，最大值为 5，如图 8-96 所示。

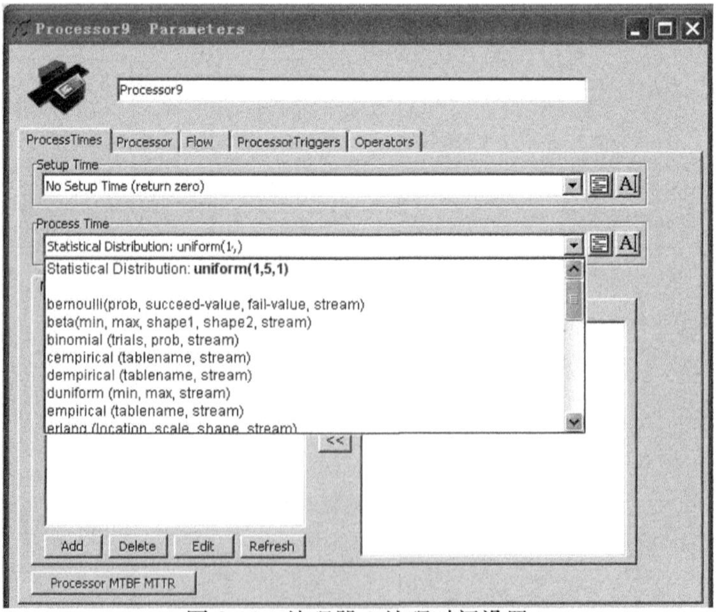

图 8-96 处理器 2 处理时间设置

(7)对处理器 3 进行参数设置，工件 B 加工时间满足正态分布，均值为 8，标准差为 1，如图 8-97 所示。

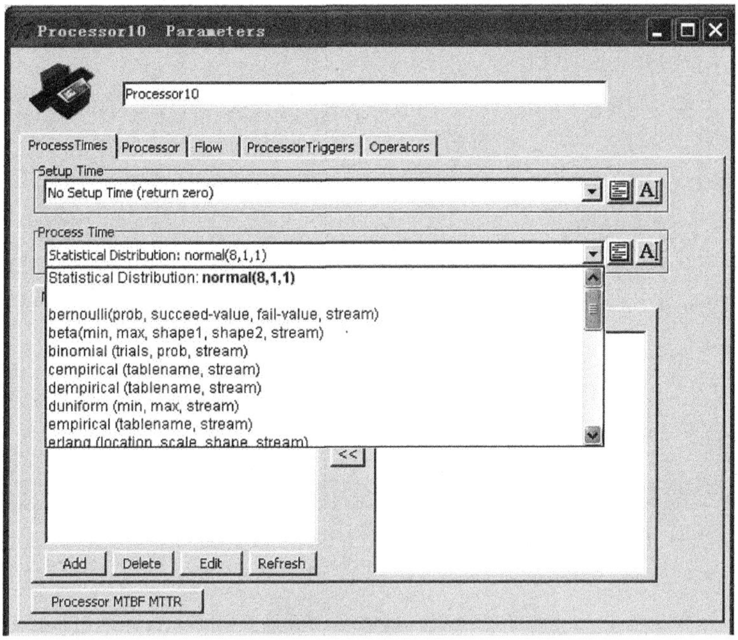

图 8-97　处理器 3 处理时间设置

(8)对合成器进行参数设置，需时为正态分布(5，1)min，如图 8-98 所示。

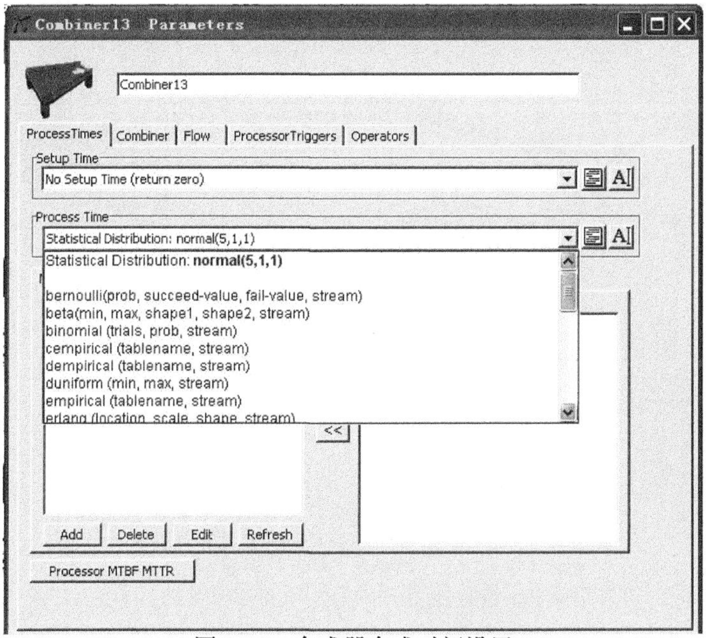

图 8-98　合成器合成时间设置

8.3.3 仿真结果分析

所建模型无法实现连续仿真1个月的任务要求，为了实现这一目标，必须对模型进行优化改进，以使系统顺利、持续运行下去。

考虑到工件B的速度相对于工件A慢了很多，并且设备的闲置时间太多，不能有效利用，于是，对系统参数进行了以下调整：

(1)将暂存区3、4的最大容量改为25；

(2)将发生器1的到达时间间隔改为正态分布(16，1)min，发生器2的到达时间间隔改为均匀分布(12，20)min；

(3)将处理器2的处理时间改为均匀分布(8，11，1)min，处理器3的处理时间改为正态分布(12，2，1)min。

经过优化后，最长的运行时间可达到970 000多分钟，各设备闲置率都降到了25%～49%。图8-99为优化后的整个系统运行图。

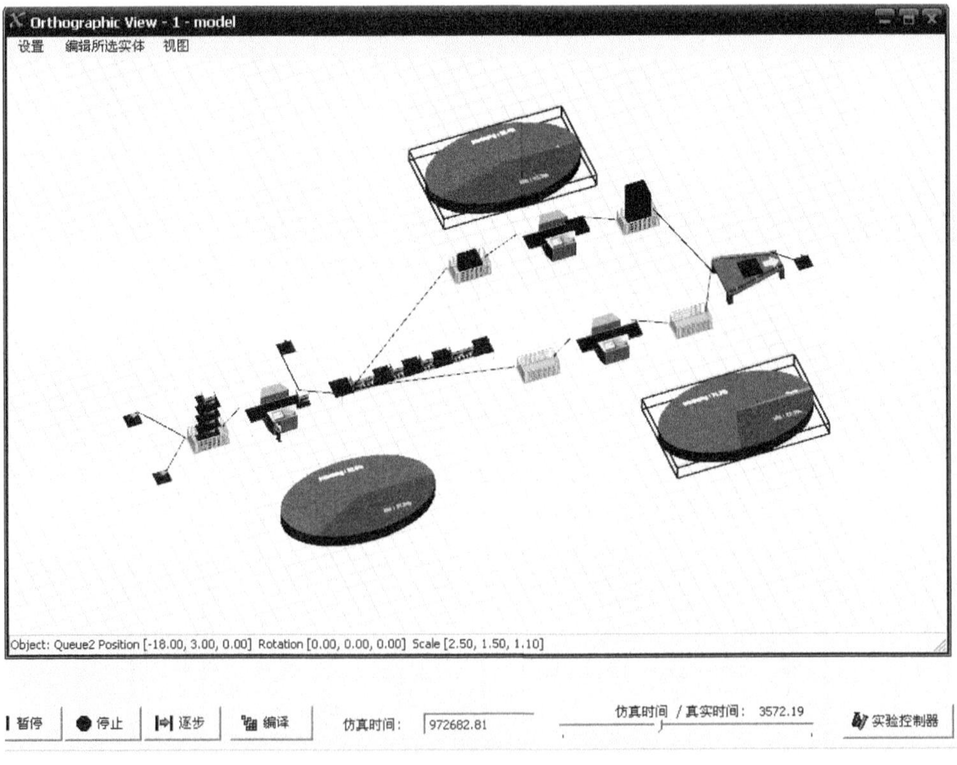

图8-99 优化后的整个系统运行图

系统仿真1个月后，标准数据报告如图8-100所示。

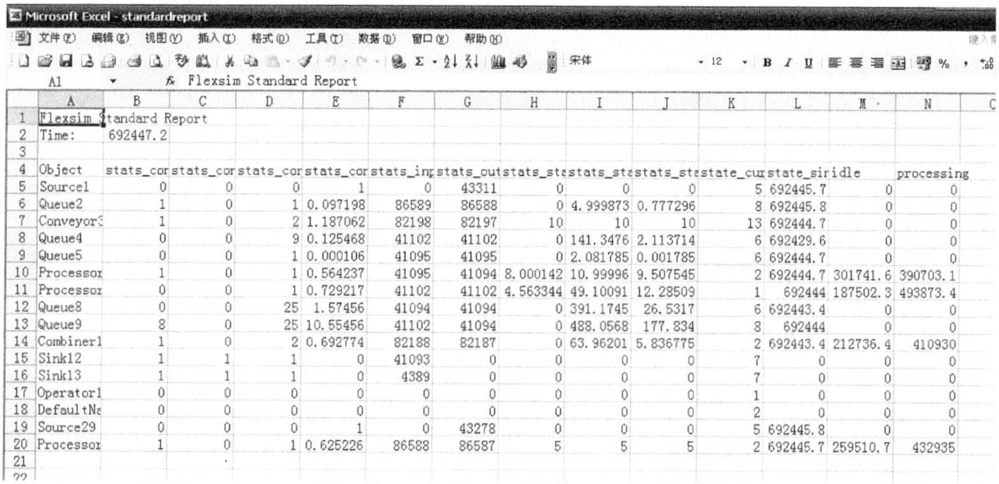

	A	B	C	D	E	F	G	H	I	J	K	L	M	N
1	Flexsim Standard Report													
2	Time:	692447.2												
3														
4	Object	stats_cor	stats_cor	stats_cor	stats_cor	stats_in	stats_out	stats_sta	stats_sta	stats_sta	state_cur	state_sir	idle	processing
5	Source1	0	0	0	1	0	43311	0	0	0	5	692445.7	0	0
6	Queue2	1	0	1	0.097198	86589	86588	0	4.999873	0.777296	8	692445.8	0	0
7	Conveyor3	1	0	2	1.187062	82198	82197	10	10	10	13	692444.7	0	0
8	Queue4	0	0	9	0.125468	41102	41102	0	141.3476	2.113714	6	692429.6	0	0
9	Queue5	0	0	1	0.000106	41095	41095	0	2.081785	0.001785	6	692444.7	0	0
10	Processor	1	0	1	0.564237	41095	41094	8.000142	10.99996	9.507545	2	692444.7	301741.6	390703.1
11	Processor	0	0	1	0.729217	41102	41102	4.563344	49.10091	12.28509	1	692444	187502.3	493873.4
12	Queue8	0	0	25	1.57456	41094	41094	0	391.1745	26.5317	6	692443.4	0	0
13	Queue9	8	0	25	10.55456	41102	41094	0	488.0568	177.834	8	692444	0	0
14	Combiner1	1	0	2	0.692774	82188	82187	0	63.96201	5.836775	2	692443.4	212736.4	410930
15	Sink12	1	1	1	0	41093	0	0	0	0	7	0	0	0
16	Sink13	1	1	1	0	4389	0	0	0	0	7	0	0	0
17	Operator1	0	0	0	0	0	0	0	0	0	1	0	0	0
18	DefaultNa	0	0	0	0	0	0	0	0	0	2	0	0	0
19	Source29	0	0	0	1	0	43278	0	0	0	5	692445.8	0	0
20	Processor	1	0	1	0.625226	86588	86587	5	5	5	2	692445.7	259510.7	432935

图 8-100　系统运行标准数据报告

8.4　分拣系统仿真案例

8.4.1　问题描述与模型参数

1. 分拣作业流程描述

分拣作业是 A 配送中心内部流程的最后一个环节。在这部分中，库管员开票后，登记业务系统记录业务账数，并检查可销库存数量，防止开出票不能配货的问题发生。配货前，库管员检查是否有未处理的状态调整单，先处理状态调整单，再检查拣货区商品数量是否能够满足此次配货，如果不足，生成补货单，将拣货区商品数量增加到大于等于配货数量，并通知上游部门执行补货作业；配货员按照销售票上所开商品数量进行配货。

分拣环节是将客户订单中的不同数量、种类的货物从配送中心的货架取出集中在一起的过程，分拣的目的在于正确且迅速地集合顾客所订购的商品。在拣选方式上，A 配送中心还是采用比较原始的不分区、按单拣选，即根据订单到来的顺序安排空闲的工作人员对订单进行分拣。具体的配送流程如图 8-101 所示。

2. 参数设定

为细化对配送中心的调查，我们就配送环节中最重要的环节——分拣环节做仿真研究。现对某仓库配送作业进行模拟。经部门主管介绍，该仓库占地面积为 1 000 m^2，仓库分为 5 个区，它们分别是补货入口、存货区(货架为该企业主要存货工具)、库管员办公区、分拣包装区、出货码头。配送对象以箱为单位，为避

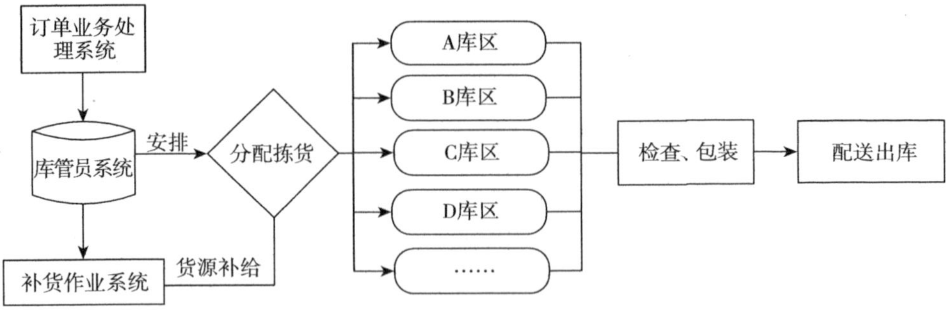

图 8-101　A 配送中心分拣作业流程图

免研究冗长复杂，故简化补货、入库检查等内容。

配送的 A、B、C 3 种产品基本资料如表 8-21～表 8-23 所示。

表 8-21　3 种产品的相关数据

产品	初始库存	补货条件	补货速度	储运单位	颜色
A	200	100	exponential(0，1，1)	箱	红
B	200	100	3	箱	黄
C	200	100	exponential(0，2，1)	箱	蓝

表 8-22　订单组合

产品	订单 1	订单 2	订单 3	订单 4	订单 5
A	4	10	8	0	16
B	2	16	8	20	0
C	12	0	8	0	4

表 8-23　其他相关数据

名称	属性	数据
分拣人员	数量	3 人
	分拣能力	1 箱/人
订单	到达间隔	exponential(0，1，1)
	各类分布	duniform(1，5)

配送中心内部主要使用工具是地牛、叉车和手持终端。地牛的主要作用是用于货物在配送中心内部的运输；叉车的主要作用是用于高架货物的上架和取货，同时也会做一些少量的货物运输工作；手持终端在货物的入库到出库都起着发出指导信息的作用。

8.4.2　Flexsim 仿真建模

1. 实体设置

根据该仓库的实际分拣系统布局，通过 Flexsim 建立模型(图 8-102)。3 个货架分别表示 A、B、C 3 种电子产品的存储区，3 个发生器分别表示货物的补充，合成器 1 及发生器 4 表示订单的派发与分拣作业的过程，5 个暂存区分别表示 5 种订单的出库暂存。具体参数如下：

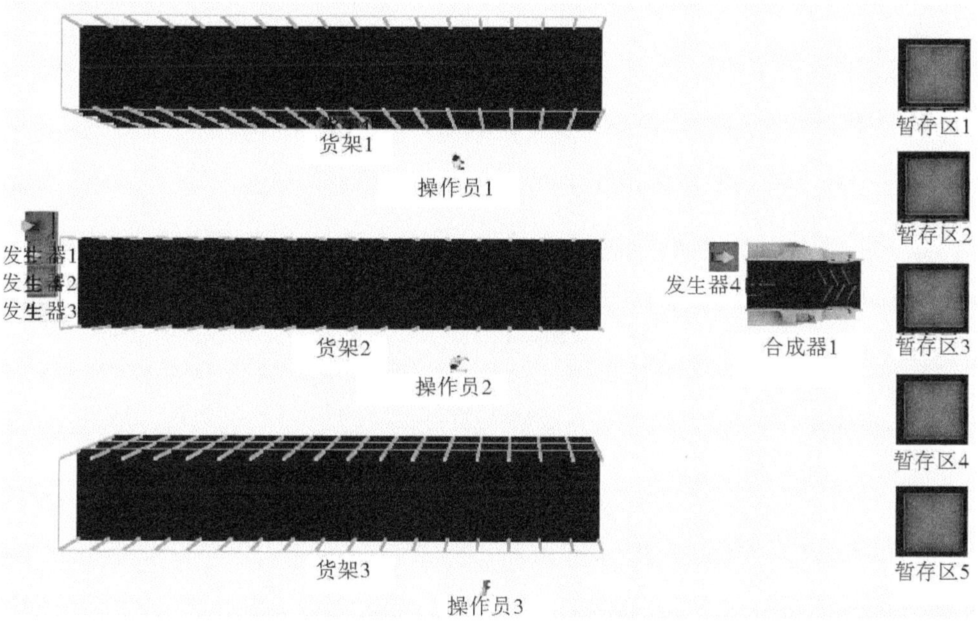

图 8-102　仓库分拣区布局

货物到达：A 货物到达时间间隔，统计分布 exponential(0，1，1)；B 货物到达时间间隔，返回一个时间常量 3；C 货物到达时间间隔，统计分布 exponential(0，2，1)。

货架 1、货架 2、货架 3 容量：200 箱。

订单到达：发生器 4 统计分布 exponential(0，1，1)。

暂存区 1、暂存区 2、暂存区 3、暂存区 4、暂存区 5 容量：2 000 箱。

货物合成：合成时间为 10s。

1)货架的设置

货架以箱为存储单位。因为货物需求量不在本书讨论范围，故简化了入库的操作。具体安排如下：

(1)设置货架存储量为 200 箱。

(2)对货架进行入库量控制，分别在货架 OnSet 和货架的 OnExit 触发器内容中编写代码：

```
if(content(current)>=200)
{closeinput(current);} /** 货架存货大于等于 200 时，关闭输入端口 */
if(content(current)<200)
{openinput(current);} /** 货架存货小于 200 时，打开输入端口 */
```

2)抽象订单的实体化

订单的下达来自客户，在仿真中我们令订单发生器产生托盘，使得抽象的订单实体化。实现方法：在订单发生器属性中发生器选项卡内，产生实体类型为 Pallet，并根据不同订单设置不同托盘的类型和颜色，具体操作是在触发器选项卡内的离开触发中，添加“设置临时实体颜色”，具体改为

```
case 1：colorred(item)； break。
case 2：coloryellow(item)； break。
case 3：colorblue(item)； break。
case 4：colorred(item)； break。
case 5：colorwhite(item)； break。
```

订单设定完成，下面仅需对出货暂存区进行必要设置，使得订单与出货暂存区对应。具体方法：将暂存区输入实体类型与上文的不同 case 对应，以类型 1 为例，如图 8-103 所示。

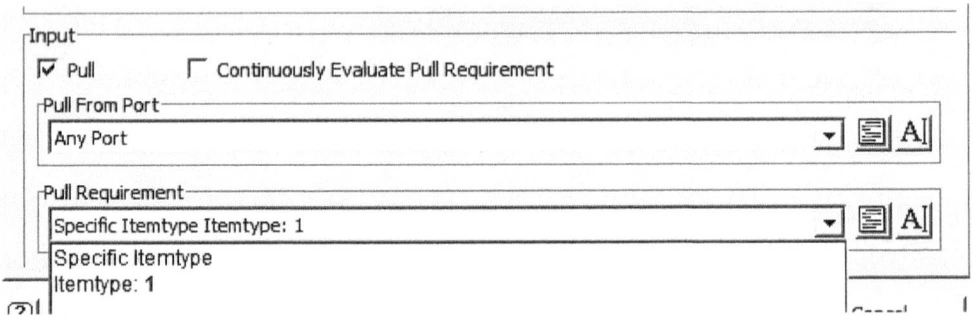

图 8-103 订单的实体化设置

设置完成后，订单就会依据出库方向流进对应的暂存区，包装出库。

3)合成器的设置

合成器的 3 种工作模式中，我们选择 pack，即装盘。当满足订单后，合成器包装货物，然后输出至出货暂存区。

订单实体化后，托盘即作为驱动合成器(分拣流程)的因素。根据合成器的工作原理，我们规定各个合成器的输入端口 1 为订单发生器的输出端口，这样就完

成了“一份订单配货”的分拣逻辑。现在我们可以设置不同订单的配货比例，假设客户订单 1 需求 A 货物 4 份、B 货物 2 份、C 货物 12 份。满足后打包出库。则合成器按照图 8-104 所示进行设置。

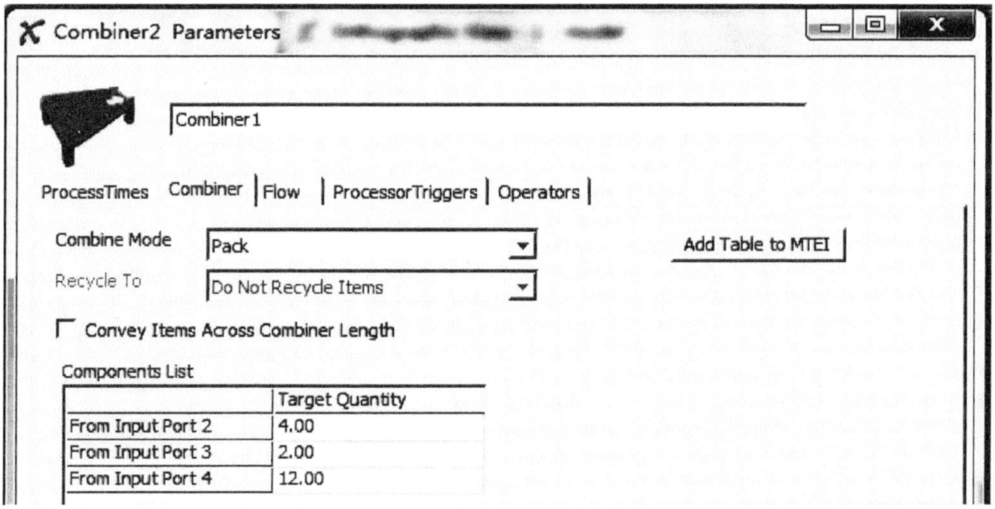

图 8-104　合成器设置

2. 分拣策略的设置

1)全局表

分拣策略的实现需要使用全局表，全局表可以存储数字型或字符串型数据。模型中任何一个实体都可以用 gettablenum()、gettablestr()、settablenum()、settablestr()、reftable()命令来访问这些数据，而且 1 个模型可以有多个全局表。下面我们从菜单栏上的工具下拉菜单中点击添加新全局表，并按照订单内容添加数据。现实来源：因为有 3 个品种的货物，所以行数为 3；案例中提到配送中心有 5 种订单需配送，所以列数是 5，如图 8-105 所示。

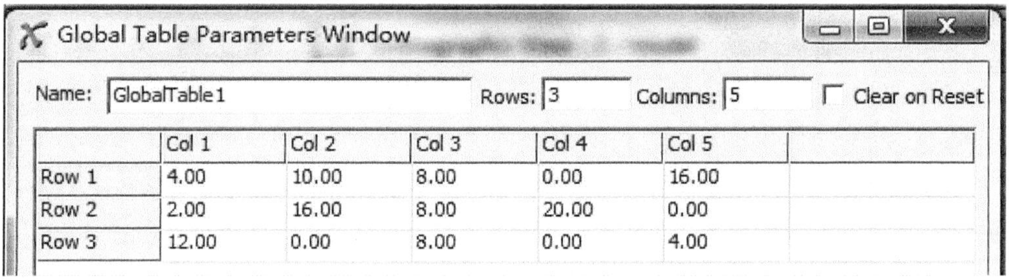

图 8-105　全局表的设置

全局表设置完成，我们仅需在合成器属性中触发器选项卡的进入出发，修改出发类型为更新合成器组成列表，并把更新的数据来源设置成全局表，如图8-106所示。

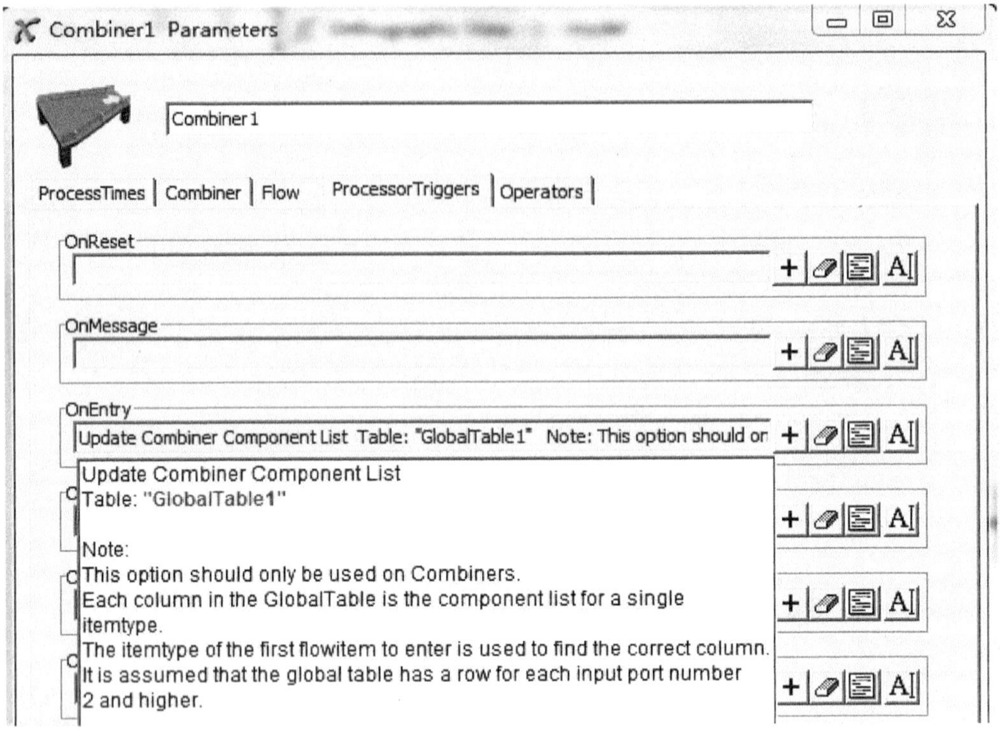

图 8-106 合成器自动更新组成列表设置

8.4.3 仿真结果分析

1. 分区按单

分区按单分拣，即货物从3个货架按订单顺序输出至合成器。打开货架属性，选择临时实体流选项卡找到并修改输出属性：第一个可用，打开所有端口。这个策略的意义：各货架的工作人员按订单的需求，从第一个订单到来的时刻对其拣货，直至分拣满足每个人员所负责货架的货物为止，然后继续分拣第二个货架，以此类推(假设订单的到来顺序按订单序号，如果订单到来为随机，则采用按单并行)。

2. 分区并行

分区并行只需添加合成器的数量，合成器的设置相同。这个策略的意义在于，多份订单到达的情况，工人按所有订单的需求统计各自所负责分区的货物需求进行分拣。

3. 不分区按单

不分区按单分拣的设置，需要用到员工分配器，在 Flexsim 中分配器的作用：员工依赖于临时实体本身而不是货架，从而使员工以“一组”的形式工作。具体实现方法是创建分配器到各个货架间的中间连接，创建分配器到各个员工的普通连接。在使用分配器的基础上，重复分区按单的分拣策略，即可得到在不分区的分拣方法。

4. 不分区并行

同不分区按单分拣一样，不分区并行分拣也是用分配器对员工进行控制。

至此，完成 4 种分拣策略的仿真模型，编译并分别运行 4 种分拣策略对应的模型 8h(28 800s)后，输出仿真统计数据。

分区按单方案仿真结果见表 8-24、表 8-25。

表 8-24　订单处理数据(一)

方案一：分区按单			总订单量：97	
实体	输出量	空闲时间百分比/%	处理时间百分比/%	收集时间百分比/%
合成器 1	2 163	0	3.30	96.70
总计(除订单)	2 066			

表 8-25　工人处理数据(一)

方案一：分区按单						
实体	搬运量	空闲时间百分比/%	空载时间百分比/%	负载时间百分比/%	偏移空载时间百分比/%	偏移负载时间百分比/%
工人 1	659	54	11.20	19.10	12.20	2.80
工人 2	984	37.30	14.20	26.10	18.10	4.20
工人 3	424	70	7.20	12.90	8.60	1.80

分区并行方案仿真结果见表 8-26、表 8-27。

表 8-26　订单处理数据(二)

方案二：分区并行			总订单量：150	
实体	输出量	空闲时间百分比/%	处理时间百分比/%	收集时间百分比/%
合成器 1	1 683	0	2.60	97.40
合成器 2	1 681	0	2.60	97.00
总计(除订单)	3 214			

表 8-27 工人处理数据(二)

方案二：分区并行						
实体	搬运量	空闲时间百分比/%	空载时间百分比/%	负载时间百分比/%	偏移空载时间百分比/%	偏移负载时间百分比/%
工人 1	1 154	23	19.00	32.30	20.70	4.90
工人 2	1 255	18.90	18.20	33.80	23.70	5.40
工人 3	807	41	14.30	25.00	16.20	3.40

不分区按单方案仿真结果见表 8-28、表 8-29。

表 8-28 订单处理数据(三)

方案三：不分区按单			总订单量：184	
实体	输出量	空闲时间百分比/%	处理时间百分比/%	收集时间百分比/%
合成器 1	4 189	0	6.40	93.00
总计(除订单)	4 005			

表 8-29 工人处理数据(三)

方案三：不分区按单						
实体	搬运量	空闲时间百分比/%	空载时间百分比/%	负载时间百分比/%	偏移空载时间百分比/%	偏移负载时间百分比/%
工人 1	1 348	9	21.60	38.00	25.30	5.80
工人 2	1 316	10.70	21.10	37.50	25.00	5.60
工人 3	1 342	10	21.60	37.70	24.90	5.70

不分区并行方案仿真结果见表 8-30、表 8-31。

表 8-30 订单处理数据(四)

方案四：不分区并行			总订单量：208	
实体	输出量	空闲时间百分比/%	处理时间百分比/%	收集时间百分比/%
合成器 1	2 329	0	3.60	96.40
合成器 2	2 164	0	3.30	96.40
总计(除订单)	4 285			

表 8-31 工人处理数据(四)

方案四：不分区并行						
实体	搬运量	空闲时间百分比/%	空载时间百分比/%	负载时间百分比/%	偏移空载时间百分比/%	偏移负载时间百分比/%
工人 1	1 486	0	23.80	41.90	27.90	6.30
工人 2	1 487	0	23.80	41.90	27.90	6.40
工人 3	1 487	0	23.90	41.90	27.90	6.40

根据上述仿真统计数据，对四种分拣策略的效率与人员作业效率进行分析，分析结果见表 8-32。

表 8-32　整理后的数据

项目		分区按单	分区并行	不分区按单	不分区并行
分拣量	箱数	2 066	3 214	4 005	4 285
	订单数	97	150	184	208
人员工作情况	平均搬运量	689	1 072	1 335	1 487
	平均空闲率/%	53.77	27.63	9.90	0
	平均空载率/%	10.87	17.17	21.43	23.83
	平均负载率/%	19.37	30.37	37.73	41.90

由表 8-32 可知，在不分区策略下，并行分拣策略分拣量高于按单分拣策略的分拣量；在分区策略下，并行分拣策略分拣量同样高于按单分拣策略的分拣量。由此可知，在其他条件相同时，订单并行处理策略具有优势。在按订单连续作业策略下，不分区分拣策略的分拣量高于分区分拣策略的分拣量；而在按订单并行作业策略下，不分区分拣策略的分拣量同样高于分区分拣策略的分拣量。由此可知，在其他条件相同时，不分区策略具有明显优势。

8.5　生产系统仿真案例

8.5.1　问题描述与模型参数

1. 问题描述

按照规划设计，A 配送中心生产车间要加工相同的 8 个零件，经过 8 道工序，分别为 A、B、C、D、E、F、G、H。每道工序加工的时间分别为 12min、5min、15min、7min、9min、11min、22min、5min。

按照顺序移动方式，8 个相同的零件在 A 道工序加工完成后，再整批转移到 B 道工序加工，以此类推，直到加工到 H 道工序为止。具体的工序图如图 8-107 所示。

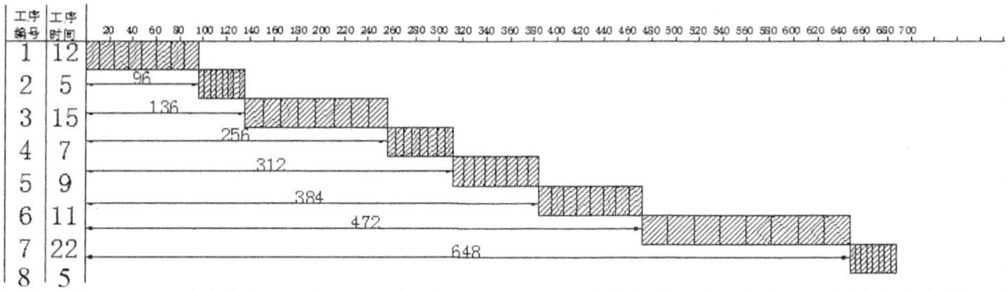

图 8-107　顺序移动工序图

由工序图可得

(1)总加工时间=688min；

(2)设备的总等待时间=0；

(3)设备的总闲置时间=96+136+256+312+384+472+648=2 304(min)。

按照平行移动方式，第一个零件在A道工序完成以后，立即转移到B道工序继续加工；同时第二个零件开始在A道工序加工。以此类推。直到第八个零件完成最后一道工序。具体的工序图如图8-108所示。

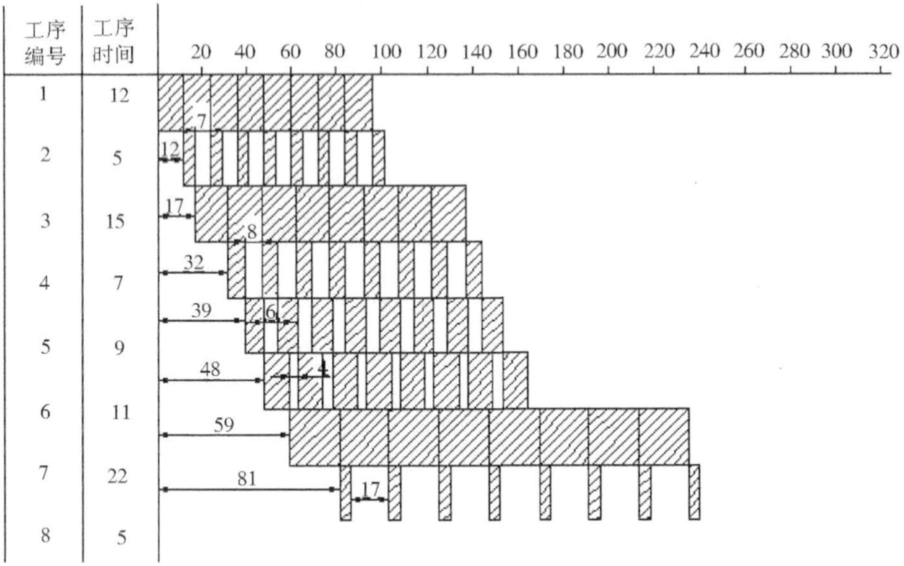

图8-108 平行移动工序图

由工序图可得

(1)总加工时间=240min；

(2)设备的总等待时间=7×7+8×7+6×7+4×7+17×7=294(min)；

(3)设备的总闲置时间=12+17+32+39+48+59+81=288(min)。

平行顺序移动方式，是把顺序移动方式和平行移动方式综合运用的方式。即在整批零件尚未全部完成前道工序的加工时，就先将其中部分已经完成的零件转入到下道工序加工。往下道工序转移的提前时间，以能维持下道工序对该零件的连续加工为准。具体的工序图如图8-109所示。

由工序图可得

(1)总加工时间=345min；

(2)总设备的等待时间=0；

(3)总设备的闲置时间=61+66+137+144+153+164+305=1 030(min)。

利用Flexsim软件对这种移动方式进行仿真，布置图如图8-110所示。

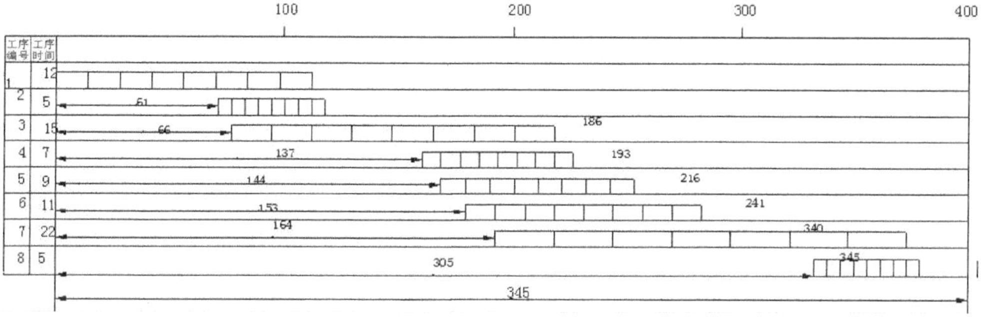

图 8-109　平行顺序移动工序图

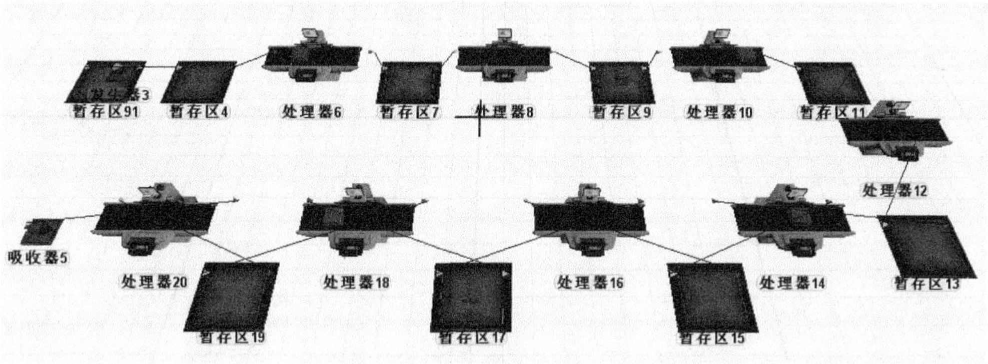

图 8-110　生产线整体概念图

2. 参数设定

3 种组织方式的参数设定有所不同，其中共同部分如下：

零件：按到达时间间隔，统计分布 exponential(0，10，1)；零件颜色为默认颜色灰色。

暂存区 91：目标批量为 8，进入触发 content(current)＝＝8，然后执行 closeinput。

处理器的加工时间依次设为 12min、5min、15min、7min、9min、11min、22min、5min。

顺序移动方式：暂存区的目标批量全部为 8，物品按垂直堆放。

平行移动方式：暂存区不设置批量，就可以基本上满足平行移动方式。

平行顺序移动方式：对于上道工序加工时间比下道工序加工时间短，可以满足平行移动方式的原则，即暂存区的设置方法与平行移动方式相同，通过观察各道工序加工时间可知，暂存区 4、9、13、15、17 的设置同平行移动方式一致；对于上道工序加工时间比下道工序加工时间长，先按照平行移动方式去设计，然后有等待时间的工序里面，把所有的等待时间都加到本道工序的闲置时间里面，把这个总时间设置成一个触发时间，这道工序必须到了这个触发时间，才能开始工作，这样就能保证上道工序的最后一个零件刚加工完，这道工序正好开始加工最后一个零件。此时暂存区就需要分不同情况设置，暂存区 7 设批量为 4，最长等待时间为 49min；暂存区 11 设批量为 4，最长等待时间为 56min；暂存区 19 设批量为 4，最长等待时间为 41min。

8.5.2 Flexsim 仿真建模

1. 暂存区参数设置

暂存区 91 的设置比较特殊，它主要是约束发生器产生临时实体的数量，设置如图 8-111 所示。

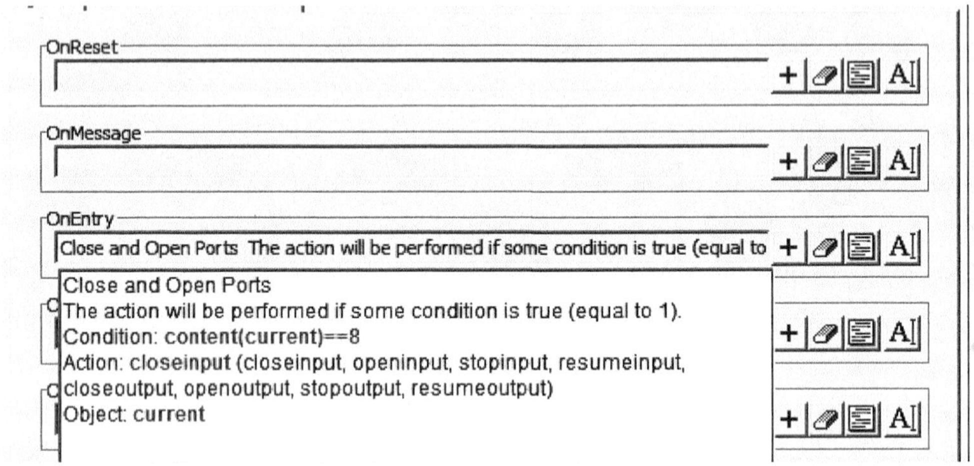

图 8-111 暂存区 91 参数设置

根据 3 种不同的组织方式，设置其余的暂存区。

1)顺序移动方式

暂存区 4、7、9、11、13、15、17、19 的参数设置相同，下面以暂存区 4 为例，进行参数设置，如图 8-112 所示。

2)平行移动方式

暂存区 4、7、9、11、13、15、17、19 的参数设置相同，暂存区不需设置批量，就可以基本上满足平行移动方式。下面同样以暂存区 4 为例，进行参数设置，如图 8-113 所示。

3)平行顺序移动方式

暂存区的设置大不相同，下面依次介绍。

暂存区 4、9、13、15、17 的设置，暂存区不需设置批量，就可以基本上满

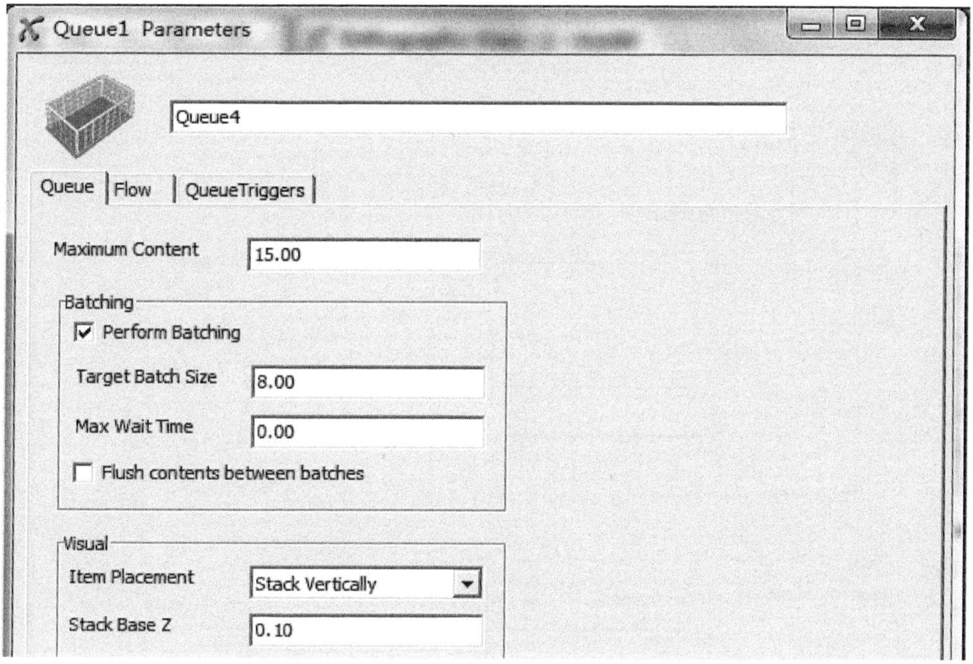

图 8-112　顺序移动方式下的暂存区参数设置

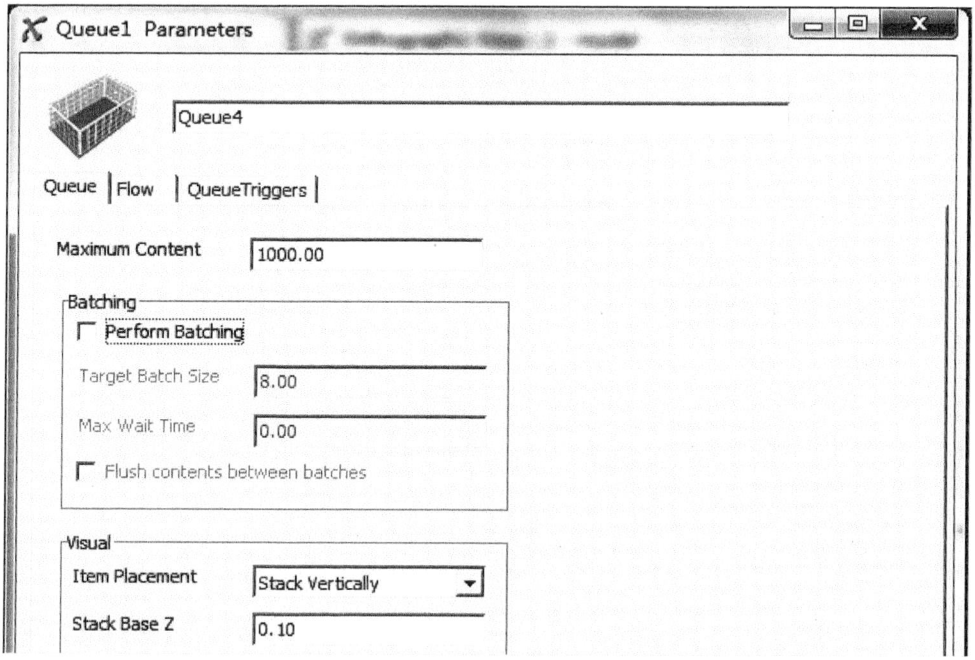

图 8-113　平行移动方式下的暂存区参数设置

足条件要求。下面同样以暂存区 4 为例，进行参数设置，如图 8-114 所示。

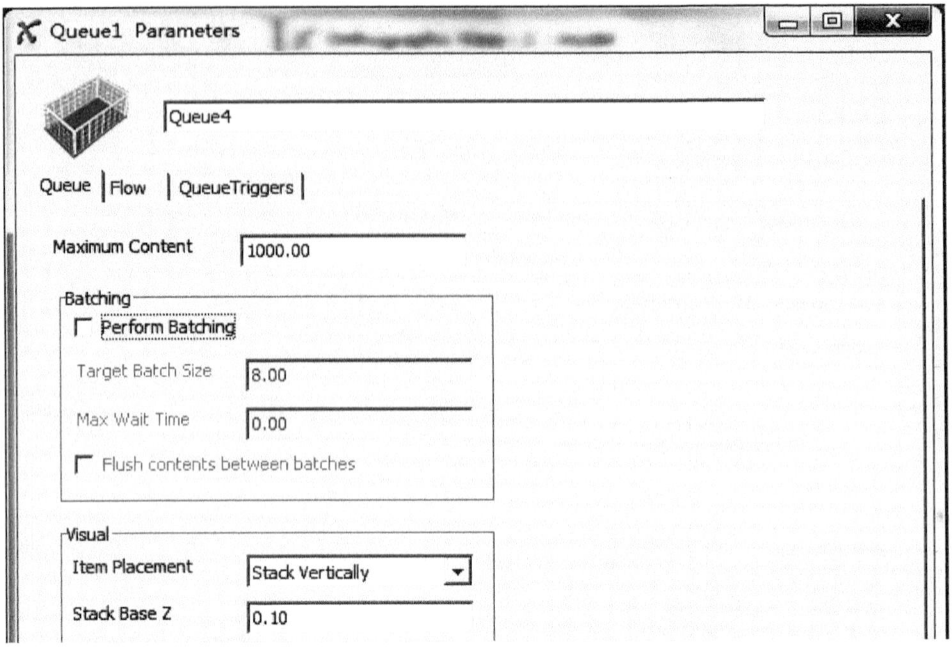

图 8-114　平行顺序移动方式下的暂存区参数设置

暂存区 7 的设置，如图 8-115 所示。

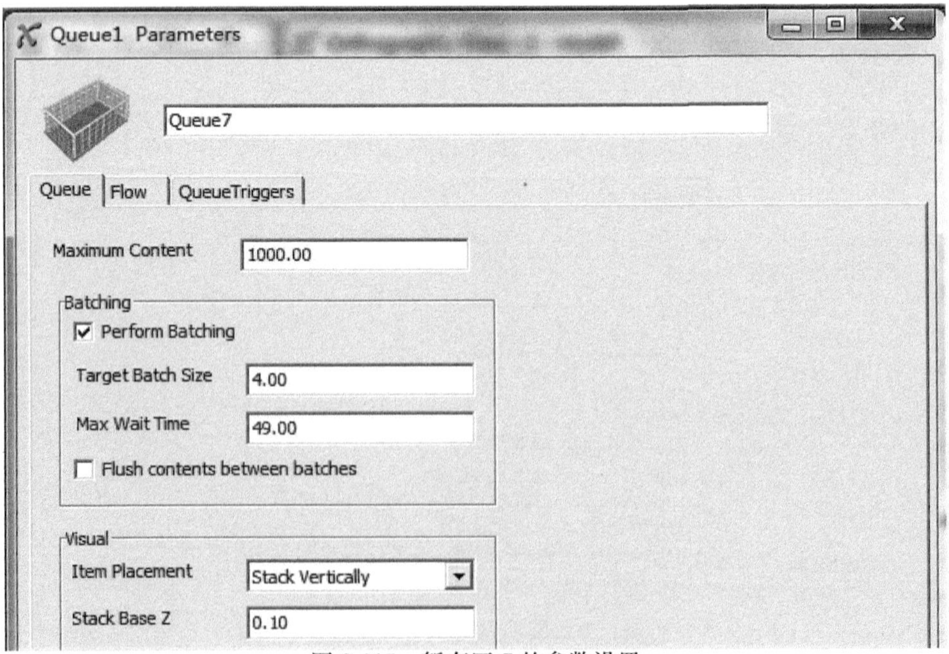

图 8-115　暂存区 7 的参数设置

暂存区 11 的参数设置，如图 8-116 所示。

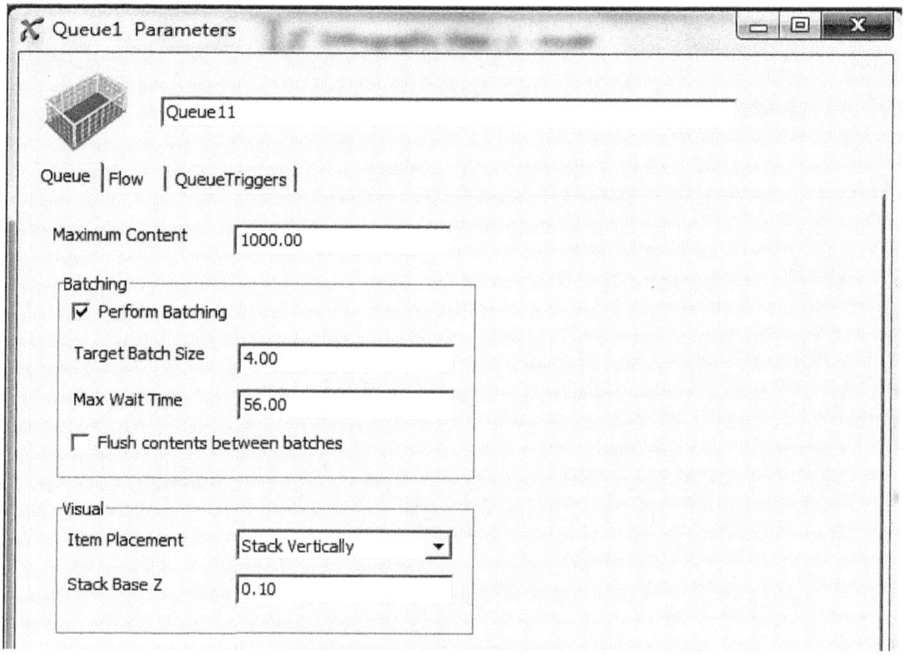

图 8-116　暂存区 11 的参数设置

暂存区 19 的参数设置，如图 8-117 所示。

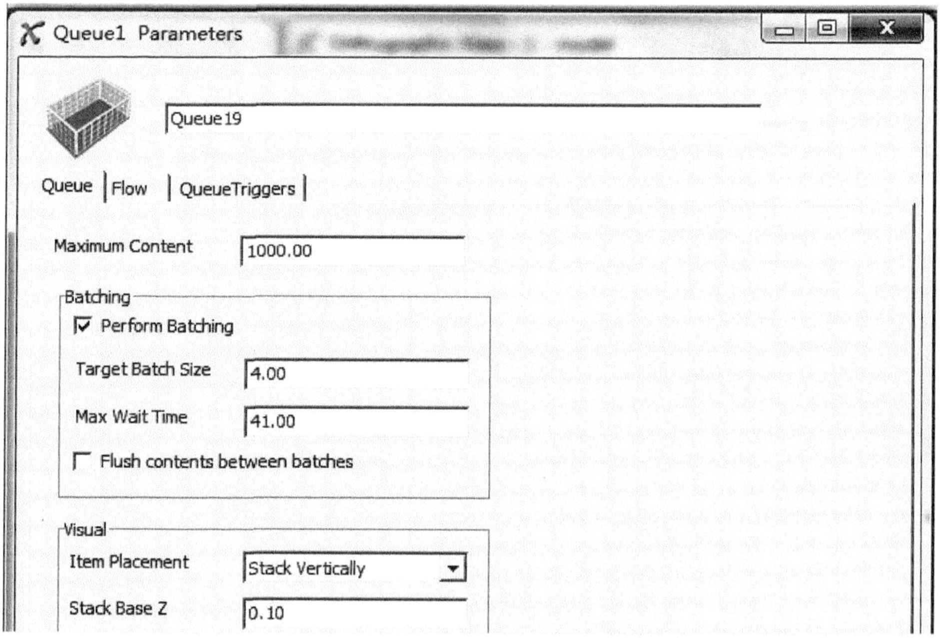

图 8-117　暂存区 19 的参数设置

2. 处理器的设置

3 种组织方式中，对处理器的设置也是相同的。把处理器的加工时间依次设为 12min、5min、15min、7min、9min、11min、22min、5min。下面以处理器 6 进行说明。通过双击对象，打开对象实体属性窗口，如图 8-118 所示，进行对象参数编辑。

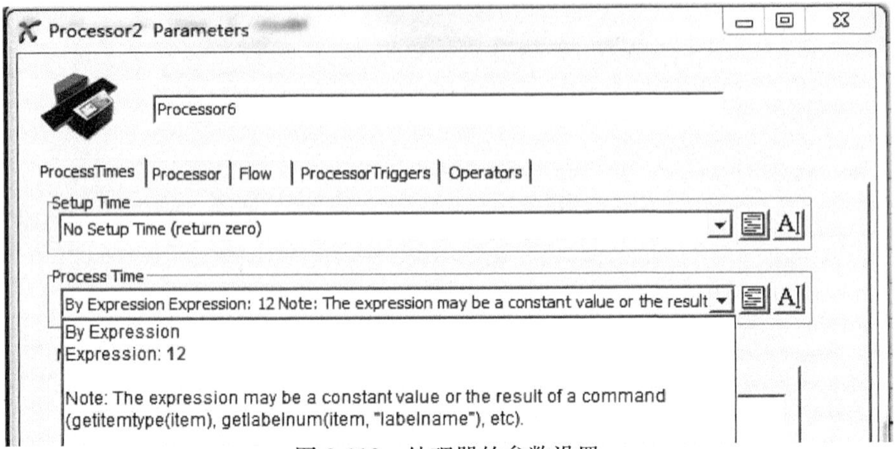

图 8-118 处理器的参数设置

8.5.3 仿真结果分析

1. 仿真数据统计

1)顺序移动方式

运行后，察看它们的工作强度和标准信息，将所有实体的运行结果全部整理出来，汇成表，可得标准报告表，如表 8-33 所示。

表 8-33 标准报告表(一)

Flexsim 状态报告									
模型时钟：688.000									
	当前容量/个				吞吐量/个		停留时间/min		
	current	min	avg	max	输入	输出	min	avg	max
Source3	0	0	0	0	0	8	0	0	0
Queue171	0	0	0	8	8	8	0	0	0
Queue4	0	0	4	8	8	8	0	42	84
Processor6	0	0	1	1	8	8	12	12	12
Queue7	0	0	3.634	8	8	8	35	59	84
Processor8	0	0	0.294	1	8	8	5	5	5

续表

Flexsim 状态报告									
模型时钟：688.000									
	当前容量/个				吞吐量/个		停留时间/min		
	current	min	avg	max	输入	输出	min	avg	max
Queue9	0	0	2.324	8	8	8	35	70	105
Processor10	0	0	0.469	1	8	8	15	15	15
Queue11	0	0	2.020	8	8	8	49	77	105
Processor12	0	0	0.179	1	8	8	7	7	7
Queue13	0	0	1.195	8	8	8	49	56	63
Processor14	0	0	0.188	1	8	8	9	9	9
Queue15	0	0	1.215	8	8	8	63	70	77
Processor16	0	0	0.186	1	8	8	11	11	11
Queue17	0	0	1.476	8	8	8	77	115	154
Processor18	0	0	0.272	1	8	8	22	22	22
Queue19	0	0	1.107	8	8	8	35	94	154
Processor20	0	0	0.058	1	8	8	5	5	5
Sink5	1	1	0	1	8	0	0	0	0

通过表 8-33，可以得出零件在加工时的总等待时间为 42＋59＋70＋77＋56＋70＋115＋94＝583(min)。

将所有实体的工作强度整理出来，可得到所有实体的状态报告表，如表 8-34 所示。

表 8-34　状态报告表(一)(单位：%)

	idle	processing	empty	collecting	releasing
Source3	0.00	0.00	0.00	0.00	0.00
Queue171	0.00	0.00	0.00	0.00	0.00
Queue4	0.00	0.00	0.00	100.00	0.00
Processor6	100.00	0.00	0.00	0.00	0.00
Queue7	0.00	0.00	9.20	90.80	0.00
Processor8	70.60	29.40	0.00	0.00	0.00
Queue9	0.00	0.00	41.90	58.10	0.00
Processor10	53.10	46.90	0.00	0.00	0.00
Queue11	0.00	0.00	49.50	50.50	0.00
Processor12	82.10	17.90	0.00	0.00	0.00

续表

	idle	processing	empty	collecting	releasing
Queue13	0.00	0.00	70.10	29.90	0.00
Processor14	81.30	18.70	0.00	0.00	0.00
Queue15	0.00	0.00	69.60	30.40	0.00
Processor16	81.40	18.60	0.00	0.00	0.00
Queue17	0.00	0.00	63.10	36.90	0.00
Processor18	72.80	27.20	0.00	0.00	0.00
Queue19	0.00	0.00	72.30	27.70	0.00
Processor20	94.20	5.80	0.00	0.00	0.00
Sink5	0.00	0.00	0.00	0.00	0.00

表 8-34 只给出部分表格，其余的部分都为零(下同)。

从表 8-33 和表 8-34 可以看出顺序移动方式的优缺点。缺点：①设备生产周期较长；②在制品数量较大。优点：①工件加工按顺序，有规律可循，同时机床的布置和连接较为简单；②加工过程中运输次数少。

2)平行移动方式

运行结束后，得到相应的仿真结果，将所有实体的运行结果全部整理出来，汇成表，可得标准报告表，如表 8-35 所示。

表 8-35 标准报告表(二)

Flexsim 状态报告									
模型时钟：240.000									
	当前容量/个				吞吐量/个		停留时间/min		
	current	min	avg	max	输入	输出	min	avg	max
Source3	0	0	0	0	0	8	0	0	0
Queue91	0	0	0	8	8	8	0	0	0
Queue4	0	0	4	7	8	8	0	42	84
Processor6	0	0	1	1	8	8	12	12	12
Queue7	0	0	0	1	8	8	0	0	0
Processor8	0	0	0.396	1	8	8	5	5	5
Queue9	0	0	0.689	2	8	8	0	10.5	21
Processor10	0	0	0.876	1	8	8	15	15	15
Queue11	0	0	0	1	8	8	0	0	0
Processor12	0	0	0.389	1	8	8	7	7	7
Queue13	0	0	0	1	8	8	0	0	0

续表

Flexsim 状态报告									
模型时钟：240.000									
	当前容量/个				吞吐量/个		停留时间/min		
	current	min	avg	max	输入	输出	min	avg	max
Processor14	0	0	0.471	1	8	8	9	9	9
Queue15	0	0	0	1	8	8	0	0	0
Processor16	0	0	0.537	1	8	8	11	11	11
Queue17	0	0	0.920	3	8	8	0	24.5	49
Processor18	0	0	0.749	1	8	8	22	22	22
Queue19	0	0	0	1	8	8	0	0	0
Processor20	0	0	0.167	1	8	8	5	5	5
Sink5	1	1	0	1	8	0	0	0	0

通过表 8-35，可以得出零件在加工时的总等待时间为 42+0+10.5+0+0+0+24.5+0=77(min)。

将所有实体的工作强度整理出来，可得到所有实体的状态报告表，如表 8-36 所示。

表 8-36　状态报告表(二)(单位:%)

	idle	processing	empty	collecting	releasing
Source3	0.00	0.00	0.00	0.00	0.00
Queue91	0.00	0.00	100.00	0.00	0.00
Queue4	0.00	0.00	0.00	0.00	100.00
Processor6	0.00	100.00	0.00	0.00	0.00
Queue7	0.00	0.00	100.00	0.00	0.00
Processor8	60.40	39.60	0.00	0.00	0.00
Queue9	0.00	0.00	38.50	0.00	61.50
Processor10	12.40	87.60	0.00	0.00	0.00
Queue11	0.00	0.00	100.00	0.00	0.00
Processor12	61.10	38.90	0.00	0.00	0.00
Queue13	0.00	0.00	100.00	0.00	0.00
Processor14	52.90	41.10	0.00	0.00	0.00
Queue15	0.00	0.00	100.00	0.00	0.00
Processor16	46.30	53.70	0.00	0.00	0.00
Queue17	0.00	0.00	39.00	0.00	61.00

续表

	idle	processing	empty	collecting	releasing
Processor18	25.10	74.90	0.00	0.00	0.00
Queue19	0.00	0.00	100.00	0.00	0.00
Processor20	83.30	16.70	0.00	0.00	0.00
Sink5	0.00	0.00	0.00	0.00	0.00

从表 8-35 和表 8-36 可以看出平行移动方式的优缺点。缺点：①容易出现设备等待或零件等待的情况；②加工过程中搬运次数较多。优点：①加工的在制品减到最少；②缩短了加工周期。

3)平行顺序移动方式

运行结束后，得到相应的仿真结果，将所有实体的运行结果全部整理出来，汇成表，可得标准报告表，如表 8-37 所示。

表 8-37 标准报告表(三)

Flexsim 状态报告									
模型时钟：345.000									
	当前容量/个				吞吐量/个		停留时间/min		
	current	min	avg	max	输入	输出	min	avg	max
Source3	0	0	0	0	0	8	0	0	0
Queue3	0	0	0	8	8	8	0	0	0
Queue4	0	0	4	7	8	8	0	42	84
Processor6	0	0	1	1	8	8	12	12	12
Queue7	0	0	1.838	4	8	8	15	25	36
Processor8	0	0	0.345	1	8	8	5	5	5
Queue9	0	0	1.063	3	8	8	0	21	42
Processor10	0	0	0.694	1	8	8	15	15	15
Queue11	0	0	1.361	4	8	8	21	33	45
Processor12	0	0	0.279	1	8	8	7	7	7
Queue13	0	0	0.116	1	8	8	0	3	6
Processor14	0	0	0.333	1	8	8	9	9	9
Queue15	0	0	0.108	1	8	8	0	3	6
Processor16	0	0	0.378	1	8	8	11	11	11
Queue17	0	0	0.830	3	8	8	0	30.5	61
Processor18	0	0	0.557	1	8	8	22	22	22
Queue19	0	0	0.765	1	8	8	24	32.5	41

续表

Flexsim 状态报告									
模型时钟：345.000									
	当前容量/个				吞吐量/个		停留时间/min		
	current	min	avg	max	输入	输出	min	avg	max
Processor20	0	0	0.116	1	8	8	5	5	5
Sink5	1	1	0	1	8	0	0	0	0

通过表 8-37，可以得出零件在加工时的总等待时间为 42＋25＋21＋33＋3＋3＋30.5＋32.5＝190(min)。

将所有实体的工作强度整理出来，可得到所有实体的状态报告表，如表 8-38 所示。

表 8-38 状态报告表(三)(单位:%)

	idle	processing	empty	collecting	releasing
Source3	0.00	0.00	0.00	0.00	0.00
Queue3	0.00	0.00	100.00	0.00	0.00
Queue4	0.00	0.00	2.80	0.00	97.20
Processor6	0.00	100.00	0.00	0.00	0.00
Queue7	0.00	0.00	10.80	89.20	0.00
Processor8	65.50	34.50	0.00	0.00	0.00
Queue9	0.00	0.00	38.60	0.00	61.40
Processor10	30.60	69.40	0.00	0.00	0.00
Queue11	0.00	0.00	35.10	64.90	0.00
Processor12	72.10	27.90	0.00	0.00	0.00
Queue13	0.00	0.00	88.40	0.00	11.60
Processor14	66.70	33.30	0.00	0.00	0.00
Queue15	0.00	0.00	89.20	0.00	10.80
Processor16	62.20	37.80	0.00	0.00	0.00
Queue17	0.00	0.00	51.40	0.00	48.60
Processor18	44.30	55.70	0.00	0.00	0.00
Queue19	0.00	0.00	47.60	52.40	0.00
Processor20	88.40	11.60	0.00	0.00	0.00
Sink5	0.00	0.00	0.00	0.00	0.00

从表 8-37 和表 8-38 可以看出平行顺序移动方式所带来的优缺点。缺点：①每个工件都有不同的加工路线，生产组织安排比较复杂；②总设备闲置时间相

对较长。优点：①周期相对较短；②搬运次数少。

2. 各方案的分析与选择

通过仿真运行结果统计，可以把三种方式的仿真结果进行对比，主要从加工时间、设备等待和设备闲置三个指标来进行比较，建立表格，如表 8-39 所示。

表 8-39 组织方式的比较(单位：min)

组织方式	顺序移动	平行移动	平行顺序移动
加工时间	688	240	345
设备等待时间	0	294	0
设备闲置时间	2 304	288	1 030

通过比较，可以看出顺序移动的加工时间最长，设备闲置时间也最长，说明该方式没能充分利用设备资源，因而加工时间最长。平行移动的加工时间虽然最短，但设备产生了等待时间，这说明在加工过程中设备有空运作现象，这使公司消耗了不必要的资源。在生产系统也是应该避免的。平行顺序移动的加工时间处于顺序移动和平行移动之间，略高于平行移动的时间，设备闲置时间也处于两者之间，但比顺序移动要少一半的时间，并且设备等待时间为 0，在生产过程中避免了设备的空运转。综合考虑，三种方式中，平行顺序移动是最优的方案。

下面对三种组织方式的每一个实体进行比较，比较它们空闲、工作和拥堵时的状态，总结之后，汇成表 8-40。

表 8-40 方法的详细比较(单位：%)

项目	顺序移动			平行移动			平行顺序移动		
	空闲	工作	拥堵	空闲	工作	拥堵	空闲	工作	拥堵
发生器 3	0.00	0.00	0.00	0.00	0.00	0.00	0.00	0.00	0.00
暂存区 3	0.00	0.00	0.00	0.00	0.00	0.00	0.00	0.00	0.00
暂存区 4	0.00	0.00	0.00	0.00	0.00	0.00	0.00	0.00	0.00
处理器 6	100	0.00	0.00	0.00	100	0.00	0.00	100	0.00
暂存区 7	0.00	0.00	0.00	0.00	0.00	0.00	0.00	0.00	0.00
处理器 8	70.60	29.40	0.00	60.40	39.60	0.00	65.50	34.50	0.00
暂存区 9	0.00	0.00	0.00	0.00	0.00	0.00	0.00	0.00	0.00
处理器 10	53.10	46.90	0.00	12.40	87.60	0.00	72.10	27.90	0.00
暂存区 11	0.00	0.00	0.00	0.00	0.00	0.00	0.00	0.00	0.00
处理器 12	82.10	17.90	0.00	61.10	38.90	0.00	72.10	27.90	0.00
暂存区 13	0.00	0.00	0.00	0.00	0.00	0.00	0.00	0.00	0.00